新编21世纪高等职业教育精品教材 ◆ 物流类

智慧运输运营

ZHIHUI YUNSHU YUNYING

主　编　虞晓露　董彦龙　袁志兵
副主编　王　强　王耀燕　王建明

中国人民大学出版社
·北京·

图书在版编目（CIP）数据

智慧运输运营 / 虞晓露，董彦龙，袁志兵主编．--
北京：中国人民大学出版社，2024.1
新编 21 世纪高等职业教育精品教材．物流类
ISBN 978-7-300-32276-6

Ⅰ．①智… Ⅱ．①虞… ②董… ③袁… Ⅲ．①智能技术—应用—物流—货物运输—高等职业教育—教材 Ⅳ．①F252-39

中国国家版本馆 CIP 数据核字（2023）第 210752 号

新编 21 世纪高等职业教育精品教材・物流类
智慧运输运营
主　编　虞晓露　董彦龙　袁志兵
副主编　王　强　王耀燕　王建明
Zhihui Yunshu Yunying

出版发行	中国人民大学出版社		
社　址	北京中关村大街 31 号	**邮政编码**	100080
电　话	010-62511242（总编室）		010-62511770（质管部）
	010-82501766（邮购部）		010-62514148（门市部）
	010-62515195（发行公司）		010-62515275（盗版举报）
网　址	http://www.crup.com.cn		
经　销	新华书店		
印　刷	北京昌联印刷有限公司		
开　本	787 mm×1092 mm　1/16	**版　次**	2024 年 1 月第 1 版
印　张	14.5	**印　次**	2024 年 1 月第 1 次印刷
字　数	323 000	**定　价**	40.00 元

前　言

党的二十大报告提出："把实施扩大内需战略同深化供给侧结构性改革有机结合起来，增强国内大循环内生动力和可靠性，提升国际循环质量和水平，加快建设现代化经济体系，着力提高全要素生产率，着力提升产业链供应链韧性和安全水平，着力推进城乡融合和区域协调发展，推动经济实现质的有效提升和量的合理增长"。

现代化的经济体系、产业链的韧性与安全、城乡的融合发展都离不来物流的基础性支持。物流的高水平发展又离不开运输体系的高效运转。中国近些年在运输体系高速化和重载化方面取得的进步有目共睹，在全球范围内处于领先地位。

中国古代的物流思想一直在指引着我们的行为，"兵马未动，粮草先行"——从古至今运输都是物流的重要组成部分。进入"互联网＋"时代，运输业有了突飞猛进的发展，其管理方式与技术水平也面临变革。运输作为物流各个环节的核心功能之一，其组织方式、操作技术、管理手段直接决定了物流系统能否正常运行。因此，加强物流运输环节的研究、优化物流运输过程、提高物流运输决策水平、提高物流运输组织和管理水平等，对提高物流运营质量和效率具有重要的意义。

本教材的编写得到了义乌市国际陆港集团有限公司、浙江创运国际供应链管理有限公司等紧密合作型企业的大力支持，教材编写团队在充分调研行业企业需求的基础上，结合高职学生实际情况，贯彻"以服务为宗旨，以就业为导向"的职业教育方针，确定教材框架和内容。

本教材根据岗位需求，结合岗位情境，设计相应的项目任务，为学生提供体验实践的情境和感悟问题的情境，围绕任务展开学习。本教材具体分为 7 个项目：运输概述、物流运输方式及业务、物流运输路线规划、运输需求与供给、物流运输组织管理、智能运输技术、物流空间信息技术。本教材为 2020 年义乌工商职业技术学院校企合作教材（义工商院办〔2020〕45 号文件，编号：2020JC25）。本教材为 2023 年度浙江省教育厅访问工程师校企合作项目："数字经济背景下基于产教融合的绿色物流复合型人才智慧化升级培养的实践研究”（FG2023189）阶段性成果。

本教材由校企联合编写，虞晓露、董彦龙、袁志兵担任主编，各项目的职业能力训练部分由浙江创运国际供应链管理有限公司总经理王强、王耀燕副教授、王建明主任编写。在编写过程中，编者参考了国内外专家学者的相关书籍和文献，引用了许多学者的宝贵资料，在此对他们表示深深的谢意。此外，本教材的编写得到了中国人民大学出版社编辑和金华市金丰速运有限公司孙守峰导师的悉心指导，在此一并表示感谢。

由于编者的水平有限，书中难免存在不足之处，恳请广大读者批评、指正，并提出宝贵意见。

编者

2023 年 9 月

目　录

模块一　物流运输管理综述

模块二　物流运输决策

模块三 运输信息系统管理

模块一
物流运输管理综述

项目一
运输概述

【学习目标】

※ 知识目标

1. 理解运输的概念、作用
2. 熟悉运输与物流的关系
3. 了解物流运输发展现状和未来发展趋势

※ 能力目标

1. 能够分析运输系统的发展逻辑与未来趋势
2. 能够认识运输在物流系统中的重要性
3. 能够分析我国现阶段运输行业的现状

※ 素养目标

1. 了解中国古代的物流思想，增强文化自信
2. 学习物流运输相关的法律法规，接受道德约束
3. 了解绿色运输和可持续发展理念，增强责任感、使命感和自豪感

【引例】

从一支铅笔讲起

1958 年，经济学教育家伦纳德·里德（Leonard Read）写了一篇文章，叫作《我，铅笔》（*I*，*Pencil*），描述铅笔绝妙的生产过程。木材来自加利福尼亚州，在那里砍伐、运送和加工。铅芯是斯里兰卡生产的石墨与密西西比州开采的黏土的混合物，两者的结合过程又是在另一个地点完成的。铅笔外观的黄色涂料是用蓖麻子做成的，需要三个步骤（种植、运送、制成涂料）。支撑橡皮擦的黄铜套管是用锌、铜和镍合成的，它们也必须被开采、运送与提炼。橡皮擦是印度尼西亚的蔬菜油、意大利的浮石与各种黏性化学制品的混合物。

这篇文章旨在说明分工为生产商品的厂商与国家经济创造了显著的经济利益。分工使工人能够聚焦于他们最适合做的事情，又使企业能够充分利用当地资源，进而得以发挥规模经济效应，降低单位成本，提高生产效率。分工能够增加企业、国家以及全球经济的产量。最近的全球贸易有一个重要趋势，有人称之为“价值链分解”（breaking up the value chain），意即更广泛、分散地生产零件。以全球化分工体系为支撑的社会化大生产带动了整个人类生产模式的变革，也将人类的整体富裕程度推到了前所未有的高度。而运输体系是社会化大生产和全球贸易的基础性、根本性支撑。

案例思考：

1. 如何理解运输对于社会化大生产的作用？
2. 举例说明运输对我们生活的影响。

任务一
运输的概念、特征与物流体系

一、运输的发展历程

（一）经济生产模式与物流运输革命

在农业社会，人们的活动范围有限，大规模、长距离的运输可能只在一些国家重大活动中出现。例如，鱼米之乡的物资通过运河运往京城。对于普通老百姓而言，绝大多数人生活在自给自足的田园范围内，对于运输（特别是中长距离）的需求很低。

相比之下，生活在现代的人们，活动范围明显扩大了很多：横跨大半个中国的高铁列车可以实现朝发夕至；每天都有航班横跨大洋、大洲在世界各国运送乘客；一个普通大学生的电商包裹可能来自全国任何一个省份，甚至来自其他国家。

动力单元的更新换代是推动社会进步的重要因素，对于运输行业来说更是如此。动力单元发挥作用又与能源有着直接的关系。

能源的故事很简单。很久以前，所有的工作都是人们靠自己的肌肉完成的。后来，能源出现了渐进的变化：从人力转向牲畜力，又转向水力和风力，最后转向石化能源。

案例分析

能源和动力单元革命

《煤炭问题》（*The Coal Question*）一书中写道："有了煤，什么样的壮举都能完成，甚至能轻松完成；没有煤，我们就会被抛回早前时代的艰辛贫困当中。"《理性乐观派：一部人类经济进步史》一书中也写道："工业革命的奥秘，就在于从使用当前的太阳能，转而使用存储起来的古老太阳能。"

罗马帝国主要是靠人类的肌肉力（具体的表现形式是奴隶）建成的。当然，马匹、锻造车间和远航的船舶也出了力，但输出功率的主要来源仍然是人。罗马帝国之后的时代，尤其是在欧洲，动物肌肉的力量普遍取代了人类肌肉的力量。欧洲中世纪之初是牛的时代。干草的发明令北欧农民整个冬天都有了饲料喂牛。牲畜取代了奴隶，当然，这不是出于同情，更多的是出于实用性。牛吃的东西简单，且牛不发牢骚，力量比奴隶大。因为牛需要放牧，所以这一时期的文明必然要以农村为依托。

很快，牛和马就被无生命的动力取代了，水车、风车开始出现并被广泛使用。干草、雨水和风都是利用太阳能的途径：阳光为庄稼、雨水和风提供了动力。木材靠的是过去几十年里存储下来的阳光能源——还是太阳能。煤炭存储的是更古老的阳光，这些阳光基本上来自3亿年前。

石化燃料靠着驱动活塞和发电机，为经济发展插上了翅膀，并带着无限的潜力冲破"马尔萨斯天花板"，提高了人民的生活水平。

分析：

1. 如何理解动力单元的升级对运输革命的重要性？
2. 谈一谈电动车的到来对绿色运输有哪些益处。

（二）自然限制与动力革命

要做贸易，货物就得由卖家送到买家手上，运送成本越低廉，交易量越大，利润越高。千百年来，人类一直在想方设法地降低运输成本。但在蒸汽动力发明之前，运输的改善仍有些基本限制——自然加诸的限制。

铁路发明之前，水路运输比陆路运输省力得多。因此，只要是较重的货物，水路运输的成本优势是非常明显的。直到1828年，美国大西洋岸的某些沿海城镇的人们仍认为：用英格兰的煤取暖，比从距海岸只有几千米的内陆大森林拖来木头焚烧取暖，成本更低廉。

然而，在过去，走陆路运输的货物，其运输周转量远比走水路者还多。其中有许多纯粹是由地理因素所造成的，因为绝大部分的生产、消费活动不在水道旁进行，几乎所有货物都至少有部分路程需要由陆路运来。

不管是走陆路还是水路，大自然的限制都不容忽视。过去，除非是地理环境特别有利，否则，值得长距离运送的货品，大部分是价格-体积比（price-to-bulk ratio）高的产品，即丝、金银、糖、咖啡、药草，而非小麦、石灰岩和木柴。因此，运输大大影响了过去地区间的分工和需求。彼时，将笨重的稻米顺着长江往下游运送，将高价的纺织品逆流往上游运送，符合经济效益，若反其道而行则不符合经济效益。

19世纪，蒸汽动力和铁路改变了世界贸易版图。蒸汽动力使轮船逆流而上和顺流而下几乎一样轻松，且一年到头都可在海上航行。1815—1850年，横越大西洋的大部分货物，单位运费约降了八成，1870—1900年间又降了七成，单位运费累积共降了将近九成五。

因此，运输不只决定了贸易的利润、损失、贸易量，还拉近了人与人之间的距离，左右了人们的时间观，重画了地图，开启了今日称之为商品化、全球化的观念革命。

（三）以铁路为例看工业革命中的运输革命

在工业革命时代的所有伟大创举中，铁路的发明对后世的影响最为深远。在铁路出现以前的世界里，不论远近，只要踏上旅程就意味着一场巨大的冒险。即便是法国或英国等领土面积较小的国家，国内的旅行时间也长达7天；而想要横跨美国、中国或俄罗斯等大国，则可能需要数月之久。

直到 19 世纪早期，许多人终生都未能走出其出生的小镇或村子，也绝没有人能够拥有快过奔马的本领。对于普罗大众来说，旅行实在太过艰难且奢侈，这反过来也限制了思想和技术的传播。

流动性的缺乏成为阻碍经济和社会发展的主要因素。虽然与丰收之地相隔仅几百千米，人们却有可能因为交通不畅而遭受饥荒；易腐食品在缓慢的马拉小车或运河船只中无法保存；寄送国内信件需耗时数日，报纸上刊登的消息实则都是旧闻。战争时期，人们往往在几个月之后才能收到亲人的消息，发生在邻近地区的重大事件的传播速度也极为缓慢。

旅行的受限还转化成了社会意识的局限性。由于鲜有机会结识村子以外的适龄青年，因此人们选择配偶的范围小得可怜。当时的时间概念也完全不同于今日，人们遵循着日出而作、日落而息的规律，即使两个村庄相距仅数千米，东西方位差异也可能会导致其采用的作息时间各不相同。铁路时代的到来改变了这一切。

如果没有统一的标准时间，列车时刻表将会混乱，各国不得不开始实施国内和国际时间的标准化。或许正因如此，才诞生了作为当今世界通用标准的格林尼治时间。美国四大时区的划分也同样受此影响。尽管通往符拉迪沃斯托克的西伯利亚大铁路横跨 7 个时区，这条世界上最长的铁路仍然按照莫斯科时间运行。无论是在铁路运营还是生活的各个方面，准时和守时都变得极为重要。铁路出现以前，白天被认为有 10 个小时，而铁路的到来定义了每天 8 小时的标准工作时间结构，换言之，正是铁路创造了“朝九晚五”的工作节奏。

铁路推翻了关于距离和时间的一切固有概念，引发了社会的剧变。铁路使得远距离工作成为可能，人们不再依附于土地生活。工人按照标准时间工作并取得相应报酬，因此，工业革命的壮大与铁路的扩张齐头并进。工作范围的扩大也促进了城市和乡镇的空前发展。常被人们认为是汽车时代产物的郊区扩张现象，其实是通勤线路发展的结果。

费用低廉且相对舒适的长途旅行不仅开阔了人们的眼界，也丰富了人们的想象力。去海边度假、参观展览等以往遥不可及的事情，如今已成为生活常态。从社会层面说，由于人们的活动范围不再局限于周围地区，因此婚姻伴侣的可选择性突然大为提高。在铁路的助力之下，全国性的会议得以召开，极大地促进了思想的交流，工业革命中的发明在英国本土乃至全世界得到广泛传播。铁路还催生了职业竞技体育产业，俱乐部选手和球迷们可以搭乘长途火车参加与其他球队的比赛，而联盟的规模大小则由他们一天之内的行程距离决定。

在西方历史上，铁路的出现掀起了改革的热潮。铁路公司往往是各国当时最大的机构，由于其体量庞大，全新的商业管理模式和会计方法应运而生。银行借贷、股票市场、信息投资等资本主义发展的特有引擎也借此异军突起。铁路公司依赖银行资金扩张线路，反过来，银行也发现这些野心勃勃的巨无霸公司是他们的最佳客户。由此看来，铁路公司与银行能够成为推动 19 世纪中后期资本主义发展的两大驱动力绝非巧合。

类似的事情也发生在河海运输、公路运输、航空运输、管道运输的体系网络中。运输模式变革是工业革命的一个重要组成部分。工业革命的成果赋予了运输体系更强大的创新能力。反之，运输革命的发展也为工业革命在全球范围内的拓展夯实了基础，进而将现代工业文明的成果分享到了世界各地。

案例分析

数据说运输

《2021 年交通运输行业发展统计公报》的数据显示，全年完成营业性客运量 83.03 亿人，比上年下降 14.1%，完成旅客周转量 19 758.15 亿人公里、增长 2.6%。完成营业性货运量 521.60 亿吨、增长 12.3%，完成货物周转量 218 181.32 亿吨公里、增长 10.9%。

（一）铁路

全年完成旅客发送量 26.12 亿人，比上年增长 18.5%，完成旅客周转量 9 567.81 亿人公里、增长 15.7%。

全年完成货物总发送量 47.74 亿吨，比上年增长 4.9%，完成货物总周转量 33 238.00 亿吨公里、增长 8.9%。

（二）公路

全年完成营业性客运量 50.87 亿人，比上年下降 26.2%，完成旅客周转量 3 627.54 亿人公里、下降 21.8%。

全年完成营业性货运量 391.39 亿吨，比上年增长 14.2%，完成货物周转量 69 087.65 亿吨公里、增长 14.8%。

全年机动车年平均交通量为 14 993 辆/日，比上年增长 4.9%，年平均行驶量为 348 692 万车公里/日、增长 3.6%。

（三）水路

全年完成营业性客运量 1.63 亿人，比上年增长 9.0%，完成旅客周转量 33.11 亿人公里、增长 0.4%。

全年完成营业性货运量 82.40 亿吨，比上年增长 8.2%，完成货物周转量 115 577.51 亿吨公里、增长 9.2%。其中，内河货运量 41.89 亿吨、增长 9.8%，内河货物周转量 17 735.99 亿吨公里、增长 11.3%；海洋货运量 40.51 亿吨、增长 6.6%，海洋货物周转量 97 841.51 亿吨公里、增长 8.8%。

全年全国港口完成旅客吞吐量 4 773.64 万人，比上年增长 8.0%。其中，内河港口完成 121.87 万人、增长 63.4%，沿海港口完成 4 651.77 万人、增长 7.1%。

全年全国港口完成货物吞吐量 155.45 亿吨，比上年增长 6.8%。其中，内河港口完成 55.73 亿吨、增长 9.9%，沿海港口完成 99.73 亿吨、增长 5.2%。完成集装箱铁水联运量 754 万 TEU，增长 9.8%。

（四）民航

全年完成客运量 4.41 亿人，比上年增长 5.5%，完成旅客周转量 6 529.68 亿人公里、增长 3.5%。国内航线完成客运量 4.39 亿人，比上年增长 7.6%，其中，港澳台航线完成 59.25 万人、下降 38.4%，国际航线完成 147.72 万人、下降 84.6%。

全年完成货邮运输量 731.84 万吨，比上年增长 8.2%，完成货邮周转量 278.16 亿吨公里、增长 15.8%。

全年民航运输机场完成旅客吞吐量 9.07 亿人，比上年增长 5.9%，完成货邮吞吐量 1 782.80 万吨、增长 10.9%。

（五）邮政

全年完成邮政行业业务总量 13 698.3 亿元，比上年增长 25.1%。

全年完成邮政函件业务 10.9 亿件，比上年下降 23.3%，完成包裹业务 1 822.9 万件、下降 10.2%，完成报纸业务 163.9 亿份、下降 0.9%，完成杂志业务 6.9 亿份、下降 3.6%，完成汇兑业务 646.0 万笔、下降 32.8%。

全年完成快递业务量 1 083.0 亿件，比上年增长 29.9%。完成快递业务收入 10 332.3 亿元、增长 17.5%，占邮政行业业务收入比重为 81.7%、提高 2.0 个百分点。

（六）城市客运

年末全国城市公共汽电车运营线路 75 770 条，比上年末增加 5 127 条，运营线路总长度 159.38 万公里、增加 11.17 万公里，其中公交专用车道 18 263.8 公里、增加 1 712.2 公里。城市轨道交通运营线路 275 条、增加 49 条，运营里程 8 735.6 公里、增加 1 380.9 公里，其中地铁线路 223 条、7 664.0 公里，轻轨线路 7 条、262.9 公里。城市客运轮渡运营航线 84 条、增加 1 条，运营航线总长度 376.3 公里、增加 52.9 公里。

全年完成城市客运量 993.84 亿人，比上年增长 14.0%。其中，公共汽电车客运量 489.16 亿人、运营里程 335.27 亿公里，分别增长 10.6%和 10.7%，城市轨道交通客运量 237.27 亿人、增长 34.9%，巡游出租汽车客运量 266.90 亿人、增长 5.4%，城市客运轮渡客运量 0.51 亿人、增长 30.5%。

资料来源：交通运输部. 2021 年交通运输行业发展统计公报.（2022-05-25）[2023-10-10]. 交通运输部网站.

分析：

1. 结合案例认识我国现阶段运输的基本构成。
2. 结合数据分析客货运输对市场经济的影响。

二、运输的概念

物流运输管理概论

中华人民共和国国家标准《物流术语》（GB/T 18354—2021）中，“运输”一词的定义为，利用载运工具、设施设备及人力等运力资源，使货物在较大空间上产生位置移动的活动。

第一，利用载运工具、设施设备及人力等运力资源进行运输活动。这体现了现代运输作业与载运工具、交通设施设备的系统性关联。正如之前关于运输发展历程的内容所述，动力单元的演进升级、交通基础设施建设都在影响着运输活动。

第二，物流的运输一般专指“物”的载运及输送。货物是运输作业的客体，是运输作业的操作对象。运力资源作为载体和基础，对货物进行运输作业，以改变“物”的空间位置，实现“物”的位移。另外，运输的作业范围被限定在“较大空间”的范围内。

（一）运输与配送

运输是用专用物流设备，将物品从一个地点向另一个地点运送。其中包括集货、分配、搬运、中转、装入、卸下、分散等一系列操作。“运输”的定义明确了货物在“较大空间”上的位移。《物流术语》将运输的定义更为细化，将其与配送区分开，用“较大空间”的位移来定义运输作业。“配送”一词的定义为，根据客户要求，对物品进行分类、拣选、集货、包装、组配等作业，并按时送达指定地点的物流活动。

依据《物流术语》（GB/T 18354—2021），空间范围是区分“运输”和“配送”的一个重要指标。

随着商业模式的发展，物流组织方式也在不断地更新与变化。“运输”和“配送”虽然属于不同的物流作业，且两者的区别也随着电子商务的发展越发清晰，但是，“运输”和“配送”这两种作业模式在物流实践中往往紧密地联系在一起，配合协作，实现货物从厂商到消费者的位置转移。

（二）时空效应

物流的空间效应是指商品在空间维度中的位置转移所产生的效用。例如，空间效应通过扩大市场范围、促进市场竞争，增加消费者剩余、降低生产者成本，带来了正效用。

物流的时间效应是指商品在时间轴上的移动，因流通时间的变动所产生的效用。例如，商品流通时间的长短直接影响着资金利用率、市场供需结构、消费者体验等多个方面。

空间效应与时间效应并不以改变商品本身的属性为目的，但却影响着商品流通与市场供需的诸多因素。运输和仓储是最常见的实现商品空间效应和时间效应的物流作业。

物流作业的时间-空间示意图，如图 1-1 所示。

商品的流通时间与空间距离存在直接相关关系。一般而言，距离越远，需要的时间越长，如图 1-1 中从左下到右上的虚线所示的趋势。然而受到科技水平、运输方式、组织方式、物流环节等因素的影响，在综合考虑成本和经济效益的前提下，时间与空间的关系并非线性。

每种运输方式都有其经济空间范围。例如，当空间距离在 300 千米左右时，公路运输的综合指标相对较优，如图中区间②所示的范围；当空间距离跨越洲际时，国际航运的综合指标相对较优，如区间③所示的范围。

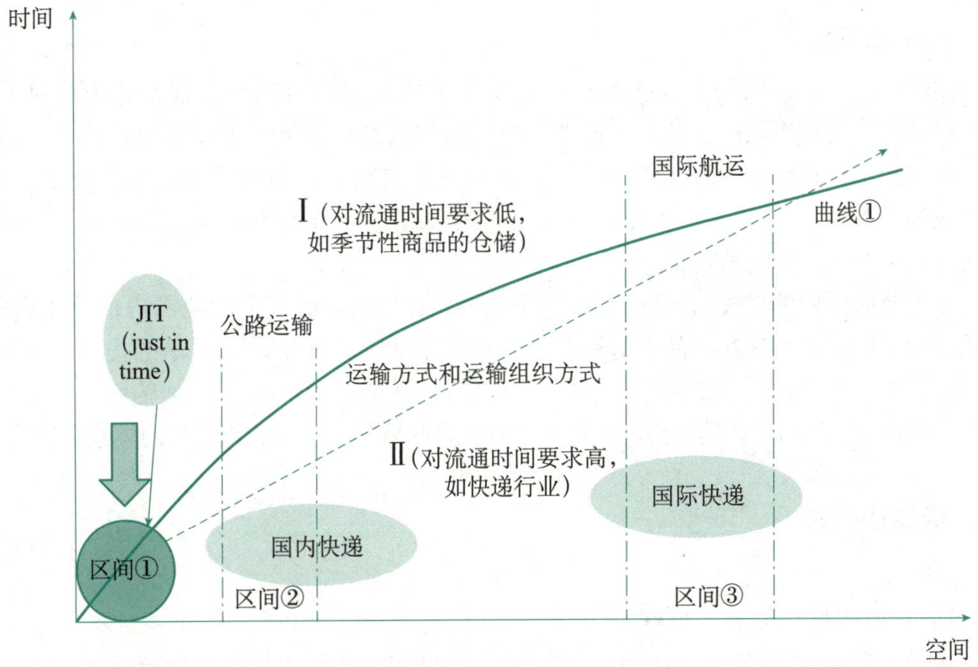

图1-1 物流作业的时间-空间示意图

空间距离不仅影响运输方式，还影响组织方式和物流环节。一般来说，距离越远，物流环节越多，所需的时间也越长。在各种因素的综合影响下，一定时期内，物流技术水平和生产能力较为固定，物流时间与空间距离就形成了较为显著的、一般性的相关关系，如图中曲线①所示的趋势。

（三）第三利润源

从历史发展来看，人类历史上曾经有过两个大量提供利润的领域：一是物质资源领域，二是人力资源领域。

在物质资源领域，起初是大自然提供的廉价原材料、燃料，其后则是依靠科技进步节约消耗、节省费用、综合利用、回收利用、资源再生乃至大量人工合成资源，如此所取得的利润习惯称作“第一利润源”。在人力资源领域，最初是廉价劳动，其后则是依靠科技进步采用机械化、自动化、信息化的办法来提高劳动生产率，降低人力消耗，从而降低成本，增加利润，这个领域的利润习惯称作“第二利润源”。

在前两个利润源潜力越来越小、利润开拓越来越困难的情况下，物流领域的潜力开始被人们重视，按时间序列被称为“第三利润源”。

节约原材料是企业的“第一利润源”，提高劳动生产率是“第二利润源”，高效的物流系统则是“第三利润源”。从运输管理的角度着手来降低物流成本，是实现企业第三利润源的重要方法。这不仅因为运输成本是物流成本最大的构成因素，而且因为它涉及的变量简单易控，所以更符合实际情况。

（四）场所效应

同样的产品在不同的空间场所内，其价值的实现程度可能存在差异，因而对于生产、消费的作用也不相同。改变产品的场所可以促进其价值最大限度地发挥作用，进而提高投入产出比和消费者效用值。简言之，通过对物料、产品在不同空间点上的转移，推动资源产品的优化配置，从而提高效率，这被称为“场所效应”。运输改变了“物”的位置，提升了“物”的价值。

场所效应作用的发挥与工业化大生产模式相结合，推动了更大范围内的分工合作，优化配置不同区域的优势产品，最终实现生产效率的提高和生产力水平的提升。场所效应作用的发挥，在根本上离不开运输的基本职能，即位移。场所效应是运输职能与社会化大生产相互支撑的结果，其作用的发挥也只有在跨区域分工、工业化生产的模式中显现。

三、运输的特征

（一）运输是一个生产过程

运输产品的本质属性是空间位置的移动，即以实现位移为目的的生产活动。这一点和通常意义下以改变劳动对象的物理、化学、生物属性为主的工农业生产不同。运输的生产过程是运输生产者使用运输工具（如车、船、飞机及其他设施）和运输对象（货物和旅客）进行运输作业，完成运输生产的过程。

（二）运输生产在流通流域完成

运输具有一定的派生需求特性。运输产品不会“为了生产而生产”，其派生于各类实物商品的流通环节中，是实物商品生产活动的延续。运输是实现从生产地运往消费地的位移作业。因而，运输需求是社会生产活动在流通环节派生出来的需求，运输生产活动也在流通环节中完成。运输作业本身作为一种产品是伴随着实物商品的流通环节而进行生产的。

（三）运输产品是一种服务

运输产品是一种服务，是无形的，并不像工农业产品那些具有典型的物理、化学特性和功能特征。位置移动作为运输的本质，并不创造新的实物形态产品。在满足社会运输需求的情况下，多余的运输产品是一种浪费。同时，闲置的运力投入和运输资源也表现出沉没成本的特征，很难转移到其他生产领域。因而合理的预测在运力资源规划中十分重要。

（四）生产和消费的同时性

工农业产品的生产和消费在时间和空间上可以完全分离，而运输产品的生产和消费在时间和空间上都是不可分离的，属于边生产边消费。再者，运输产品的服务性特征，使其不具有物质实体，因此运输产品既不能存储也不能调拨。运输产品的生产和消费同时进行。例如，一批货物在位置转移的过程中，既是承运方的生产活动，也是托运方的消费活动。

（五）运输产品的同一性

对不同的运输方式来说，虽然它们使用不同的运输工具，具有不同的技术经济特征，在不同的线路上进行运输生产活动，但它们对社会具有相同的效用，即都实现了物品的空间位移。运输产品的同一性使得各种运输方式之间可以相互补充、协调、替代，形成一个有效的综合运输系统。例如，以多式联运为代表的各类运输方式的衔接，高效地发挥了运输产品的功能。

（六）规模经济效应显著

运输体系在一个区域内的单位成本、收益都与规模有着直接的关联，而且表现出规模经济效应。因而，运输体系的构建与运输产品的提供，往往需要密集的运输网络作为基础和支撑。在运输行业中，运输产品的供给直接影响着运输市场的需求。正如“要致富先修路”所表达的意思，运输供给能力的提升，将带动区域内工农产业的发展，最终转变为工农业产品对运输的需求。

四、运输的作用

（一）安全送达

任何产品从生产出来到最终消费，都必须经过一段时间和一段距离。在这段时间和距离过程中，产品要经过运输、保管、包装、装卸、搬运等多环节和多次数的货物运输活动。产品可能会淋雨受潮、水浸、生锈、破损、丢失等。货物运输的使命就是防止上述现象的发生，保证产品从生产者到消费者移动过程中的质量和数量，即保护产品的存在价值，使该产品在到达消费者时使用价值不变。确保产品安全送达是运输的重要职能之一。

（二）降低成本

合理化的运输能够节约自然资源、人力资源等，从而降低单位成本，节省费用。有调研显示，仓储和运输作业的成本占据物流总成本的比例很高，有些行业中，二者的成本占比超过 80%。同时，这些成本往往很难直接显现出来，被称为物流“冰山”学说，即直接显示的成本只占总成本的一小部分，就像冰山露出水面的那部分一样，还有很大比例的成本藏在水面之下。由于运输成本占比较高，因此对运输的优化对总成本的降低作用显著。

（三）拉近距离

运输的本质是实现商品位置的移动，从而拉近生产者与消费者的距离。高效的现代运输体系，将全球各地的供需者都拉到了“地球村”里。热带地区的水果可以出现在寒带地区的超市里，供消费者选择；中国制造的物美价廉的各类商品被全球各地的消费者享用。拉近距离带来的最显著效果在于扩大了各类商品的市场范围。商品交易不再局限于生产地周边，而是可以无限延展到全国乃至世界各地。

（四）提高效率

运输网络构建与物流中心的支持为企业发展提供了广阔的发展空间。人们利用计算机网络，将超市、配送中心和供货商、生产企业连接，形成系统化运作体系。计算机迅速、及时的信息传递和分析，将信息反馈给供货商和生产企业，为企业管理决策提供重要依据。通过配送中心的高效作业、及时配送，可以形成一个高效率的商品流通网络。高效的物流体系能够大大加快商品流通的速度，降低商品成本，提升消费体验。

（五）增强竞争力

对运输作业的合理规划有助于更高效地利用资源，降低库存和资金占用，提高用户服务水平，提升供应链管理能力，最终提升企业的核心竞争力。在全球化、信息化、数据化不断发展的过程中，企业竞争越发激烈，各方面的综合竞争力是企业赢得市场的重要基础。物流是企业竞争力的重要体现，运输作为物流体系的重要构成要素，作用显著。优化运输体系是增强企业核心竞争力的重要途径。

五、运输与物流

（一）运输是物流的重要构成要素

交通运输业是物流的基本载体。在世界范围内，生产过程和生产服务都在逐步走向专业化，从产品的生产到商品的使用，从原材料的供应、加工、储存、组装、销售到产品送到用户手中，整个过程都要靠运输来完成，在产品中深刻地凝结了运输的价值。不论是制造业、冶炼业还是加工业等生产型企业，都离不开交通运输。离开交通运输，产品难以投放市场，不能成为商品，企业就不能取得合理的经济效益。同时，运输费用在物流费用中占有很大的比重。合理组织运输，以最小的费用、较快的时间，及时、准确、安全地将货物从其生产地运到销售地，是降低物流费用和提高经济效益的途径之一。

（二）运输影响着物流的其他构成因素

选择何种运输方式决定着装运货物的包装要求；使用不同类型的运输工具决定着其配套使用的装卸搬运设备以及接收和发运站台的设计；企业库存储备量的大小，直接受运输状况的影响。发达的运输系统能比较适量、快速和可靠地补充库存，以减少不必要的储存，节约库存成本。企业的工厂、仓库、供货厂商和用户之间的地理分布直接影响着物流的运输费用。因此，运输条件是企业选择工厂、仓库、配送中心等物流设施配置地点所要考虑的主要因素之一。区域内运输供给能力在企业的物流规划中发挥着越来越重要的作用。物流运输条件将影响企业的物流设计决策，影响着整个物流体系的其他构成因素。

（三）交通运输是物流发展的基础

以我国为例，交通运输基础设施建设取得了举世瞩目的成就，集装箱运输业位居世界前列，运输系统在世界范围内的融入度不断提升，为我国物流服务业务能力的提升夯实了基础。我国未来的发展规划中，强调了交通运输在国民经济中的重要作用，并将要进一步开放运输市场，加大对交通运输基础设施的投资力度，加速交通运输基础设施的建设。因而，在宏观层面上，运输业在国民经济中发挥着基础性作用。经济的持续发展，国内经济与世界经济的融合，都需要运输体系的支撑。我国运输网络体系的规划，不仅要立足国内，更要以国际领先的标准融入全球运输体系中，这是经济全球化的一个重要基础。

（四）物流的发展促进运输的增长

物流业的发展推动了“企业内部生产”程度的降低。20 世纪 90 年代以来，德国工业的“企业内部生产”所占比重平均下降到 45%，日本等许多发达国家将其工业搬到国外，使其国内工业空洞化。零部件外部采购模式的兴起、供应链管理体系的建立，推动了货物运输次数的增加，从而大幅度地提升了整体运输量。物流理论研究如何把原材料或产品按时、按质、按量地运到目的地，并且运输过程最短、运输费用最省，因此物流的发展将极大地推动交通运输业采用先进技术和现代化管理方法的进程。运输是物流体系的重要组成部分，物流体系的发展和标准提高，也必然对运输提出更高的要求，带动运输业的发展。

六、运输与物流其他环节

（一）运输与包装

货物的包装程度、规格以及尺寸等都会影响运输方式以及同一种运输方式对运输工具的选择。同样，货物的包装应该与所选择的运输工具相吻合。包装具有保护货物的安全、方便储运和装卸、加速交接和检验等作用。合理的包装有助于提升运输效率，可以在运输的过程中起到保护产品的作用，有利于运输中货损的降低。

汽车、火车等运输工具启动、变速、转向、刹车会使货物的运动状态改变。运输工具受路面状况、路轨接缝、发动机振动、车辆防震性能、水面风浪、气流强度等因素影响，会产生周期性上下颠簸和摇晃。若堆码松散，没有采取整体固定措施，则货物易与车厢或相邻货物发生碰撞。合理的运输包装是货物运输作业的前提与保障。

运输方式的选择和运输工具的不同会影响包装的要求和种类。在对产品进行包装的时候，不仅要考虑运输安全的问题，还要考虑成本的问题。包装的要求应根据运输方式和工具的不同而不同，最大限度地保证安全和成本的平衡。例如，选择公路运输的时候，车体的颠簸和摇晃的频率及幅度较大，物流公司就要对货物包装采取加固和保护措施。

（二）运输与装卸搬运

装卸搬运是伴随运输和仓储而产生的必要的物流活动，是对各种物流活动进行衔接的中间环节。在完成运输作业的过程中，必然伴随装卸搬运作业。一般情况下，完成一次运输作业，必然伴随两次或两次以上的装卸搬运作业。

装卸搬运作业的质量直接影响运输作业效率，车辆装卸是否合理将直接影响运输过程的顺利程度。同样，装卸搬运是实现各种运输方式的有效衔接的重要环节，特别是在多式联运的情况下，装卸搬运起着重要的作用，装卸搬运的效率直接影响着整个运输过程的效率。

运输距离、商品类别、载运工具等多方面的因素影响着装卸搬运作业。例如，在中长距离的运输中，集装箱化和托盘化是机械操作的装卸搬运作业，通过集装化，有助于提升整个作业流程的效率。

（三）运输与仓储

运输与仓储是物流活动中作用可以相互补充的两个重要环节。仓储是货物的暂时停止状态，最终目的是将货物分拨到合适的地点；运输是实现分拨周转的作业，高效的运输分拨系统可以降低库存量，提高库存周转率。同样，仓储作业是运输的调节手段。

运输与仓储的协调衔接，有助于整个物流过程的效率提高和成本降低。例如，在生产型企业中，零库存的物流模式，就是把仓储环节最大限度地压缩，利用高效的运输和配送作业，提高资本增值率，降低积压风险。

零库存的起源，可以追溯到 20 世纪 60 年代，当时日本丰田汽车实施准时制生产（Just in Time，JIT），在管理手段上采用了看板管理、单元化生产等技术，以实现在生产过程中基本上没有积压的原材料和半成品的目标。这不仅大大降低了生产过程中的库存及资金的积压率，而且提高了对相关生产环节的管理效率。

（四）运输与配送

运输和配送这两个词语经常联系在一起，运输与配送是实现“门到门”的基础性业务组合。运输与配送在业务性质上都是位移功能，两者的区别也是多方面的。例如，运输一般以两点之间的干线作为业务范围，而配送则以末端的送达消费者为业务范围。再如，运输是长距离、大批量的，而配送是短距离、小批量的。

运输与配送这两项作业是紧密联系在一起的。干线运输与末端配送的协同合作是提高效率、降低成本、提升客户服务水平的基础性举措。现代物流定位服务行业，要体现服务水平，客户满意是重要目标之一。运输与配送均发挥着重要的位移职能，共同实现服务水平的提升。

现阶段的电商行业，运输作业与配送作业更为清晰地体现了两个业务环节的关系：一是干线运输，通过大批量和线路网络，实现规模效应，降低单位成本；二是配送在末端的衔接，实现了服务水平的提升。两个业务环节的配合，高效地实现了“门到门”的物流运输功能。

任务二
物流运输的现状与未来发展

一、交通运输发展趋势

从世界大国崛起的历史进程看，国家之强离不开交通之强，也往往始于交通之强，恰如亚当·斯密在《国富论》中所讲“改善交通是一切改善措施中最有实效的”。强盛之国必有超凡的交通基础设施与通达能力，凸显速度效率和互联互通。交通顺则百业兴，交通运输所具备的基础性、先导性、服务性、支撑性和战略性，使其成为兴国之器、强国之基。

党的二十大报告指出：“加快发展物联网，建设高效顺畅的流通体系，降低物流成本”“建成现代化经济体系，形成新发展格局，基本实现新型工业化、信息化、城镇化、农业现代化”。党的二十大报告明确将交通强国与科技强国、质量强国、航天强国、网络强国、数字中国等并列，这不仅勾画了未来现代化强国的关键结构，也凸显了交通在“加快建设创新型国家”中的重要作用。加快建设交通强国，为实现中华民族伟大复兴的中国梦提供高质量的交通运输保障，因时而变、乘势而上，砥砺前行、行稳致远，有必要深入探讨世界交通运输的发展趋势与挑战。如今，全球正迎来新一轮科技革命和产业变革，创新、协调、绿色、开放、共享的新发展理念日益深入人心，交通运输呈现出以下明显的发展趋势。

（一）高速化

速度是交通的灵魂，是人类的永恒追求，速度的进步也推动着人类文明的进步。人类对快捷和高速的追求一直没有停止过，高速化成为现代交通运输追求的重要目标。高速化可显著提高运输工具的运行速度，缩短运输时间，增强运输能力。当今的高速公路、高速铁路和超音速飞机，充分体现了交通运输高速化的发展趋势。

随着时代发展和科技进步，交通高速化的趋势愈发显著。在地面高速和超高速交通方面，中国“复兴号”高铁动车组以 350km/h 的最高商业运营时速奔驰在广袤的中华大地上，日本山梨磁悬浮试验线“L0 系”列车则实现了 603km/h 的最高载人运行速度。埃隆·马斯克提出的“超级高铁”（Hyperloop）目标是实现 1 200km/h 以上的速度。近年来，西南交通大学建成世界首个真空管道高温超导磁悬浮环形试验线，验证了创造更高速的可行性。当下全球各国对于速度的竞赛愈加激烈，旨在抢占世界交通速度的制高点。

（二）重型化

重载和高速，亦即俗称的“多拉快跑”，一直是交通运输发展的两大方向。重型化即增加运输工具的载重量，重载铁路、重载汽车（运货卡车）、大型运输机日趋重型化，管道运输的发展趋势也是管道口径不断增大，运输能力大幅提高。重型化在船舶方面的表现最为明显，载运散装石油或成品油的大型或超大型油轮可装载30万吨以上的原油，目前世界上最大的油轮可达55万吨级。

世界铁路重载运输从20世纪50年代以来，逐渐在国土面积较大的国家如美国、澳大利亚、加拿大、巴西、南非和中国得到广泛应用。重载铁路运输除安全性好、成本低、距离长等优点外，更重要的是极具效率和效益。美国70%的铁路线路为重载铁路，标准轴重达33吨。未来重载运输将以大数据为基础，通过互联网和云应用大幅提升自动化和智能化水平。当前，全球重型汽车行业向着大吨位、大功率、专用化、人性化发展，同时广泛应用高科技技术和设备。在重载汽车方面，世界上著名的公司有瑞典沃尔沃、法国雷诺、日本三菱、韩国现代、瑞典斯堪尼亚等。大型运输机的起飞总重量通常超过100吨，美国一直是大型（军用）运输机的领跑者。大型运输机是国之重器，目前能独立研制大型（军用）运输机的国家只有美国、俄罗斯和中国。

（三）综合化

交通运输一般由水路、公路、铁路、航空、管道五大方面组成。各种交通方式都有其自身的优缺点和适应范围，其发展也不平衡，这既与交通运输方式的特定功能有关，也与经济社会发展需求的多样性有关，还与人们对交通运输方式的价值取向有关。各种交通运输方式的对象、手段、效果和经济性等差异悬殊，单一方式占据主导地位的格局已不适应现实需要，多元化、综合化、一体化势在必行。水路、公路、铁路、航空、管道等各展其长，多位一体，密集交叉，有效衔接，组合提供完整的运输产品，即根据用户需求，提供从起始地到最终目的地的高水平位移服务是大势所趋。

未来应以安全、快速、便捷、高效、绿色、经济为价值取向，根据国土、人口、资源分布和产业布局等特点，在综合评估各种运输方式造成的土地占用、能源消耗、运输费用、环境影响、运输安全等成本效应后，充分发挥各种运输方式的比较优势，注重发挥综合交通运输的整体优势和组合效率，促进各种运输方式在更高层次、更广领域实现深度协同和融合发展，加快构建大容量、低成本的互联互通综合交通网络。以客运为例，将紧密对接不同运输方式的运力、班次和信息，促进空铁、公铁等联程运输发展；货运方面，持续优化货运结构，加快发展多式联运、甩挂运输、冷链物流、江海直达运输等，解决“第一公里”和“最后一公里”等货运问题，有效降低物流成本。

（四）集成化

为了更好地发挥综合交通运输的效率和效益，需要通过集成化使之成为高效集约的系统。该系统由水路、公路、铁路、航空、管道等各种运输方式的线路、场站（网点）、设备（装备）及电网、信息、物流等服务网络构成。通过打造集成化的交通运输装备、交通运输装置运行监测管控设备、基本公共服务设施（场站），构建设施高效衔接、枢纽快速转运、信息互联共享、装备标准专业、服务一体对接的多式联运组织体系，形成覆盖区域广泛、结构布局完善、服务层次多样、点线协调配套的现代交通运输系统。

未来需要着力推动基础设施联网优化，构建高品质的快速交通网、高效率的普通干线网、广覆盖的基础服务网和综合智能运输大通道，进而提升基础设施的通达性、衔接性、适应性、绿色性、先进性和均衡性，推动基础设施和交通运输装备实现高质量协同。在此基础上，加快提升综合运输通道的服务效能，优化通道内各种运输方式的服务结构，推动各种运输方式运量的合理分担。在重点枢纽场站建设方面，致力于形成一批汇集高速铁路、高速公路、城际列车、城市地铁、公路客运、常规公交、城市候机楼等多种运输方式场站的大型交通枢纽综合体，逐步形成立体互联的综合交通网络化和交通场站枢纽等网络化格局。

（五）高科技化

世界交通运输进步越来越依赖科技发展，呈现出鲜明的高科技化趋势。可以毫不夸张地说，诸如超级高铁、磁悬浮轨道交通、无人航空器、自动水运船舶等现代交通运输装备，以及光伏道路、氢能道路、磁悬浮道路等直接为车辆供给动能、实现能量转化循环利用的道路，都是高科技的产物。复杂巨型河口深水航道整治技术、饱和潜水技术、极端复杂地质地形和极限恶劣气候条件下铁路公路建造技术、特大桥隧建造技术、空天车地信息一体化安全与控制等技术本身就是高科技。当前互联网、人工智能等新技术的快速发展，将加速对新的交通基础设施、运输装备以及新的运输组织模式、商业模式、治理模式等产生影响，而关键核心技术的不断突破将为交通运输发展赋予新动能和新优势。

在全球创新潮流汹涌澎湃、科学技术前沿不断拓展、学科间交叉融合加速、产业体系汇聚重构已成常态的新形势下，为满足更清洁高效、安全可靠、舒适智能、便捷准时的交通运输需求，世界主要国家持续加大对先进的航空、船舶、轨道交通、汽车等交通运输装备及其系统的研发。随着新能源、轻质高强材料、先进高端制造、类脑智能、虚拟现实（VR）等新技术在交通运输领域率先应用并不断迭代优化，交通运输高科技化的趋势将进一步强化。这不仅支撑交通的基础设施建设、运输装备制造等技术能力及推广应用，推动无人驾驶车辆和船舶等新业态快速市场化，又进而助推新一轮科技革命和产业变革。

（六）智慧化

未来已来，世界已进入 ABC 时代（AI＋Big Data＋Cloud，人工智能＋大数据＋云计算）。在 ABC 时代，交通运输的智慧化是大势所趋。智慧化交通力求基础设施-交通运输-通信网络-公共资源的高效利用，通过大数据决策，使出行体验更好、货物流通更优、政府决策更准。实际上，当下国内外的众多知名公司，如 IBM、谷歌、西门子、阿里巴巴、百度等都活跃于智慧交通领域，新型交通服务模式层出不穷。展望未来，通过充分利用现代高科技，交通运输将全面实现基础设施和载运工具的数字化与网络化、运营的信息化与智能化以及运输系统整体的智慧化。

在铁路领域，基于智能系统的集成整合运用，将全面运营无人驾驶、无人检测的智能铁路。智慧动车组将实现工作状态自感知、运行故障自诊断和导向安全自决策，运输服务将实现全面电子客票、全程刷脸畅通出行、站车 5G 覆盖和智能引导。在公路领域，人们出行将按照程序设置完全智能化，无人驾驶将得到全面普及，车路协同技术、汽车列车化技术将得到普遍应用。在航空领域，智能售票、智能安检、机器人等代替人工辅助乘客出行将实现常态化，飞机将实现无人驾驶且能自我修复，出航将实现最优算法，并真正与轨道交通、公路交通、城市交通无缝衔接。

（七）绿色化

绿色化是实现交通健康发展的内在要求，也是经济社会向循环经济、低碳经济、生态经济、知识经济发展的必然要求，更是交通运输与经济、社会和环境协调并可持续发展的关键所在。研发和推广替代燃料新技术、广泛利用风能和太阳能等清洁能源、发展低碳能源和可再生能源、优化能源结构是主要实现途径。未来将通过提高燃油效率，增加氢能源、燃料电池等替代能源，降低交通行业对石油等传统化石能源的依赖，减少交通系统的碳排放。世界可持续发展工商理事会发布的《愿景 2050》报告称，低碳交通将有望于 2050 年之前普及。据估计，轻型车辆的使用能降低 80%的能源消耗，船运或货运的能源使用也将降低 50%。此外，太阳能将在全球能源结构中占较大比例，电动汽车等新能源汽车极具发展前景。

优化交通运输结构是构建节能低碳型综合交通运输体系的战略重点。大宗物品通过管道运输实现，其运输物资将由石油、天然气、化工产品等流体逐渐扩展到煤炭、矿石、成件货物、集装物料等非流体。今后将更加注重发挥铁路占地省、运量大、能耗少、排放低等比较优势以优化交通运输结构。公交优先发展是优化交通运输的重要导向，未来世界都市圈和大中城市将实现以轨道交通为骨干、新能源公交车和共享单车为主体的绿色综合交通系统。其中，基于互联网的共享单车充分体现绿色、生态、共享理念，成为解决末端交通的绿色范例。

绿色化将贯穿交通基础设施规划、建设、运营和养护的全过程，生态选线、环保设计、生态修复应是题中之义。为此，需要统筹布局规划线路和交通枢纽场站设施，提高交通基础设施的土地、岸线利用效率。在工程建设中，要大力促进节能环保新材料、新技术的应用，鼓励标准化设计及工厂预制。在行业管理中，不仅要制定交通基础设施建设生态标准，保护交通基础设施周边生态环境，还要建立交通运输温室气体与大气污染物排放协同联控机制，严格落实重点水域污染排放控制。

（八）品质化

交通发展不仅让人们的时空距离变短、活动范围变广，使说走就走周游世界成为寻常，还促进出行升级从“人便其行”到“人享其行”。人们在不断提高出行频率、距离和消费的同时，越来越追求出行的便捷舒适、经济高效、安全准点。未来交通运输将提供无障碍化、人性化、定制化和品质化的出行服务，满足人民群众日益增长的对美好生活的向往，大幅提高出行的温馨感、获得感和体验感。在物流方面，数据驱动和社会化协同的供应链平台，不仅能提供标准化、集装化、智能化的物流产品，显著降低全社会的物流成本，还能同时满足经济性和时效性需要，真正做到货畅其流、物优其运。

未来，人们的独立性、自主性、选择性和流动性进一步加大，生活方式也随之发生深刻变化，私家（无人驾驶）汽车等交通工具成为移动办公室和休闲娱乐场所的现象将日益普遍。生活在开放、流动、多元社会中的人们，在出行途中便可“非现场”办公和自娱自乐。“城市更宜居”也将从愿景成为现实，绿色智能人文一体化交通系统使城市居民普遍建立 15 分钟生活圈，享受门到门、多样化、便利化的交通服务模式。随着运载工具越来越轻量化、自动化、智能化，交通出行将更加舒适惬意。

二、绿色运输

20 世纪中后期，人类环境保护意识开始觉醒。1987 年，世界环境与发展委员会发表了研究报告《我们共同的未来》，指出当代对资源的开发和利用必须有利于下一代生存环境的维护以及资源的持续利用。于是，绿色消费运动在全球兴起，绿色物流应运而生。绿色物流，就是融入环境保护和可持续发展理念的物流活动。运输是物流的主要功能之一，任何物资由产地到销地都是通过运输来实现的，因此，研究绿色运输对于发展绿色物流是一件非常有意义的工作。

绿色物流

（一）绿色运输的发展

美国经济高度发达，也是世界上最早发展物流业的国家之一。美国政府推行自由经济政策，其物流业务数量巨大，且异常频繁，因而就决定了美国多渠道、多形式的物流业结构特征。在运输高度发达的经济社会环境中，美国政府不断通过宏观政策的引导，确立以现代运输发展带动社会经济发展的战略目标。美国在其《国家运输科技发展战略》中指出，到 2025 年，交通产业结构、交通科技进步的总目标是“建立安全、高效、充足和可靠的运输系统，其范围是国际性的，形式是综合性的，特点是智能性的，性质是环境友善的”。

欧洲是引进“运输”概念较早的地区之一，而且较早地将现代技术用于运输管理，是提高运输绿色化的先锋。在 20 世纪 80 年代，欧洲就开始探索一种新的联盟型或合作式的运输新体系，即综合运输供应链管理。它的目的是实现最终消费者和供应商之间的运输与信息流的整合，即在商品流通过程中加强企业间的合作，改变原先各企业分散的运输管理方法。欧洲在减少交通事故、抑制道路沿线的噪声和振动等问题方面，除加大政府部门的监管和控制外，还特别制定了一些实施绿色运输的具体目标。

2016年，《中国交通运输发展》白皮书指出，我国要“推动运输服务绿色智能发展。推进交通运输绿色发展，集约节约利用资源，加强标准化、低碳化、现代化运输装备和节能环保运输工具推广应用”。2017年，《“十三五”现代综合交通运输体系发展规划》提出要更加注重提高交通运输体系绿色、低碳、集约发展水平，进一步促进交通运输绿色发展。

（二）绿色运输的概念

运输是一个对环境影响较大的物流作业，载运工具运行的过程中，尾气排放、运行噪声等多方面的“外部性”因素，都会对环境造成负面影响。绿色运输的提出，在于通过科学规划，合理高效地利用运力资源，最大限度地减少对环境的影响，从而实现“绿色化”的目标。

绿色运输的目标在于充分利用运力资源，安全、高效、节能、清洁地完成运输作业，其中包括运输过程、周转环节、运输包装等全过程的绿色化。新技术、新能源、新工具等的应用是基础，可持续发展观念、法律法规引导、科学规划思维是保障，商业实践中的应用是关键。

实施绿色运输是实施可持续发展战略的需要。可持续发展战略是指社会经济发展必须同自然环境及社会环境相联系，使经济建设与资源、环境相协调，以保证社会的良性循环。

实施绿色运输是全球经济一体化的需要。ISO 14000（环境管理系列标准）成为众多企业进入国际市场的通行证，它要求企业建立环境管理体系，使其经营活动、产品和服务的每一个环节对环境的影响最小化。

（三）实施策略

第一，强化绿色物流意识。要充分认识交通运输领域环保形势的严峻性，确立完整的可持续发展的框架体系，选择新的治污思路。倡导绿色物流，倡导公民推崇绿色物流的意识，积极促进厂家、商家和运输企业建立绿色的同盟关系，促进绿色运输的发展。

第二，建立和健全绿色流通的政策体系。政府要制定科学的环保政策，提高对资源合理使用的监督力度和对污染行为的惩罚力度，除了严格实施现有环保法律法规外，还应制定发生源规则、交通量规则和交通流规则。

第三，强化科学管理。实施绿色运输，做好运输规划至关重要。这不仅要求在整个物流网络的组织规划上能够很好地满足常规运输的需要，还要考虑高效、节能、安全、低污染，尽量实现循环物流。实施方案的制定要注重科学规划、合理组织与切实可行。

第四，运输包装绿色化。绿色包装不仅有助于本企业降低成本，还有助于减少下游企业对包装物的拆卸和处理。企业要提倡绿色包装，认真选择包装材料，如采用可回收、低污染、可降解的包装材料，以便对包装物的处理和对包装废弃物的回收。

第五，建立智能运输管理系统。智能运输管理系统是将先进的信息技术、通信传输技术、电子传感技术、电子控制技术和计算机处理技术等有效集成，而建立起的一种在大范围内、全方位发挥作用的，实时、准确、高效的综合运输和管理系统。

第六，加强对绿色运输的研究和相关人才的培养。绿色运输不同于传统的运输，需要更多、更专业的运输管理人员、营运筹划人员和其他专门人才。各大专院校和科研机构只有系统地、有针对性地进行培养，才能为发展绿色物流输送更多的合格人才。

案例分析

我国交通运输行业发展评读

交通运输部综合规划司关于《2021 年交通运输行业发展统计公报》的评读文章中指出，在面对百年变局和世纪疫情，全行业在党中央坚强领导下，坚持稳中求进工作总基调，统筹推进疫情防控和经济社会发展交通运输各项工作，着力推动行业高质量发展，加快建设交通强国，努力当好中国现代化的开路先锋。

（一）综合立体交通网络加快完善

全年完成交通固定资产投资 3.6 万亿元，比上年增长 4.1%，两年平均增长 5.6%，发挥了重要的稳增长作用。分结构看，铁路完成投资 7 489 亿元，规模继续保持在较高水平；公路完成投资 25 995 亿元，比上年增长 6.0%，其中西部地区公路投资占比为 45.3%、全国 832 个脱贫县公路投资占比为 29.2%；水路完成投资 1 513 亿元，增长 11.4%；民航完成投资 1 222 亿元，增长 13.0%。在投资的支撑带动下，交通基础设施建设稳步推进，综合立体交通网络加快完善。

高效率交通基础设施覆盖范围持续扩大。截至 2021 年末，全国高铁营业里程达到 4 万公里，占铁路营业里程比重超过 1/4。高速公路里程 16.9 万公里，比上年末增加 8 090 公里，占公路总里程比重为 3.2%，呈现稳步提高态势。全国港口万吨级及以上泊位 2 659 个、增加 67 个，占全国港口泊位比重为 12.7%、提高 1 个百分点。定期航班通航机场、通航城市（或地区）分别提高至 248 个和 244 个。

普通干线交通网结构不断完善。截至 2021 年末，全国铁路营业里程达到 15 万公里，比上年末增加超过 3 600 公里，路网密度 156.7 公里/万平方公里、增加 4.4 公里/万平方公里，复线率接近六成。二级及以上等级公路里程 72.4 万公里、增加 2.1 万公里，占公路总里程比重为 13.7%、提高 0.2 个百分点。三级及以上航道通航里程 1.45 万公里、增加 140 公里，占航道总里程比重为 11.4%。

农村交通网络通达通畅水平稳步提升。截至 2021 年末，农村公路里程 446.6 万公里，比上年末增加 8.4 万公里，其中乡镇通三级及以上公路比例达 82.2%、提高 1.4 个百分点。农村快递服务营业网点数量占比提高至 30%以上，快递服务乡镇网点覆盖率达到 98%，服务满意度进一步提高。

西部地区路网规模不断提升、结构持续优化。截至 2021 年末，西部地区公路总里程占全国公路总里程比重达 42.9%、比上年末提高 0.5 个百分点，高速公路里程占全国比重达 41.3%、提高 1.7 个百分点，路网规模和质量与东部、中部地区差距进一步缩小，为实现共同富裕战略目标提供了重要保障。

（二）运输装备进一步提档升级

大型化装备不断提高。截至2021年末，营运载货汽车平均吨位为14.6吨/辆，比上年末增加0.4吨/辆；普通货车中，标记吨位4吨以上货车吨位占比达98.5%、提高1.0个百分点。营业性运输船舶平均净载重量2 259吨/艘，比上年末增加125吨/艘。

专业化装备持续增加。截至2021年末，全国铁路拥有动车组33 221辆，比上年末增加1 881辆、增长6.0%，占铁路客车总量超过四成。公路拥有专用货车60.4万辆，增加9.7万辆、增长19.2%，占营运载货汽车总量的5.1%、提高0.6个百分点；拥有牵引车346.7万辆，增加35.8万辆、增长11.5%，占营运载货汽车总量的29.5%、提高1.6个百分点；拥有挂车359.3万辆，增加24.6万辆、增长7.4%，占营运载货汽车总量的30.6%、提高0.5个百分点。

绿色化装备趋势明显。截至2021年末，全国铁路拥有电力机车1.39万台，占铁路机车总量达64%、比上年末提高约1.3个百分点。全国城市公共汽电车中，拥有纯电动车42.0万辆，增加4.1万辆、增长10.8%，拥有天然气车11.2万辆、混合动力车8.6万辆，三者合计占公共汽电车比重达87.0%，提高2.7个百分点。

（三）物流供应链保障能力不断增强

国内物流供应链保障能力进一步提升。全年完成营业性货运量521.6亿吨，比上年增长12.3%，两年平均增长5.7%。其中，铁路货运量比上年增长4.9%，全国港口集装箱铁水联运量比上年增长9.8%；公路货运量比上年增长14.2%，高速公路货车流量比上年增长6.0%；水路货运量比上年增长8.2%，全国港口完成货物吞吐量155.5亿吨、比上年增长6.8%；民航货运量比上年增长8.2%，民用运输机场货邮吞吐量比上年增长10.9%。快递业务量完成1 083亿件，比上年增长29.9%。

国际物流供应链安全畅通保障水平稳步提高。全年中欧班列开行量达15 183列，首次站上1.5万列大关，比上年增长22%。公路水运口岸继续实行“货开客关”政策，国际道路货物运输保持总体稳定，全国港口完成外贸货物吞吐量47.0亿吨、增长4.5%，其中煤炭外贸进港量大幅增长21.3%，原油、铁矿石外贸进港量与上年基本持平、规模保持高位，完成外贸集装箱吞吐量1.6亿标箱、增长7.5%，西部陆海新通道班列集装箱发送量57万标箱、增长57.5%。民航开行国际货运航班20万班、增长22%，国际航线货邮量完成266.7万吨、增长19.5%。国际及港澳台快递业务量完成21.0亿件、增长14.6%。

（四）公众出行结构持续变化

从出行总量看，营业性客运量持续下降、城市客运量稳定恢复、私家车出行逆势增长。全年完成营业性客运量83.03亿人，比上年下降14.1%，两年平均下降31.3%。完成城市客运量993.8亿人，比上年增长14.0%，但两年平均仍下降11.9%。同期，私家车出行逆势增长，监测数据显示，全年全国高速公路9座及以下小客车流量继续保持增长态势，两年平均增长达3.7%。

从城际间营业性客运看，选择高铁、民航等方式出行比重进一步提高。全年铁路、民航客运量实现恢复性增长，比上年分别增长18.5%和5.5%，而公路客运量规模进一步收缩，比上年下降26.2%。受此影响，铁路、民航客运量占营业性客运量比重进一步提高至36.8%，较2020年、2019年分别提高9.6个和12.2个百分点。

从城市内出行看，各运输方式客运规模逐步恢复，轨道交通占比持续提升。全年公共汽电车、巡游出租汽车、城市轨道交通和客运轮渡客运量比上年分别增长10.6%、5.4%、34.9%和30.5%，其中城市轨道交通客运量增长更快，规模已基本恢复至疫情前水平，占城市客运量比重为23.9%，较2020年、2019年分别提高3.7个和5.2个百分点。

同时，交通运输行业发展取得新的进展。制定实施“十四五”交通运输发展规划，有序推进加快建设交通强国各项具体任务，有力支撑国家重大战略实施，持续深化行业供给侧结构性改革，强化科技创新，更好服务构建新发展格局，毫不放松抓好安全生产，慎终如始做好疫情防控，全力保通保畅保民生，实现了“十四五”良好开局，为做好“六稳”“六保”工作提供了重要的交通支撑。

资料来源：综合规划司. 在加快建设交通强国新征程上建新功——《2021年交通运输行业发展统计公报》评读. (2022-05-25)[2023-10-10]. 交通运输部网站.

分析：

1. 结合案例中讲到的四点谈谈你的感受。
2. 你认为我国的运输行业未来的发展方向是什么？

项目小结

物流是经济与社会发展的重要基础，是生产力持续提升的重要保障。运输是物流的重要组成部分。从古代的运输规划思想到现代的运输网络建设，从洲际之间的远洋运输到城市内部的短距离运输，从第一列火车的出现到万吨级货轮的普及，运输的发展伴随着人类经济生产的各个方面。

运输作业将物品从一个地点向另一个地点运送，其中包括集货、分配、搬运、中转、装入、卸下、分散等一系列操作。运输与物流的其他环节配合，各自发挥作用，并形成一个功能完善的体系，最终发挥安全送达、降低成本、拉近距离、提高效率、增强竞争的作用。

如今，全球正迎来新一轮科技革命和产业变革，创新、协调、绿色、开放、共享的新发展理念日益深入人心。绿色运输的提出，在于通过科学规划，合理高效地利用运力资源，最大限度地减少对环境的影响，从而实现“绿色化”的目标。

职业能力训练

思考与练习题

一、单项选择题

1. 古语说“兵马未动，粮草先行”，说明了（　　）的重要作用。

A. 运输　　B. 仓储　　C. 流通加工　　D. 军事

2. 依据中华人民共和国国家标准《物流术语》（GB/T 18354—2021）的内容更新，（　　）是区分“运输”和“配送”的一个重要指标。

A. 运输工具　　B. 空间范围　　C. 操作流程　　D. 组织方式

3. 一般来说，运输的时间和空间之间的关系是（　　）。

A. 空间距离越大，时间越长　　B. 空间距离越大，时间越短

C. 两者没有必然关联　　D. 以上说法都不对

4. 被称为“第三利润源”的是（　　）。

A. 节约原材料　　B. 提高劳动生产率

C. 高效的物流系统　　D. 采用新技术

5. 高铁的发展与应用，体现了运输的（　　）趋势。

A. 重载化　　B. 综合化　　C. 高速化　　D. 集成化

二、多项选择题

1. 与古代相比，现代运输对我们生产、生活的改变表现在（　　）。

A. 扩大了人们的活动范围　　B. 促进了社会化分工和大生产

C. 拉近了人们之间的距离　　D. 为现代物流业的发展夯实了基础

E. 方便了人们的出行

2. 关于运输的作用，表述正确的选项是（　　）。

A. 安全送达　　B. 降低成本

C. 拉近距离　　D. 提高效率

E. 增强竞争力

综合实训项目

中国高速铁路（China Railway Highspeed），简称中国高铁，是指中国境内建成使用的高速铁路，为当代中国重要的一类交通基础设施。根据《高速铁路设计规范》（TB 10621—2014），中国高速铁路是设计速度每小时 250 千米（含预留）以上、列车初期运营速度每小时 200 千米以上的客运专线铁路。2016 年，《中长期铁路网规划》指出，中国高速铁路网由所有设计速度每小时 250 千米以上新线和部分经改造后设计速度达到每

小时 200 千米以上的既有线铁路共同组成。

截至 2022 年年末，全国高速铁路营业里程 4.2 万千米；2022 年，投产高铁新线 2 082 千米。

请同学们参阅资料，以某两个城市作为起讫点，对比高铁与之前的普通铁路在运输时间、速度、体验等方面的差异。

项目二
物流运输方式及业务

【学习目标】

※ 知识目标

1. 了解载运工具的类型
2. 了解各类载运工具运输的特点
3. 了解典型载运工具的分类
4. 熟悉各种运输方式的运输业务

※ 能力目标

1. 能够熟练应用载运工具
2. 能够正确选择载运工具进行不同货物的运输
3. 能够正常处理各种运输方式的运输业务

※ 素养目标

1. 了解中欧班列，增强职业认同感和民族自豪感
2. 学习各种运输方式及业务，激发钻研精神
3. 了解可持续发展理念，树立“人类命运共同体”理念

【引例】

“义新欧”中欧班列联通欧亚 助力沿线国家经济发展

2023年3月9日，以“中西建交纪念号”特别命名的“义新欧”中欧班列从西班牙首都马德里鸣笛发车，与从中国义乌同时开出的列车双向而行，以庆祝中西建交50周年。

从马德里开出的“义新欧”班列上装载着70个标准集装箱，包括红酒、橄榄油、葵花子油、婴儿食品等西班牙特色产品；从义乌开往马德里的班列则装载了陶瓷制品、电动滑板车、手机、日用百货等中国商品。

2014年11月18日，“义新欧”中欧班列在浙江义乌西站发出第一车，抵达西班牙首都马德里。这条全长13 052千米的中欧班列铁路线，成为连接中国与“一带一路”沿线国家的一条重要纽带。相比传统海运方式，去往欧亚大陆中部和北部港口，铁路货运更快捷，到达目的港的时间比海运平均节省10～20天；相比空运方式，铁路运输的成本大约能节省50%～60%。“义新欧”开通后，中欧间的贸易周期明显缩短。

“义新欧”班列不仅帮助大量中国商品走出国门，也将来自沿途各国的商品运往中国，满足中国消费者需求。目前，“义新欧”中欧班列已辐射欧亚大陆50多个国家160多个城市。

案例思考：

1. 中欧班列给沿线国家和地区的经济和物流发展带来了哪些助力？
2. 我们通过货物的哪些特质来选择适合的运输工具？

任务一
载运工具

一、道路载运工具

道路上行驶的车辆有汽车、无轨电车、摩托车、自行车以及各种专用车和特种车等，其中主要是汽车。本任务仅介绍汽车的运行特性，包括车辆的尺寸、重力、基本性能等。

认知公路运输

（一）类型、尺寸和重力

汽车可分为客车和货车两大类。客车包括小客车、面包车、公共汽车（小型、中型和铰接式）等。货车可进一步分为整车（轻型、中型和重型）和组合货车（各种拖挂式）两类，如图 2-1 所示。

(a) 整车

(b) 组合货车

图 2-1　货车类型

1. 小客车

小客车为二轴四轮车辆，可坐 2～6 人，主要作为个人交通工具。按重力和尺寸大小，小客车可分为小型、中型和重型三种。其重力为 6.8～18kN，车身长度为 3.5～5.6m，轴距为 2.3～3.1m，车身宽度为 1.6～2.0m，高度为 1.15～1.65m。

2. 面包车

面包车通常由小客车或轻型货车的底盘改装而成，可乘坐 6～15 人。

3. 公共汽车

小型公共汽车通常有 15～25 个座位，供短途运送用，其车身长为 5.5～7.6m，宽为 2.0～2.5m。中型公共汽车可为二轴或三轴，车身长 9～12m，宽 2.4～2.6m，约有 45 个座位，最多可容纳 100 人（包括站立的）。把半挂车固定地连接在二轴中型公共汽车上，便成为铰接式公共汽车。其长度为 16～18m，宽度为 2.6m，包括站立乘客在内最多可容纳 150 人。

4. 整车

整车是指载货区和动力设备安装在共同的车架上不能分开的货车，如图 2-1（a）所示。整车包括二轴四轮（轻型货车）、二轴六轮、三轴（双后轴）和四轴（三后轴）货车四种。轻型货车的总重力一般小于 45kN，二轴六轮货车的总重力大都为 45～180kN，而三轴和四轴货车的总重力可高达 260～300kN。

5. 组合货车

组合货车由牵引车或整车同一个或多个挂车组合而成，可称为拖挂车，如图 2-1（b）所示。牵引车和挂车通过铰接方式连接，彼此可相对转动，因而也可称为铰接车。挂车有两种：一是前后各有一个或多个轴的全挂式，由整车或带半挂车的牵引车拖带，但不把重力转给前面；二是后端有一个或多个轴但前端无轴的半挂式，其前端放在牵引车或前面拖车的后端上，并把一部分重力转给前面。组合货车的总重力一般可达 400～500kN，通常用于长途运输。组合货车可分为单拖挂货车、双拖挂货车、三拖挂货车等。单拖挂货车可以是牵引车加一辆半挂车，共有 3 个、4 个或 5 个轴；也可以是整车加全挂车，共有 4 个、5 个或 5 个以上轴。双拖挂货车由牵引车加半挂车再加上全挂车所组成，共有 5 个、6 个或 6 个以上轴；也可以是整车加两辆全挂车，共有 6 个或 6 个以上轴。三拖挂货车则由牵引车加半挂车后再加上两个全挂车所组成，最多可有 16 个轴，总重力可达 1 150kN。

（二）基本性能

1. 动力性能

汽车的动力性能是指汽车在良好的路面上直线行驶时受到的纵向力决定的、所能达到的平均行驶速度，是汽车各性能中最基本的性能。

2. 驱动力与行驶阻力

汽车在路面上以一定的速度行驶，是因为受到来自地面上与行驶方向相同的推力，同时克服了汽车行驶中的各种阻力。而驱动力是由发动机的转矩从传动系统到驱动轮得到的，同时驱动力能否正常产生还要视轮胎与路面的情况，即汽车行驶受到轮胎与地面附着条件的限制。汽车行驶过程中的阻力主要有滚动阻力、空气阻力、坡度阻力和加速阻力四种。

3. 燃料经济性

当汽车以一定挡位在一定道路条件下等速行驶时，耗油量与车速之间的关系可体现该车的燃料经济性，油耗量越小越经济。

4. 制动性能

汽车的制动性能是指汽车在行驶中强制减速直至停车的能力。汽车具有良好的制动性能是出于安全的需要，同时也可提高汽车的平均车速，从而获得较高的运输生产率。

5. 操纵稳定性

汽车的操纵稳定性包括操纵性和稳定性。操纵性是指汽车能够准确地响应驾驶员转向指令的能力；稳定性是指汽车在行驶过程中具有抵抗改变其行驶方向的各种干扰，并保持稳定行驶而不致失去控制甚至翻车或侧滑的能力。汽车的稳定性直接影响着汽车的操纵性。

6. 行驶平顺性

汽车的行驶平顺性是指汽车的乘坐舒适度或保持货物完好的能力。

二、轨道载运工具

轨道载运工具是沿轨道行驶的各种机车与车辆的总称。它依靠车辆外部的轨道进行导向。它广泛地应用于城市之间的中长途客货运输、市内和市郊的公共交通，特别是大量、快速的公共交通列车、市郊铁路列车、铁路客货运输列车、高速铁路列车以及其他轨道式公共交通车辆或列车等。轨道载运工具种类如下：

（一）有轨电车

它由1～3辆车组成，每辆车有4～6个轴，长14～21m，可乘坐100～180人，通常作为客运工具使用。

（二）轻轨交通列车

它是6轴或8轴的铰接车辆，或者4辆4轴或6轴的车辆，或者2辆8轴的车辆组成的列车。

铰接车辆长度为20～32m，可容纳大约250位乘客，也多作为客运工具使用。

（三）快速轨道交通列车

它是由1～10辆4轴车辆组成的电动列车，有专用轨道。在郊区，轨道设在地面，进入市区时转入地下或转为高架，通常作为客运工具使用。

（四）市郊铁路列车

它是指中长途铁路延伸到市郊或郊区边缘，为当地提供客运服务的列车。

（五）铁路客货运输列车

它是由机车牵引若干辆挂车组成的旅客或货物列车。货物列车有篷车、敞车、平车、罐车、保温车等种类，车辆平均长度为 14m，自重 2.35t，平均运行速度为 60～90km/h。

（六）高速铁路列车

它是由高功率机车牵引若干挂车，或者同若干带动力的车辆一起组成的列车。这种列车的速度可达到 300km/h 以上，平均运行速度可达到 160～200km/h。其由于速度快、运量大、能耗低、舒适而安全、对环境污染小、经济效益好，因此逐渐发展成为一种高效的中长途旅客运载工具。

（七） 其他轨道式公共交通车辆或列车

其他列车有悬挂式或骑跨式独轨车辆、橡胶轮和钢轮双用车辆、橡胶轮轨道行驶车辆、磁悬浮悬挂式车辆等。

案例分析

我国基础设施的高速发展

从 20 世纪 50 年代起，中国人就梦想着修建进藏铁路。当时中国第一代领导人已把修建该铁路提上了议事日程。1958 年，青藏铁路西宁至格尔木段开工兴建，1979 年铁路铺到青海格尔木，由于当时的经济实力和高原冻土等筑路技术尚未成熟，青藏铁路格尔木至拉萨段停建。当时青藏铁路全长 1 118km，海拔 4km 的地段有 960km，是世界上海拔最高和线路最长的高原铁路。兴建青藏铁路体现了国家对西部大开发的重视和对少数民族地区的关怀。铁路建成后，青藏高原资源的开发出现了全新的局面，为西藏增加了一条经济、快速、全天候的运输通道。

分析：

1. 基础设施的高速发展对于运输行业的快速崛起有着怎样的重大意义？
2. 铁路行业的快速发展需要哪种运输设备与之匹配？

三、水上载运工具

水上的主要载运工具是各种船舶。现代船舶以柴油机为主要动力装置，带动螺旋桨推进器产生推动力，使船舶行进。通常在船舶尾部设置操舵装置以控制方向，在其首部两侧设锚、锚链等装置以帮助船舶停泊。

按载运对象的不同，船舶可分为货船、客船和客货船三大类。货船可进一步分为油船和干货船两类。前者运送液体货物；后者运送固体货物，可细分为杂货船、散货船、专用货船（集装箱船、滚装船和载驳船等）等。这些船舶，有的在内河航行，其尺寸受航道条件的限制，吃水深度和载重吨位都较小；有的在沿海或远洋航行，其尺寸、吨位等都要大得多。

（一）油船

油船是载运散装液货（包括原油、成品油和各种液化气体等）的专用船舶。油船运输的特点是载量大，运距长。因而，油船往往是大型船舶。20 世纪 40 年代最大的油船可载运 160 000t，吃水深 10m；到 60 年代，载质量增长到 200 000t，船身长达 340m，吃水深 18m；而到 80 年代，最大的油船可装载 600 000t。

（二）杂货船

杂货船是载运各种桶装、箱装包装或成捆件的货船。其载质量一般在 20 000t 下，平均航速为 12～18km/h。货物通过船上或岸上的吊杆装卸。现代化的杂货船，其自动化装备的程度很高，平均航速可超过 20km/h。

（三）散货船　（散装货船）

散货船是载运各种不加包装的块状、粉状或粒状干货货船。一些专用的散货船只载运货物，如煤、矿石、粮食等。散货运输通常是批量大的大宗货物，因而其船型较大，货舱的容积大，货舱口也较大，以便于装卸。沿海和近海运输的散货船，其载质量大多在 30 000t 以下，远洋运输的散装船则多为 30 000～60 000t，最大的可超过 100 000t。散货船的平均航速为 12～16kn。

（四）集装箱船

集装箱船是专门运载集装箱的货船，通过码头上的装卸桥，将集装箱吊放到船上或吊离。由于集装箱船装卸速度较快，因此船舶停港的时间较相同载质量的杂货船要短得多。同时，其平均航行速度较快，一般可达 22～26kn。因此其航行周转的周期较其他船舶要短（即相同时间内可航行的次数多）。集装箱船的运载能力，除了以载质量表示外，还用集装箱的载箱数（以长度为 20 英尺[①]集装箱为标准箱，简称 TEU）表示。集装箱船按载箱数多少分为第一代、第二代、第三代等（载箱数相应约为 1 000TEU、2 000TEU、3 000TEU 等）。近期的集装箱船已发展到第五代、第六代，载箱数达 5 000TEU以上，船长达 175m 以上。载运集装箱的船舶，其部分舱位用来装载杂货时，称为半集装箱船。

四、航空载运工具

飞机是航空运输的主要载运工具，是 20 世纪初出现的、技术发展最迅速的一种载运工具。

按运输类型的不同，民用飞机可分为：

---

① 1 英尺＝0.304 8 米。

（1）运输飞机：由航空公司定期航班或非定期航班使用的各种飞机。

（2）通用航空飞机：为工农业生产飞行、商业飞行、教学飞行等服务的各种飞机。

运输飞机可按航程距离分为：

（1）远程飞机：航程在 8 000km 以上，主要用于洲际飞行；由于航程远，需耗用大量燃料，其机体尺寸和质量都很大（最大起飞质量在 150t 以上，最重的可达 350t），所需跑道长度也很长。

（2）中程飞机：航程在 3 000～5 000km 范围内，适用于洲内主要航线上飞行，其最大起飞质量在 100t 以上。

（3）近程飞机：航程在 3 000km 以下，适用于国内主要航线上飞行，其最大起飞质量在 40t 以上。

（4）短途飞机：航程在 1 000km 以下，主要用于地方支线和通勤运输的飞行，其最大起飞质量在 40t 以下。

运输飞机可按其发动机和所产生推力的类型不同而分为：

（1）活塞式：以汽油发动机为动力，带动螺旋桨旋转以产生推动力的飞机。大部分通用航空飞机采用这种类型。

（2）涡轮螺旋桨式：以燃气涡轮发动机为动力，带动螺旋桨旋转以产生推动力的飞机。部分短程支线和通勤运输飞机，以及少数双发动机通用航空飞机采用这种类型。

（3）涡轮喷气式：由燃气涡轮发动机向后喷射出高速气流以产生推动力的飞机。早期生产的喷气式运输机采用这种形式，但后来被摒弃不用而代之以涡轮风扇喷气式。

（4）涡轮风扇喷气式：在涡轮喷气发动机的前部（或后部）加上一个风扇的飞机。这类飞机目前被除短途飞机外几乎所有运输飞机采用。

五、管道载运工具

管道主要用来输送油、气，有时还可用来运输粮食和矿石等。管道自身没有动力，主要依靠各种增压设施驱动油、气、矿石沿着管道流向目的地。

（一）管道载运工具分类

案例分析

管道运输优势明显

扬子石化为我国最大的环氧乙烷生产商之一，年产量可达 10 万多吨。环氧乙烷易燃易爆，且有毒，是典型的危险化学品。赫克力士化工（南京）有限公司是一家以环氧乙烷为原料生产羟乙基纤维素的公司。某年年初，两家公司签订了通过管道供应环氧乙烷的意向书，此举首开中国石化环氧乙烷产品就近管道运输的先河，对改善化工物流、确保运输安全具有重要意义。

分析：管道运输有哪些优势？

1. 根据运输介质分

（1）输油管道。输油管道是专门输送油品的管道，分为原油管道和成品油管道两种。输送原油的管道，需要在沿线设加压站，而输送易凝结或高黏度的原油，还要增设加热站或热泵站进行热处理。

（2）输气管道。输气管道是输送从气田开采出来的天然气和石油伴生气的管道。在世界管道总长度中，输气管道占一半以上。

（3）输送固体料浆的管道。固体料浆管道则是指输送煤、铁、矿石等介质的管道，不过需要将煤、铁等碎成粒状，与适量的液体配置成浆液进行管道运输。

2. 根据制造材料分

（1）竹制管道。

（2）铁制管道。

（3）钢制管道。

3. 根据动力驱动机械分

管道内的运输介质是根据不同的要求与管道特性，由不同类型的泵或压缩机来驱动的，如往复泵、螺杆泵等。根据泵的驱动机械动力不同，驱动又分为蒸汽机驱动、内燃机驱动、电动机驱动和燃气轮机驱动等。

（二）质量监管过程

管道运输的物流服务活动过程要进行质量管理，可以从以下四方面进行：

1. 设立管理指标

管理指标是对物流服务活动过程中关键控制因素所设的指标。企业对于物流服务过程的质量管理应当建立完善的立体管理指标体系，能够从不同层次、不同侧面反映物流服务过程的质量水平。企业设计的每一个指标都应当有明确的目的，应当具有可操作性，并且是可以被理解和接受的。管理指标应当尽可能量化，对那些无法计量的关键控制因素，可以采用定性描述的方法设定指标。

2. 制定管理标准

进行物流服务过程质量管理通常使用历史标准和计划标准两个评价标准。历史标准是将某个指标当前质量水平同企业的历史同期或历史最好水平进行纵向比较，从而掌握其发展轨迹的评价标准，并通过分析找出服务过程质量水平变化的原因，为进一步提高服务过程质量奠定基础。计划标准是通过将企业实现的服务过程质量水平同计划目标进行比较，以反映出计划目标的完成情况，为激励制度的实施提供依据。必要时，企业还可以根据服务过程的实际水平对计划目标做出修订。

3. 运用管理方法

对物流服务的过程进行质量管理，应当对各指标的具体管理方法做出说明，通过运用科学的管理方法，确保服务过程能够真实反映企业的物流服务水平。在质量管理中，常用的方法有统计法、排列法等。各种方法都有其适用范围和相应的优缺点，企业应当根据指标的不同特点选用合适的管理方法。

4. 进行绩效分析

市场研发的绩效评价结果必须经过认真、细致、全面的分析，找到各控制因素之间的内在联系，从而对企业物流服务过程质量的现状和发展趋势做出判断。分析的结果应当形成结论性报告，为管理者进行决策提供依据。

任务二
物流运输方式

一、公路运输

公路运输是指在公路上使用机动车辆或人力车、畜力车等非机动车辆运载货物的一种运输方式，是现代交通运输最重要的方式之一。与之相近，还有一个容易混淆的概念，那就是汽车运输。相比之下，公路运输的外延更大，但由于现代公路运输所用运输工具主要是汽车，因此，公路运输一般即指汽车运输。

公路运输的优缺点

（一）公路运输的特点

1. 公路运输的主要优点

（1）快速直达。由于汽车在运输途中不需要中转、滞留，因此汽车运输的运送速度较快。汽车除了可以沿公路网运行外，还可以深入工厂、矿山、车站、码头、农村、山区、城镇街道及居民区等，空间活动领域大，这一特点是其他任何运输工具所不具备的，因而汽车运输在直达性方面有明显的优势。

（2）灵活方便。汽车运输具有机动灵活、运输方便的特点。首先，汽车运输既可以成为其他运输方式的有效衔接，又可以自成体系，机动灵活；其次，汽车运输对货物批量大小的要求具有很强的弹性，既可以单车运输，又可以拖挂运输；最后，汽车运输在时间上的自由度很大，通常可以按客户规定的时间提供运输服务。

（3）操作简单。与火车、轮船和飞机相比，汽车的驾驶技术比较容易掌握，培养一名合格的汽车驾驶员所需的时间和成本投入比火车、轮船和飞机驾驶员要少很多。

（4）初期投资较小。与铁路运输相比，汽车运输不需要铺设轨道，且载货汽车的购买成本较低，因此，汽车运输的初期建设投资成本较小。

2. 公路运输的主要缺点

（1）运输能力较小。一般汽车运输的载重量为几吨至几十吨，无法与火车、轮船的巨大载重量相比，因此相对于铁路运输而言，公路运输的运输能力是有限的。

（2）运输成本较高。汽车运输的总成本构成包括固定成本和变动成本两个部分，对于物流企业而言，固定成本的支出是基本固定的。由于汽车运输的运输量较小，因此相对于铁路运输和水运物流而言，货物每吨公里的运输成本较高。

（3）生产效率较低。由于汽车运输的单车单次载运量较小，因此不能形成规模优势。很多需要装卸搬运的场合却没有装卸搬运设备，需要手工劳动来完成。因此，汽车运输相对于铁路运输和水运物流而言，生产效率较低。

（二）公路交通物流系统的主要功能

在现代交通运输发展过程中，世界各国普遍遵循一个共同的发展规律，即水路、铁路运输发展在先，公路运输则后来居上。我国公路运输近几年得到了快速的发展，在整个运输领域占有重要的地位，并发挥着越来越重要的作用。公路运输在现代交通运输领域担负的主要功能有以下三个方面：

1. 独立承担经济运距内的运输

公路运输的经济运距主要是指中短途运输（我国规定 50km 以内为短途运输，50km 以上 200km 以内为中途运输，200km 以上是长途运输），即 200km 以内的运输主要由公路运输来担负。

2. 参与长途和大批量货物的运输

由于近年来高速公路里程的不断增加和半挂车运输市场的兴起，汽车运输在长途和大批量货物的运输市场中已占得一席之地，从原先的中短途运输逐步发展成为短、中、长途运输并举的局面。随着高速公路的不断兴建，这一趋势将愈演愈烈。

3. 成为其他运输方式的有效补充和衔接

由于公路运输具有灵活、自由、活动区域大等优点，因此当水路、铁路和航空物流担负主要运输任务时，公路运输可以发挥自身优势，与其他运输方式紧密衔接，完成货物从起点和终点的集散运输。

二、铁路运输

认知铁路运输

铁路运输属于轨道运输，是指利用机车、车辆等运输工具，沿铺设轨道运行的运输方式，是目前我国货物运输的主要方式之一。同时，铁路是我国国民经济的大动脉，铁路运输与水路干线运输、各种短途运输相衔接，就可以形成以铁路运输为主要方式的运输网络。

铁路运输是一种使用铁路列车运送客货的运输方式。在没有水运条件的地区，几乎所有大批量货物都是依靠铁路。铁路运输最大的特点是适合长距离的大宗货物的集中运输，并且以集中整列为最佳，整车运输次之。其优点是运载量较大、速度快、连续性强、远距离运输费用低（经济里程在 20km 以上）、一般不受气候因素影响、准时性较强、安全系数较大，是最可靠的运输方式。铁路运输主要承担长距离、大数量的货运，是在干线运输中起主力运输作用的运输形式。

（一）铁路运输的特点

1. 铁路运输的主要优点

（1）运输能力大。相对于陆上其他运输方式而言，铁路运输的运送能力是最大的。特别是重载铁路的修建，使铁路运输的运送能力比以前有了较大的提高。每一次铁路车辆的平均运送能力可以达到4 000吨，远远大于公路运输的单车运量，因此铁路运输非常适合大宗物资的陆上运输。在我国，铁路运输仍然起到运输主动脉的作用。

通常来说，一列货车可装2 000～3 500吨货物，重载列车则可装载20 000多吨货物。一般单线单向年最大货物运输能力达1 800万吨，复线单向年最大货物运输能力达5 500万吨；运行组织较好的国家，单线单向年最大货物运输能力达4 000万吨，复线单向年最大货物运输能力超过1亿吨。因此，铁路运输能力大。

（2）运输成本较低。由于铁路运输采用大功率机车牵引列车运行，可承担长距离、大运输量的运输任务，且机车的运行阻力较小、能源消耗低，因此，铁路运输的成本较低。

（3）铁路运输受自然气候条件的限制较小。因为铁路运输具有高度的专用路权，所以只要行车设施无损坏，在任何自然气候条件下，列车均可以安全行驶，铁路运输是较可靠的运输方式。

（4）客货运输到发时间准确性高。铁路运输由于统一调度，并且具有专用路权，先进的列车可以通过高科技电脑控制，实现全自动化，可以完全不受人为因素的干扰，因此能保证运输到发时间的准确性。

（5）环境公害问题较少。在铁路运输中，污染低于公路及航空物流。因此，铁路运输更加节能，环境污染程度更小。除此之外，铁路运输还有运输速度快、通用性能好、运行平稳可靠和平均运距较长等优点。

2. 铁路运输的主要缺点

（1）初期投资大、建设周期长。铁路运输通常需要铺设轨道，建造桥梁和隧道，并且需要消耗大量钢材、木材，工程艰巨复杂，其初期投资及建设周期均大大超过其他运输方式。

铁路运输固定资产的比例要远远高于其他运输项目。对于铁路运输，初始建设的投资包括铁路线路的修建和机车的购买，投资成本高。一旦铁路拆除，造成的损失是很大的，因此铁路运输的投资风险较高。

（2）营运缺乏弹性、机动性较差。铁路运输只有达到一定的运输量，才能保证其经济性，其营运缺乏弹性，这样势必影响铁路运输的机动灵活性。此外，由于铁路运输不能随着客源和货源所在地变更营运路线，只能在固定线路上运行，因此其机动性较差。

（3）货物滞留时间长、货损较高。铁路货运在运输的过程中需要编组，导致货物在运输途中滞留时间过长。此外，多次装卸搬运作业，如果不精心处理，可能会造成货物的损坏，这就导致部分客户不敢将高价值的商品交由铁路承运。

（二）铁路交通物流系统的主要功能

尽管 20 世纪 90 年代以来，我国高速公路和民航运输取得了跨越式发展，对铁路运输形成了强有力的竞争，但是，铁路运输在国民经济中的支柱作用和在我国综合交通运输网络中的重要地位是其他运输方式难以替代的。铁路交通物流系统的主要功能有以下三个方面：

我国铁路运输干线

1. 担负大宗低值货物的中长距离运输

铁路运输最显著的特点是载运质量大、运行成本低、能源消耗少，因此，铁路运输在大宗、大流量、低值货物的中长距离运输方面具有绝对优势。

2. 担负大流量、高密度的城际中短途旅客运输

由于铁路运输到发时间准确性高、安全性好、运行速度较快，因此，铁路运输在流量较大、密度较高的城际中短途旅客运输业中具有很强的竞争优势，是最适合我国经济地理特征和人们收入水平的区域骨干运输方式。

3. 担负货物的集装箱运输

集装箱运输是铁路货物运输的一种重要方式，适合于装运贵重、易碎和怕潮、怕湿的货物，如金属、矿石、煤炭、谷物、化工产品及石油产品等。

三、水路运输

认知水路运输

水路运输是指利用船舶，在江、河、湖泊、人工水道以及海洋运送旅客和货物的一种运输方式。在现代运输方式中，水路运输是一种最古老、最经济的运输方式。

水路运输的生产过程相当烦琐，具有点多、线长、面广、分散流动、波动大的特点。水路运输的生产过程主要包括货物在起运港接收、仓储、装船，船舶运行到到达港，在到达港卸船、仓储、疏运或交付收货人等。

对于海上运输而言，其通航能力几乎不受限制。一般来说，水运系统综合运输能力主要由船队的运输能力和港口的通过能力所决定。

（一）水路运输的特点

水路运输的特点

1. 水路运输的主要优点

（1）水路运输运量大、成本低，非常适合于大宗货物的运输。在五种基本运输方式中，水路运输能力最大。在长江干线，一支拖驳或顶推驳船队的载运能力已超过万吨，国外最大的顶推驳船队的载运能力达 3 万～4 万吨，世界上最大油船的载运能力已超过 50 万吨。

（2）水路航道四通八达，在运输条件良好的航道，通航能力几乎不受限制，而且投资小。

（3）水路运输是开展国际贸易的主要方式，是发展对外经济的主要运输方式。其中，远洋运输在我国对外经济贸易方面占重要地位，我国有超过90%的外贸货物采用远洋运输。远洋运输在我国对外经济贸易中占重要地位，是发展国际贸易的强大支柱。

（4）水运建设投资省，劳动生产率高。水路运输只需要利用江河湖海等自然水利资源，除必须投资购置船舶、建设港口之外，沿海航道几乎不需要投资，整治航道的费用也仅仅只有铁路建设费用的1/5～1/3。沿海运输的劳动生产率是铁路运输的6.4倍，长江干线运输的劳动生产率是铁路运输的1.26倍。

2. 水路运输的主要缺点

（1）船舶的平均运速较低，不能快速将货物运达目的地，使在途的货物多，增加货主的流动资金占用。

（2）水路运输生产过程受自然条件影响较大，特别是受气候影响较大。例如，内河航道和某些港口冬季结冰，枯水期水位变低，难以保证全年通航；又如，海洋风暴或台风等都不利于海上运输。因此，水路运输呈现较大的波动性及不平衡性，难以实现均衡生产。

（3）水路运输运营过程相当烦琐、复杂。

（二）水路交通物流系统的主要功能

世界主要集装箱港口

近年来，随着公路、铁路、航空等运输方式的迅猛发展，水运物流所承担的运输份额正在减少。但是，从现代运输和综合运输的角度看，水运物流的重要作用无可替代，具体功能如下：

（1）低值、笨重和散装货物的长距离运输。水运是目前各种交通运输方式中兴起最早、历时最长的运输方式，其技术经济特征是投资省、成本低、载重量大，特别适合承担部分原料和半成品等散货（如建材、煤炭、矿石、石油、粮食）的长距离运输。

（2）大宗货物特别是集装箱货物的运输。集装箱运输是指以集装箱这种大型容器为载体，将货物集合组装成集装单元进行运输的一种现代化运输方式。我国目前已形成以集装箱海运为枢纽，以铁路、公路和沿海内河集装箱交通物流系统为支撑，以航运企业为运输载体的集装箱运输体系。随着集装箱多式联运的不断开展，水运物流的重要作用将愈加凸显。

（3）水运多依赖自然资源，在各类运输方式中受环境影响最大，如受内河枯水期断流或海洋风暴、台风等影响，因而呈现较大的波动性及不平衡性，难以实现均衡生产。同时，在各类运输方式中，水运的速度是最慢的，一般船舶航速只有40km/h，所以不适合短距离运输，并且港口的装卸搬运费用较高。因此，水运要与铁路、公路和管道运输配合，并实行联运，在某种意义上起到衔接作用。

四、航空运输

航空运输是一种快捷的现代运输方式。航空运输除具有速度快、货运质量高、超越地理限制、运价高等特点之外，在运输市场中还具有下列特征：航空货物运输的对象十分广泛（如邮件、鲜花、贵重物品、易腐和危险物品等）、货物运输具有方向性（通常是经济发达和对外开放程度高的地区货运量较大）。由于班机固定航线、固定停靠港和定期开航，因此国际间货物流通多使用班机运输方式，能安全、迅速地到达世界上各通航地点，便于收、发货人确切掌握货物起运和到达的时间，这对市场上急需的商品、鲜活易腐货物以及贵重商品的运送是非常有利的。

认知航空运输

（一）航空运输的特点

1. 航空运输的主要优点

随着经济建设的高速发展和社会活动节奏的不断加快，航空运输发展迅猛。航空运输之所以能在短短半个多世纪内就得到快速的发展，与其自身的优点是分不开的。与其他运输方式相比，航空运输的主要优点表现在以下几个方面：

（1）速度快。这是航空运输的最大特点和优势。例如，现代喷气式飞机，巡航速度为800～900km/h，比汽车、火车快5～10倍，比轮船快20～30倍。距离越长，航空运输所能节约的时间越多，快速的特点也越显著。

（2）机动性大。飞机在空中飞行，受航线条件限制的程度比汽车、火车、轮船小得多。它可以将地面上任何距离的两个地方连接起来，可以定期或不定期飞行。尤其对灾区的救援与供应、边远地区的急救等紧急运输任务，航空运输的优势更加突出。

（3）舒适安全。喷气式飞机的巡航高度一般在10km左右，飞行不受低空气流的影响，平稳舒适。现代民航客机的客舱宽敞，噪声小，机内有供膳、视听等设施，旅客乘坐的舒适程度较高。由于科技的进步以及对民航客机适航性的严格要求，航空运输的安全性比以往已大大提高。

（4）基本建设周期短、投资少。发展航空物流，从设备条件上讲，只需添置飞机和修建机场。这与修建铁路和公路相比，建设周期短、占地少、投资省、收效快。据计算，在相距1 000km的两个城市间建立交通线，若载客能力相同，修筑铁路的投资是开辟航线的1.6倍，铁路修筑周期为5～7年，而开辟航线只需2年。

2. 航空运输的主要缺点

（1）运载量小。由于飞机机舱容积有限，航空运输的运载量较小，因此航空运输不适合于大批量货物的运输。

（2）运输费用高。空运是在五种运输方式中费用最高的，它只适合运输贵重物品，若运输廉价物品，则经济效益会大大降低。

（3）难以实现“门到门”运输。通常情况下，航空运输难以实现客货的“门到门”运输，必须借助其他运输工具（主要是汽车）来转运。

（4）容易受恶劣天气影响。恶劣天气可能造成飞机航班的延误或飞机偏航，在航空运输途中，若遭遇寒流侵袭，甚至会有一定的危险。

（二）航空交通物流系统的主要功能

航空运输是现代社会生活和经济生活的一个重要组成部分，是目前发展最快的一种现代交通运输方式，其担负的主要功能如下：

1. 在普通客货运输方面

航空运输主要承担着国际客运和国内中、长途旅客的运输以及鲜活易腐等特种货物和价值高、时效性强的货物的运输。另外，在一些其他运输工具运输耗时长或运输困难的地区，航空运输也占据着较大的市场份额。

2. 在特种作业方面

航空运输担负着人工降雨、防火护林、化学灭火等特种作业的运输任务。

3. 在紧急救援方面

当发生自然灾害如洪水、地震时，航空运输在国家抗洪抢险、抗震救灾等活动中，为确保救灾人员和物资以及伤病员第一时间得到运输起到关键作用。

4. 在军事活动方面

航空运输在速度、距离、机动性和隐蔽性等方面独具优势，是远程兵力投送及后勤补给的重要手段，特别是在一些重大军事任务中，航空运输发挥着极其重要的作用。

五、管道运输

管道运输是使用管道输送流体货物的一种运输方式。它是随着石油工业的发展而兴起的，并随着石油、天然气等流体燃料需求的增加而发展。管道逐渐成为石油、天然气资源与石油加工场地及消费者之间的输送工具。管道不仅修建在一国之内，还连接国与国之间，甚至达到洲与洲之间，成为国际、洲际能源调剂的大动脉。管道运输在最近几十年得到了迅速的发展。管道以主要的流体能源——石油、天然气、成品油为输送对象，之后发展到输送煤和矿石等固体物质。人们将其制成浆体，通过管道输往目的地，再经脱水处理转入使用。管道运输具有输送能力大（管径为 1 200mm 的原油管道年输送量可达 1 亿吨）、效率高、成本低以及能耗小等优点。

由于管道埋于地下，除泵站、首末站占用一些土地外，管道运输占用土地少，且不受地形与坡度的限制，容易取捷径，可缩短运输里程；埋于地下基本不受气候影响，可以长期稳定地运行；沿线不产生噪声且漏失污染少。管道输送流体能源主要依靠每隔一段距离设置的增压站提供压力，因此，设备运行比较简单，易于就地自动化和进行集中遥控。由于节能和高度自动化，用人较少，运输费用较低，因此管道运输是一种很有发展前景的现代化运输方式。当然，管道运输也存在一些缺点，它适于长期定向、定点、定品种输送，合理输送量范围较窄；若输送量变化幅度过大，则管道的优越性就难以发挥，更不能同时输送不同品种的货物。

总之，公路、铁路、水路、航空和管道这五种现代化运输方式，各有其不同的技术经济特征和使用范围。

任务三
各运输方式的运输业务

一、公路货物运输业务

（一）公路货物运输概述

使用汽车沿公路载运货物的运输业务称为公路货物运输，它是公路运输的重要组成部分。公路货物运输具有面广、点多、分散的特点，容易形成两地之间的“门到门”直达运输，可节约中转装卸费用，减少货损货差，缩短货物在途时间。由汽车承担的公路货物运输还可为铁路运输、水路运输、航空运输等集散货物。

（二）公路货物运输分类

公路货物运输按照运输对象性质的不同分为普通货物运输、货物专用运输、大型物件运输和危险货物运输。货物专用运输是指使用集装箱、冷藏保鲜设备、罐式容器等专用车辆进行的货物运输。公路货物运输按照一次托运货物质量多少可分为整车货物运输和零担货物运输，按照运输者与客户约定形式可分为合同运输和包车运输等。下面主要介绍零担货物运输、集装箱运输、汽车合同运输和汽车包车运输这四种形式的货物运输。

1. 零担货物运输

零担货物运输是与整车货物运输相对而言的，凡托运人一次托运质量不足 3 吨的货物，称为零担货物，对零担货物的运输称为零担货物运输。

零担货物运输是运输企业为适应社会零星货物运输的需要，采用一车多票、集零为整、分线运送的一种货物运输的营运方式。进行汽车零担货物运输的一般要求有：

（1）零担运输的危险品，限于《危险货物道路运输规则》（JT/T 617—2018）规定的能够与其他货物混装的部分。

（2）限于零担车厢的结构和装卸条件，按件托运的零担货物单件质量不超过 200kg；单件体积一般不小于 0.01m^3，不超过 1.5m^3；货物最长部位不超过 3.5m，最宽部位不超过 1.5m，最高部位不超过 1.3m。

（3）家禽、牲畜、花草等鲜活货物需随车照顾看护，只能在有条件的班线按承托双方签订的协议受理。

（4）政府明令规定的禁运、限运的货物，不能按零担货物托运（有相应权力机关批准文件或证书者除外）。

汽车零担货物具有数量小、批次多、包装不一、品种繁杂、到站分散的特点而且许多商品价格较高，多数晶体怕潮湿、怕重压、怕污染。经营零担货物运输需要库房、货棚、货场等设施及与之配套的装卸、搬运堆码的机械工具和苫垫设备。在受理运输过程中，验收、检斤、量方、仓储保管、配装发放、跨区跨省中转接驳、运费结算等方面，都有其独特的作业程序和要求，因而与普通整车货运相比，零担货物运输在经营管理上有更高的要求。汽车零担运输车辆通常为厢式货车。

2. 集装箱运输

公路集装箱运输起源于为水路、铁路等集装箱的集散，目前已发展到公路集装箱"门到门"的直达运输。即使如此，公路集装箱运输不像铁路运输和航空运输那样有自身的集装箱标准体系（如国际标准集装箱、铁路集装箱、航空集装箱等）。有些情况下，公路集装箱需要在内陆进行中转，为此我国专门颁布了国家推荐标准《集装箱公路中转站级别划分、设备配备及建设要求》(GB/T 12419—2005)。

公路集装箱运输车辆分为通用车辆和专用车辆，目前，基本上向着专用车辆方向发展。目前采用的集装箱专用车辆有平板式集装箱半挂车、骨架式集装箱半挂车、鹅颈式集装箱半挂车、可伸缩式集装箱半挂车、自装自卸集装箱车。

3. 汽车合同运输

汽车合同运输一般是指汽车运输企业根据运输合同组织的货物运输，它是实行责任运输和计划运输的一种行之有效的运输组织形式。实行合同运输可以明确签订合同的承运人和托运人（包括收货人）的权利、义务和责任，保障当事人的合法权益，简化托运手续，维护运输秩序，提高经济效益。实行合同运输有利于托运人掌握运输数量和时间，有计划地安排生产活动；有利于承运人编制科学的运输生产计划，合理调度车辆组织均衡生产，提高运输生产效率，保证运输质量，提高经营管理水平。

汽车运输企业为组织好合同运输，应对经营范围内的运输市场进行调查，确切地了解货物流量、流向、流时以及运输距离。定期运进原料、运出产品的厂矿企业和均衡调入、调出物资的商业单位等适宜采用合同运输。运输合同是依法签订的书面协议，具有法律效力。运输合同规定的托运人和承运人应承担的权利、义务和责任，双方必须遵守。运输合同的内容随运输的种类不同而有所不同，主要内容有运输货物品类及包装标准、运输时间、起运和到达地点、装卸责任及方法、交接手续及办法、计费标准及结算方式、运输质量要求及安全保障措施、违约及货损赔偿处理等。

合同运输根据合同的时效可分为长期合同运输、短期合同运输和临时合同运输。长期合同运输一般是指按双方签订的年度运输合同组织运输，短期合同运输是指按季度、月度的运输合同组织运输，临时合同运输是指一个或几个运次就可以完成的合同运输。此外，汽车运输企业还可以同铁路、水路等其他运输方式的经营单位订立协议，共同作为承运合同托运人签订运输合同，组织联运，这种合同称为联运合同。货物的起运、中转、交付由各运输企业实行责任运输。

4. 汽车包车运输

汽车包车运输是指汽车运输企业根据用户确定的路线、里程或时间提供汽车载运货物的业务。按行驶里程包用汽车称为计程包车，按使用时间包用汽车称为计时包车。

汽车包车运输是发挥汽车运输机动灵活特点的一种运输组织形式。货物包车运输主要是计时的，多发生在货物质量、运距不易准确预计，货物性质或道路条件限制使车辆不能按正常速度行驶，或者装卸次数多、时间过长等情况下。货物计程包车则多发生在货物的性质对运输有特殊要求的时候。计程包车和计时包车都以包用整车为原则，不论汽车是否满载，均按汽车的核定装载吨位计费。

二、铁路货物运输业务

（一）铁路货物运输的种类和基本条件

按照我国铁路技术装备条件，现行的货物运输分为整车和集装箱两类。整车适用于运输大宗货物和批量较大的其他货物，集装箱则适用于运输精密、贵重、易损的货物。

铁路货物运输以“批”为单位。“批”是铁路承运货物、计收运费、交付货物和处理事故的单位。因此，按“批”托运的货物，其托运人或其代理人、收货人或其代理人、发站、到站、装车地点、卸车地点必须相同（整车分卸除外）。

铁路货物运输一般具有运量大、品种多、运距长的特点。针对其共同特征和普遍需要制定的运输条件，称为基本条件；针对其个性特征和特殊需要制定的运输条件，称为特殊条件。特殊条件是基本条件的补充和延伸。

运输条件是承运人、托运人和收货人之间权利、义务和责任的规范，是铁路货物运输合同的主要内容。

按照货物质量、体积和形状，需要以一辆以上货车运送的货物，可以按整车办理。整车货物运输的基本条件如下：

（1）整车货物以每一货车所装货物为一批，跨装、爬装或使用游车装运的货物，以每一车组为一批。某些限按整车办理运输的货物，允许托运人将一车货物托运至 2 个或 3 个到站分卸（即整车分卸）。

（2）承运人原则上应以件数和质量承运货物，但对散装或堆装货物的规格和件数过多、在装卸作业中难以点清件数的货物，则只按质量承运，不计算件数。

（3）货物质量由托运人确定。

（4）按照货物运输途中的特殊需要，允许托运人派人押运。

（5）允许在铁路专用线、专用铁路内装车或卸车。

（二）集装箱货物

凡能装入集装箱而不对集装箱造成损坏的货物及按规定可由集装箱运输的危险货物均可按集装箱货物办理。集装箱货物运输的基本条件如下：

（1）每批必须是同一箱型的货物，使用不同箱型的货物不得按一批托运。

(2) 每批至少一箱，最多不得超过铁路一辆货车所能装运的箱数。

(3) 货物质量由托运人确定。

(4) 铁路按箱承运，不查点箱内货物。

前两个基本条件是为了保证以一张运单托运一批集装箱货物能用一辆货车同时装运。

(三) 铁路货物运输的基本作业

铁路货物运输流程由货物发送作业、货物运输途中作业和货物到达作业三部分构成。

(1) 货物发送作业。货物发送作业又称货物在发站的货运作业，包括：托运人向作为承运人的发站申报运输要求、提交货物运单、进货、缴费，与发站共同完成承运手续；发站受理托运人的运输要求、审查货物运单、验收货物及其运输包装、收费，与托运人共同完成承运手续。承运时机因运输种类不同而异，整车货物是先装车后承运，集装箱货物则是先承运后装车。

(2) 货物运输途中作业。运输途中是指途经区间和车站。途中作业包括途中货物的常规交接与检查、特殊作业及异常情况的处理。途中货物的常规交接与检查是指在货物运输途中车站人员同列车乘务员或列车乘务员相互间在铁路局规定的地点和时间内办理货车或货物的交接检查工作。特殊作业包括：整车分卸货物在分卸站的作业、加冰冷藏车在加冰所的加冰加盐作业、托运人或收货人提出的货物运输变更的办理等。异常情况的处理是指货车继续运行或货物继续运送有碍运输安全或货物完整时须作出的处理，如货车装载偏重、超载或货物装载移位须进行的换装或整理等。

(3) 货物到达作业。货物到达作业又称货物在到站的货运作业，包括：收货人向作为承运人的到站查询、缴费、领货、接受货物运单，与承运人共同完成交付手续；货物到站后承运人向收货人发出到货通知、货物催领通知，接受到货查询、收费、交货、交单，与收货人共同完成交付手续。

由铁路组织卸车或发站由承运人装车、到站由收货人卸车的货物，到站后在向收货人点交货物或办理交接手续后，即交付完毕；发站由托运人组织装车、到站由收货人组织卸车的货物，到站后在货车交接地点交接完毕，即交付完毕。

(四) 铁路货物运输合同

(1) 铁路货物运输合同的特征。铁路货物运输合同由铁路运输部门与企业、国家机关、事业单位、社会团体等法人或个人之间签订。托运人利用铁路运输货物，均应与承运人签订货物运输合同。

铁路货物运输合同采用标准合同的形式。标准合同是指由订立同类合同的当事人印制的、具有固定式样的特定条款内容的标准文本，双方当事人只需填写其中的空项。双方经协商，可以对标准合同进行修改和补充，通常采用在标准合同的记载事项栏中说明，也可另附一份修改和补充标准合同的协议。

铁路货物运输合同具有特殊的合同主体。该特征表现在两个方面：一是合同的一方当事人是固定的，即必须是铁路运输企业；二是合同的主体不限于铁路运输企业和托运人双方，经常出现第三方，即收货人，因此合同往往约定三方的权利与义务关系。

（2）托运人的权利和义务。

1）权利。有权要求铁路运输企业按照合同约定的期限或铁道部规定的期限，将货物运到目的站；逾期运到的，有权要求铁路运输企业支付违约金；逾期 30 日仍未交付货物的，有权按灭失向铁路运输企业要求赔偿；有权要求铁路运输企业完整无损地将货物运到合同约定的地点；货物灭失、短少、变质、污染或者损坏的，有权要求铁路运输企业赔偿免责之外的损失。

2）义务。有义务如实填报货物运单，并对其所填事项的真实性负责。经铁路运输企业检查，申报与实际不符的，有义务承担检查费用，补交因申报不实而少交的运费和其他费用；有义务按合同向铁路运输企业缴纳运费、杂费和相关费用；有义务按照国家包装标准或行业包装标准的要求包装货物，没有国家包装标准或行业包装标准的货物，应按货物性质妥善包装。

（五）铁路货物运价

铁路货物运价是铁路运输业产品的销售价格，但我国铁路货物运价在很长一段时间内实际上是一种政策性价格。当前，我国铁路货物运价制度的基本内容包括以下几个方面：

（1）普通运价。普通运价是货物运价的基本形式，是在全路办理正式营业的铁路运输线上都适用的统一运价（特定、优待、国际联运及地方运价等除外）。我国现行的整车货物、冷藏车货物、零担货物和集装箱货物运价即属普通运价。无论是普通货物或按特殊条件运送的货物，都是以此作为计算运费的基本依据。不过，按特殊条件运送的货物在某些情况下作一些特殊规定。例如，超限货物是按特殊条件运送的货物，其运价是按不同超限等级分别在普通运价的运价率上加 50%或 100%计算运费。

（2）特定运价。特定运价是为贯彻国家经济政策和价格政策，以及铁路货运为适应运输市场竞争需要按照价值规律要求制定的运价，其有别于普通运价，只在指定的货物品类、时限和限定运输范围内适用。

（3）铁路建设基金。铁路建设基金作为运价加收部分，实际上已构成运输费用的一部分，从宏观上讲，它也已直接计入商品流通费用和生产成本，对托运人而言，已将其列入运价范畴。但对铁路运输企业而言，它同运价收入是有根本区别的，因为运价收入是运输企业用来抵偿成本、缴纳增值税的，而铁路建设基金则同铁路运输企业的经营管理没有直接联系。铁路建设基金按规定只能用于建设新线与改造旧线的投资，从扩大再生产、增强后劲的角度看，其对铁路运输企业的经营有一定的促进作用。

（4）货运杂费。货运杂费是指铁路运输企业向托运人或收货人提供的辅助作业或劳务、托运人或收货人额外占用铁路设备以及使用工具和备用品所发生的补偿费用。

(5) 违约金。违约金是铁路运输企业与托运人、收货人在履行铁路货物运输合同中承担经济责任的具体表现，如超载违约金、运到逾期违约金等。

三、水路货物运输业务

水运非常适合低成本的大宗货物运送，但水运也是较慢的一种运输方式，最大的延误都发生在港口码头，这使水运很难用于短途运输。在全球贸易中，水路运输是居于主导地位的运输方式。在国际海上运输中，到港延迟、海关入境及集装箱管理等都是人们较为关注的问题。

(一) 远洋运输流程 (包括通关流程)

远洋运输业务是根据外贸合同中的运输条款，将进出口货物通过海运运到国内外目的港的一种货运业务。当进出口货物数量较大，需要整船载运时，要办理租船手续；若进出口货物不需要整船装运，则需要洽谈租订班轮或租订部分舱位。进出口公司或企业由于没有国际海运资格和手段，因此一般均委托外运公司或具有国际货运代理资格的企业去办理货物海运业务。

1. 班轮运输

班轮运输 (Liner Shipping) 也称定期船运输，是班轮公司将船舶按事先制定的船期表，在特定航线的各挂靠港口之间，为非特定的众多货主提供规则的、反复的货物运输服务，并按运价成本的规定计收运费的一种营运方式。其具体流程如下：

(1) 订舱。由货主或其代理人以电话或传真形式向船公司 (也称货运代理) 提出货物托运申请，洽订班轮舱位，填写托运单 (也称订舱委托书) 并递送给船公司作为订舱依据。船公司收到托运单后，先审核托运单，确定委托费用和运杂费，待订妥了装运船舶后，将全套装货单交给货主填写，再将托运单的配舱回单 (装货单) 退回。然后由船公司代表货主作为托运人向外轮代理公司 (也称船代) 办理托运手续。

(2) 备货交接。货主应在接到装货通知之前，办妥出口货物的包装、报关、报验、投保、纳税等工作，并取得海关放行证，在规定的时间内将符合装船条件的货物运到承运人指定的港区仓库或货场。由承运人委托的港口理货和装卸代理，负责出口货物入库的验收、装卸搬运作业。仓库核对进场货物与装货单无误后，签发场站收据交给托运人。

(3) 装船换单。承运人在班轮进港之前编制完装船计划，待班轮进港后按照装船计划装船。托运人凭经验签署的场站收据换取由船长或大副签收的收货单，收货单也称为大副收据，表明货物已装船。托运人凭收货单向外轮代理公司交付运费，并凭缴款单据换取正式提单。托运手续全部办理完毕后，托运人将有关货运提单和其他单证寄收货人备查提货。

(4) 海上运输。海上运输中承运人对装在船内的货物负有保管、照料及安全抵达目的港的责任和义务。船舶起航后，承运人电告到达港货运代理人，通报到达时间和货物装载信息。

（5）到港卸货交付。卸货港的货运代理人根据船舶发来的到港电报编制有关单证，约定泊位，约定装卸代理人准备卸船，同时通知收货人做好接收货物的准备。船舶到港，货物一般集中卸在当地海关监管仓库或指定地点，等待海关和商检部门查验放行。对于鲜活货物也可在船边交货。收货人或其代理人根据货物到港通知立即到海关办妥货物的报关、报检手续，连同装船提单交给卸货港代理人。卸货港代理人审核无误，在收货人付清应付的费用后，签发提货单给收货人。

收货人凭提货单前往码头仓库提货，并办理交接手续。

2. 租船运输业务

国际租船运输业务一般在航运交易市场由租运双方自愿平等进行。航运交易市场是船舶承租人和出租人进行船舶租赁活动的交易场所，通常设在世界上货主和船东汇集、外贸与运输繁荣发达的地方。当前国际上主要的航运交易市场有伦敦、纽约、东京、奥斯陆、汉堡、鹿特丹、香港、上海等。国际上的租船业务几乎都是通过租船经纪人来进行的。租船经纪人熟悉租船市场行情，精通租船实务，在整个租船过程中起桥梁或中间人的作用，对顺利开展租船业务至关重要。

（1）租船运输业务分类。租船运输根据货物运输的需要主要分为航次租船、定期租船和光船租赁三种方式。

1）航次租船。航次租船是指出租人所供的船舶在特定的港口之间完成承租人一个或数个航次的货物运输。除运费、滞期费等由承租人负担外，其他一切营运费和管理费均由船东负责清缴。

2）定期租船。定期租船是指出租人提供船舶给承租人使用一个时期，由承租人支付租金，并负责安排船舶调度和经营管理。船东负责船员的工资、给养和船舶航行与维修费用。

3）光船租赁。光船租赁是指出租人只提供船舶，不提供船员，由承租人自己配备船员，负责经营管理，承担一切风险和营运费用。

（2）租船业务的环节。租船业务流程主要包括询盘、报盘、还盘、接受和签订租船合同五个环节。

1）询盘。询盘通常由承租人以期望条件，通过租船经纪人寻求租用所需要的船舶，即为货求船。询盘一般采用电报或电传的形式，向船舶代理通告需要承租的船舶类型和装运货物种类和数量、装运港、装运期限、租船方式以及租船租金等事项。询盘也可由出租人通过船舶经纪人向航运交易市场发出求货运载信息，即为船求货。

2）报盘。报盘也称报价或发盘，是出租人对承租人询价的回应。若是船舶所有人先提出的询盘，则报盘人是承租人。报盘又分实盘和虚盘。实盘为报盘条件不可改变，并附加时效的硬性报价；虚盘则是可商量、可修改的报价。报盘内容主要是关于租金的多少、选用的租船合同范本以及范本条款的修改和补充等。

3）还盘。还盘是询价双方通过平等谈判、协商，讨价还价的过程。

4）接受。双方通过谈判，最后达成一致意见即可成交。成交后交易双方当事人应签署一份“订租确认书”，就商谈租船过程中双方承诺的主要条件予以确认，对于细节问题还可进一步商讨。

5）签订租船合同。签订确认书只是一种意向合同，正式租船合同要按租船合同范本予以规范，进行编制。合同应明确租船双方的权利和义务，在双方当事人签署后即可生效。之后，无论哪一方提出更改或撤销等异议，造成的损失由违约方承担责任。

租船运输合同正式签订以后，船舶所有人就可按照合同的要求安排船舶投入营运。有时由于货主急于求船或船东急于求货，使租船流程变得简单、直接。承租人省略询盘过程，直接进入还盘，提出的承租条件需要船东当场决定是否成交，双方经过紧急磋商达成共识。这种情况下的成交，可能造成某一方付出的代价较大。

租船业务中，租船经纪人代表各自委托人（或代表双方）洽谈租船业务，代为签约，可迅速、有效地促成租船业务的成交，减少船东或租船人大量的事务性工作，减少租约中的责任风险，协调租船市场的正常运营。租船业务成交后，由船东付运费的1.25％～2.5％给经纪人作为佣金。

3. 通关手续

远洋运输中值得重视的一个环节就是通关手续办理。海关对进出口货物的通关手续包括接受申报、审核单证、查验货物、征税、结关放行。

（1）出口申报及审核单证。出口货物的发货人或其代理人应在装货的24小时之前向运输工具所在地或出境地海关申报。报关时应向海关提交出口报关单、出口许可证、装货单或运单、发票、装箱单、出口收汇核销单等单证。目前使用的出口报关单有四种：普通报关单为白色，“来料加工、补偿贸易专用”报关单为浅绿色，“进料加工专用”报关单为粉红色，“出口退税专用”报关单为黄色。

（2）查验货物和结关放行。海关以出口报关单为依据，在海关监管区域内对出口货物进行查验，报关单位应派员在现场负责开箱、装箱，协助海关完成查验工作。经查验合格在报关单位照章办理纳税手续后，海关在装货单或运单上盖上关印即为结关放行。

（二）内河运输流程

内河运输业务一般办理整船、整舱的租船业务，以运输合同形式规范承租人与出租人的关系。内河运输的流程与远洋租船运输相似，所不同的是国内货物运输不需要报关等手续。国内内河货物运输的依据是《中华人民共和国民法典》《危险化学品安全管理条例》等法律、法规和规章。

1. 货物的托运

托运货物时，托运人主要做的是：提出货物运单、提交货物、支付费用。

（1）提出货物运单。

（2）提交货物。提交货物的主要流程如下：

1）按双方约定的时间、地点将托运货物运抵指定港口暂存或直接装船。

2）须包装的货物应根据货物的性质、运输距离及中转等条件做好货物的包装。

3）在货物外包装上粘贴或拴挂货运标志、指示标志或危险货物标志。

4）散装货物按重量或船舶水尺计量数交接，其他货物按件数交接。

5）散装液体货物由托运人装船前验舱认可，装船完毕后由托运人会同承运人对每处油舱和管道阀进行施封。

6）运输活动物，应用绳索拴好牲畜，备好途中饲料，并派人随船押运照料。

7）使用冷藏船运输易腐、保鲜货物，应在运单内载明冷藏温度。

8）运输木（竹）排货物，应按约定编排，将木（竹）排的实际规格、托运的船舶或者其他水上浮物的吨位、吃水及长、宽、高以及抗风能力等技术资料在运单内载明。

9）托运危险货物，托运人应当按照有关危险货物运输的规定办理，并将其正式名称和危险性质以及必要时应当采取的预防措施书面通知承运人。

（3）支付费用。托运人按照约定向承运人支付运费，如果约定装运港船上交货，运费由收货人支付，则应当在运输单证中载明，并在货物交付时向收货人收取。如果收货人约定指定目的地交货，托运人应缴纳货物运输保险费、装运港口作业费等项费用。

2. 货物的领取

收货人接到到货通知办理提货手续，主要做提交取货单证、检查验收货物、支付费用三件事。

（1）提交取货单证，主要有以下几种情况：

1）收货人接到到货通知后，应当及时提货。接到到货通知后满 60 天，收货人不提取或托运人也未来人处理货物时，承运人将该批货物作为无法交付货物处理。

2）收货人应向承运人提交证明收货人单位或者经办人身份的有关证件，以及由托运人转寄的运单提货联或有效提货凭证，供承运人审核。

3）如果货物先到，而提货单未到或单证丢失的，收货人还需提供银行的保函。

（2）检查验收货物。收货人提取货物时，应当按照运输单证核对货物是否相符，检查包装是否受损、货物有无灭失等情况。

1）发现货物损坏、灭失时，交接双方应当编制货运记录；确认不是承运人责任的，应编制普通记录。

2）收货人在提取货物时没有提出货物的数量和质量异议时，视为承运人已经按照运单交付货物。

（3）支付费用。按照约定在提货时支付运费，并须付清滞期费、包装整修费、加固费用以及其他中途垫款等。

因货物损坏、灭失或者延迟交付所造成的损害，收货人有权向承运人索赔，承运人可依据有关规定进行抗辩。托运人或者收货人不支付运费、保管费以及其他费用时，承运人对相应的运输货物享有留置权，但另有约定的除外。查验货物无误并交清所有费用后，收货人在运单提货联上签收，取走货物。

四、航空货物运输业务

航空运输是一种快捷的现代运输方式。航空货物运输是交通运输体系的一个重要组成部分，促进了经济的全球化发展。航空货物运输本身是经济领域的一个重要行业，除了其自身的经济效益外，还带动了一批相关产业的发展，如跨境电商等。

航空货物运输的对象十分广泛（如邮件、鲜花、贵重物品、易腐和危险物品等），货物运输具有方向性（通常是经济发达和对外开放程度高的地区货运量较大）。由于班机固定航线、固定停靠港和定期开航，因此国际间货物流通多使用班机运输方式，能安全、迅速地到达世界上各通航地点，便于收、发货人确切掌握货物起运和到达的时间，这对市场上急需的商品、鲜活易腐货物以及贵重商品的运送是非常有利的。

（一）航空运输进出口管理系统的功能

1. 出发货物处理

（1）出发货物录入。由各营业点收货时将货物的基本信息，包括货单上的所有项目，如运单号，始发站，到达站，托运人姓名、地址、邮编、电话，收货人姓名、地址、邮编、电话，件数，重量，费率，运价，价值等录入计算机。

（2）打印运单。机场工作人员将如前所述的货物基本信息输入计算机，货物位置将自动置为机场仓库。

（3）打印货运条码。计算机自动打印运单号，并自动生成条码，供确定货物位置使用。

（4）出发货物结算。如果不立即结账，则记入往来账。

（5）入库。货物运至机场仓库，工作人员通过条码阅读器核对货物的件数等，并将货物位置自动置为入库。

（6）出库。货物从仓库运出，工作人员可以通过条码或运单号识别货物的位置，可自动生成催领单。

（7）发运。货物装飞机，工作人员通过条码阅读器核对货物的件数等，将货物位置自动置为发运，并确定航班号。

2. 往来账管理

（1）开户。

（2）修改账户。

（3）调整。

（4）回款。

（5）清账。

（6）打印往来账明细。

（7）打印往来账汇总表。

3. 到达货物处理

（1）到达货物录入。

（2）移库。

（3）打印催领单。

（4）提货。

4. 查询、统计、分析

（1）数据查询。根据运单号、始发站、到达站、托运人姓名、收货人姓名查询货物位置和详细信息。

（2）统计报表。统计报表可分为以下几类：

1）某一时段始发运量统计表。

2）某一时段到达运量统计表。

3）某一时段进出港运量统计表。

4）某一时段某航线运量统计表。

5）某一时段货物的流向、流量统计表。

6）某一时段发运收入统计表。

7）某一时段代理人货运代理统计表。

（3）历史数据分析。

5. 电话语音查询

电话语音查询即通过语音合成技术，向货主提供货物出发、到达的电话语音查询服务。

6. 代理人管理

代理人管理的功能细分为：新增、修改、删除、清单打印。

7. 常客管理

常客管理的功能同样细分为：新增、修改、删除、清单打印。

（二）进出境快件作业流程

1. 快件分类

根据《中华人民共和国海关对进出境快件监管办法》确定的分类标准，进出境快件分为以下三类：

（1）文件类进出境快件。文件类进出境快件是指法律、法规规定予以免税且无商业价值的文件、单证、票据及资料。

（2）个人物品类进出境快件。个人物品类进出境快件是指海关法规规定自用、合理数量范围内的进出境旅客行李物品、亲友间相互馈赠物品和其他个人物品。

（3）货物类进出境快件。货物类进出境快件是指文件类、个人物品类进出境快件以外的快件。

2. 快件申报

（1）快件 EDI（电子数据交换）用户接收境外公司以 EDI 方式传输的电子数据，经转换程序转换为海关计算机可以处理的数据后，传输至海关计算机系统，构成向海关申报的数据。

（2）快件非 EDI 用户由预录入公司以终端方式录入数据，传输至海关计算机系统，构成向海关申报的数据。

（3）每一份总运单项下的快件数据构成一份快件 EDI 报文，文件类快件与非文件类快件不得在同一个总运单项下申报。

注意：各快件公司以 EDI 方式、终端预录入方式向海关传输的报关电子数据具有法律效力。

3. 快件审核

（1）海关收到快件公司传输的电子数据后，系统对快件报关数据自动进行审核，根据快件基本分类标准进行逻辑判断，确定每一份分运单报关或放行，写出验放代码。

（2）快件审单关员采用人工干预的方式对快件报关数据进行审核，根据《中华人民共和国海关对进出境快件监管办法》规定的快件验放标准，通过审核快件品名、价值、收件人、重量确定审核结果及确定是否改写验放代码。快件审核结果及验放代码为：R——放行；C——查验；D——报关。

（3）海关审核完快件报关数据后将审核结果存盘，反馈给各快件公司。快件 EDI 用户根据审核结果自行打印各种通知单。快件非 EDI 用户根据审核结果由预录入公司或海关打印各种通知单（快件 EDI 放行通知单、快件 EDI 查验通知单、快件 EDI 报关通知单）。各快件公司根据海关的审核结果，填制报关单，办理快件的查验、放行及 C 类和 D 类快件报关手续。

项目小结

本项目主要介绍了五种载运工具、五种运输方式的优缺点，以及公路货物运输、铁路货物运输、水路货物运输、航空货物运输的业务特点和业务流程。

针对不同的案例背景，需要大家学会分析不同运输方式的优缺点并作出合理的选择和安排。

职业能力训练

思考与练习题

一、单项选择题

1. 铁路运输的最大特点是（ ）。

A. 适于长距离的大宗货物的集中运输

B. 适于长距离的杂货小件运输

C. 适于短途的大宗货物的集中运输

D. 适于短途的杂货小件运输

2. 灵活性强，常用来承运近距离、小批量货运的运输方式是（ ）。

A. 水路运输　　B. 铁路运输　　C. 公路运输　　D. 管道运输

3. 各种运输方式之所以均有生存和发展空间，是因为（ ）。

A. 各种运输方式的市场对象完全不一样

B. 各种运输方式的成本不一样

C. 各种运输方式的速度不一样

D. 各种运输方式均拥有自己固有的技术经济特征和优势，以及运输市场的多样性需求

4. 货物运输的“门到门”运输通常采用公路运输方式，是因为（ ）。

A. 公路运输的灵活性大，适应性强

B. 公路运输的速度快

C. 公路运输的装卸速度快

D. 公路运输的运货种类不受限制

5. 下列选项中，（ ）适用于公路运输。

A. 短距离、小批量的货运

B. 长距离、大批量的货运

C. 长距离、小批量的货运

D. 短距离、大批量的货运

6. 将山西大同的 1 万吨煤炭运往北京，选择（ ）方式比较合适。

A. 公路运输　　B. 铁路运输　　C. 航空运输　　D. 水路运输

7. 铁路运输区别于其他运输方式的最显著的特点是（ ）。

A. 运量大　　B. 机动灵活　　C. 连续性强　　D. 速度快

二、多项选择题

1. 以下选项中，对航空运输方式的特点描述正确的是（ ）。

A. 速度快　　　　B. 运载量大　　　　C. 运输成本高

D. 不受地形限制　　E. 不受气候因素影响

2. 铁路货物装车前的检查包括（　　）。

A. 检查运单　　　B. 检查货物　　　C. 检查货车　　　D. 检查货位

3. 航空货运单的作用和用途包括（　　）。

A. 是一种承运合同　　　　　　　　B. 是接收货物的证明

C. 是相关责任人费用结算的凭证　　D. 是保险的依据

4. 租船运输业务可分为（　　）。

A. 船次租船　　　B. 光船租赁　　　C. 定期租船　　　D. 包运租船

5. 公路运输的不足之处在于（　　）。

A. 运量较小，长途汽车运输成本较高，环境污染严重

B. 汽车载量较小，不适宜装载大件、重件的物品，不适宜进行长途运输

C. 单位运输成本费用比水运和铁路运输要高，超过一定的运输距离时，运费会明显增加

D. 在车辆运输的过程中货物振动较大，尤其是在路况较差的情况下，容易造成货损货差事故

E. 运输连续性差，速度慢，时间长，装卸搬运费用较高

三、判断题

1. 公路运输的特点是运输的量小、成本高、连续性差，车辆的驾驶技术容易掌握，在长途运输中，运送速度较快。（　　）

2. 减少运输环节，对运输有利。尤其是减少同类运输工具的环节，对合理运输有相对大的促进作用。（　　）

3. 托运人要求按快运办理时，铁路无限制条件。（　　）

4. 航空货运代理人可以作为收货人。（　　）

5. 运输节点对整个运输网络的优化起着重要作用。（　　）

综合实训项目

案例 1：义乌某物流公司接到一个单子，需要从美国的圣地亚哥进口一批机器和汽车零配件，从上海或宁波港进入，运往内陆武汉市。如果让你来负责这个项目，你将考虑怎样将货物运抵目的地？

案例 2：参观荷兰爱士曼花卉拍卖市场，你会瞠目结舌于荷兰人处理娇嫩、易谢鲜花的办事方法与效率。在这里，一年有 35 亿朵鲜花和 3 700 万个盆栽被拍卖到全世界。爱士曼鲜花拍卖市场是一个让人最快见识到荷兰务实、有效率的一面的地方。

荷兰是全世界较大的植物、鲜花、球茎花出口国。在爱士曼花卉拍卖市场，有产品质量检验处、冷藏库、存放库、拍卖厅和发货厅。旅客可以通过一条架高的参观长廊往下俯瞰这些有条不紊的活动，其中最吸引人目光的应该是供交易使用的 13 个电子拍卖大钟和脚下像工蜂般勤快穿梭的工作人员与载花推车。清晨六点半，买卖商人在专用的

席位上通过电子讯息显示公开进行的每笔交易，而每笔交易（都是现金交易）一旦完成，包装、运载、通关、检疫一气呵成。这里的人最引以为傲的事莫过于：每天清晨从爱士曼鲜花拍卖市场售出的鲜花和植物，当天晚上或第二天便会出现在欧美、加拿大及其他世界各地的花店中。

请回答下列问题：

1. 请查阅资料，简述荷兰鲜花卖往全球用了哪些运输方式，运输流程有哪些。
2. 鲜花的不同运输方式需要哪些技术支持来保证运输质量？

模块二
物流运输决策

项目三
物流运输路线规划

【学习目标】

※ 知识目标

1. 了解运输问题模型的特点
2. 学会单一起讫点运输问题的路线规划
3. 掌握用表上作业法进行产销平衡的路线规划
4. 掌握用节约里程法进行一对多运输路线规划

※ 能力目标

1. 会建立运输问题数学模型
2. 会用标号法进行单一起讫点运输路线规划
3. 会用表上作业法求解产销平衡的运输问题
4. 熟练运用节约里程法进行一对多运输路线规划

※ 素养目标

1. 学习路径优化，树立节约资源的环保意识
2. 了解不同情况下所选择的路径优化方法，培养积极探索的科学精神
3. 学习岗位工作内容，增强节能减排、降本增效意识

【引例】

人们在从事生产活动中，不可避免地要进行物资调运工作。运输调度工作除了合理安排车辆和驾驶员外，还要科学选择运输路线，以尽可能缩短运输时间或运输距离，以达到降低运输成本、提高运输服务质量的目的。运输路线的选择问题，就是要在四通八达的运输网络中找出一条从出发地到目的地的最佳运输路线。

案例思考：

如何在四通八达的运输网络中找出一条最佳运输路线？

任务一
运输路线的确定

一、运输路线规划的目的

运输路线的选择是指在保证货物运输安全的前提下，确保货物运输成本最低和返回运输的概率最大。选择不同的运输路线规划方法，如标号法、表上作业法、节约里程法，都是为了使得整个运输过程完整、流畅、环节少，尽可能地使运输距离最短、降低成本、提高运输服务质量，同时提高客户的满意度。

二、运输路线规划的原则

运输路线规划的原则有以下几个。

（一）安全第一的原则

任何运输路线的选择都必须确保货物能够安全通过，并能够顺利地到达目的地。

（二）网络优化与经验相结合的原则

运输路线的优化可以通过网络选择最短路径，但最短路径的路线不一定是最优的路线。因此必须在长期的运输过程中将运输路线、节点情况进行总结，以经验为基础进行优化，以确保驾驶员对路况相对熟悉、运输成本相对较低、运输路线较为通畅，从而为运输调度和运输业务的调整奠定基础。

（三）技术与管理并重的原则

运输不仅是一个管理过程，而且是一个技术实施与技术保障的过程，更是一个企业文化的输出过程和拓展客户的过程。因此，路线的选择要整体考虑运输过程中的相关服务设施、设备、动力供应（如加油站、服务区）和技术实施时的难易程度。

（四）企业文化先行的原则

运输路线是运输业务的实施过程中企业文化宣传的路线。车辆、人员的管理教育要与路线上的节点结合起来，做好引导、教育和管理工作，充分展现企业的高素质、高服务水平，从而树立企业的良好形象。

（五）及时更新原则

在我国目前的道路建设过程中，新建公路多，路网比较发达。由于新建公路的信息不能准确、及时地纳入目前的地图系统中，因此加强对新建道路的搜集与整理，不仅能够提高运输速度，更能降低运输成本、节约运输时间。

三、运输路线规划的主要方法

不同的运输调度工作采用不同的运输路线规划方法。常见的有：经验法、标号法、表上作业法和节约里程法。

（一）经验法

经验法是以经验丰富的驾驶员、押运员、技术员或跟单员根据以往的运输经验总结而得出的路线。通常从运输道路情况、运输路线收费情况、不同季节运输道路的服务区、加油站及返回时运输业务的繁忙程度等综合要素考虑而制定由不同运输方向、干线、支线、节点组成的运输路线与运输网络。

（二）用标号法规划单一起讫点运输路线

对于干线运输来说，大多都是门到门运输，所以干线运输的路线规划可以归纳为单一起讫点的运输路线选择问题。在运输路线规划中，很多问题可以归纳为单一起讫点的运输路线的选择问题。单一起讫点是指一个装货点和一个卸货点。对于这种单一起始点和单一目的地的路线规划，我们通常使用标号法进行。标号法是一种快速计算工期和寻求关键路线的方法。

单一起讫点的运输路线规划

一般用两位的坐标来表示标号，如（20，A），第一位数字表示从起点到该节点的累计运输距离，第二位字母表示该路线段的前一个节点序号。

案例分析

顺丰物流有限公司接到一项运输任务，有一批物品订单已经完成拣货作业，现在要从出发地（A 市）运往目的地（D 市），如图 3－1 所示。

分析：如果你是负责人，如何进行路线规划，使得运输的路线最短？

第一步：标序号。

在出发地、目的地及各岔路口画上用小圆圈表示的节点，在各节点内依次标上序号 A、B、C、D 等字母，如图 3－2 所示。

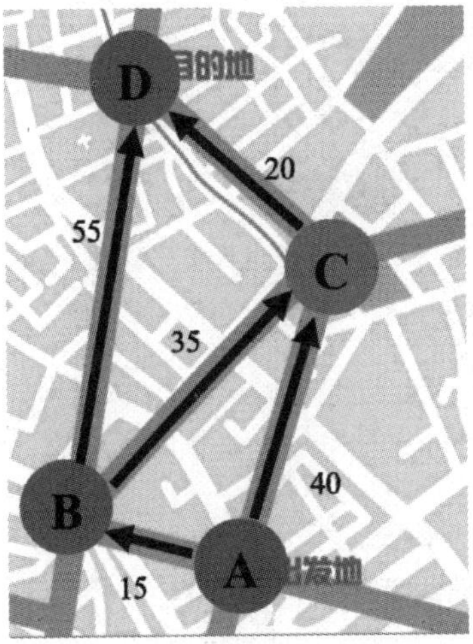

图 3－1　标号法路线示意图

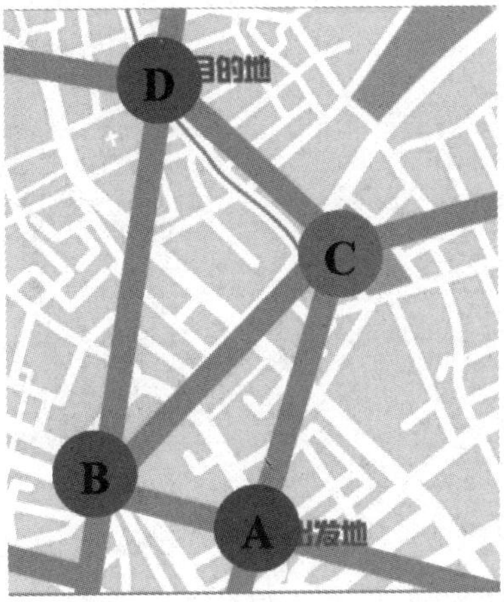

图 3－2　标序号示意图

第二步：节点标号。

对图中的每个节点进行标号。当某个节点有两条以上的路线到达时，就应该有两个以上标号，标号时不能有遗漏，如图 3－3 所示。

第三步：确定节点标号。

当某个节点有两个以上标号时，选择数值最小的标号为该节点的最后标号，并作为后一节点距离计算的起始值，如图 3－4 所示。

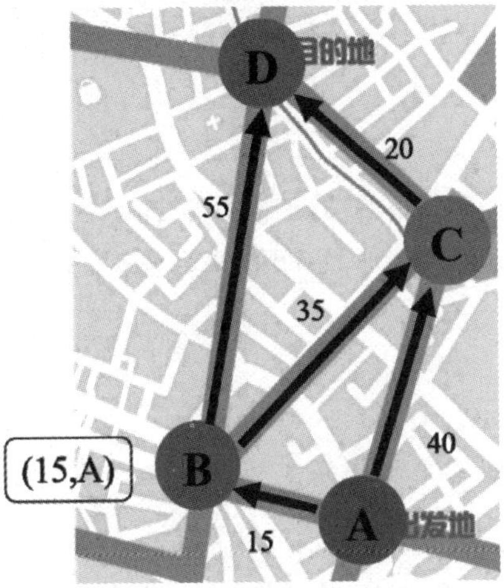

图 3－3　节点标号示意图

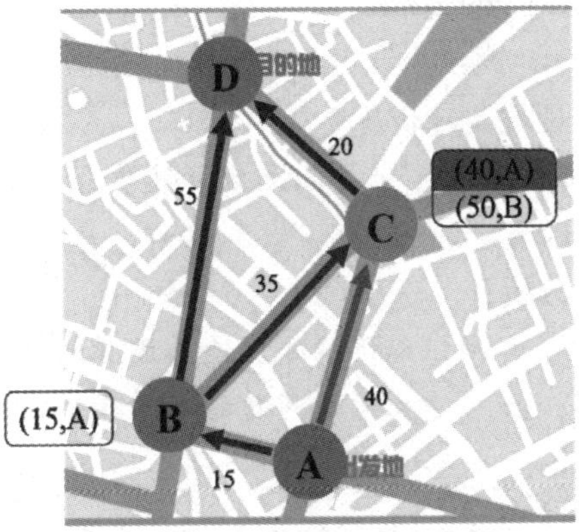

图 3－4　确定节点标号示意图

第四步：确定最短运输路线。

按最佳路线标号中的第二位字母，从目的地向出发地逆向推算出最佳路线，如图 3－5 所示。

最佳运输路线，可能是距离最短或费用最省，也可能是时间最少，这要根据运输任务的具体要求来确定。

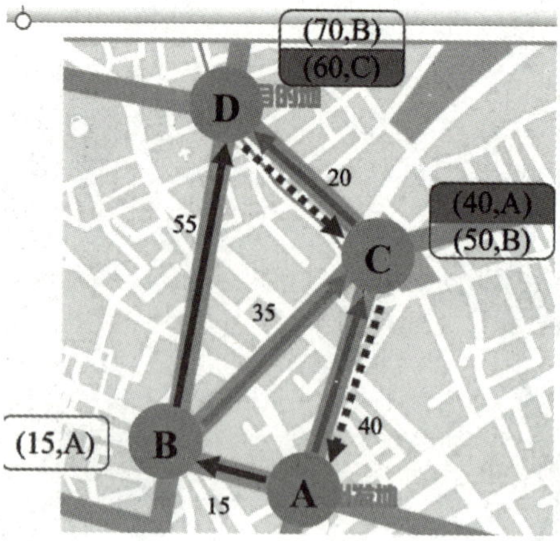

图 3-5 确定最短运输路线示意图

（三）用表上作业法规划多对多运输路线

对于多个起始点到多个终点的路线规划，一般采用表上作业法。

表上作业法是指用列表的方法求解线性规划问题中运输模型的计算方法，是线性规划的一种求解方法，其实质是单纯形法，故也称为运输问题单纯形法。如果某些线性规划问题采用图上作业法难以进行直观求解，就可以将各元素列成表格，作为初始方案，然后采用检验数来验证这个方案，否则就要采用闭回路法、位势法等方法进行调整，直至得到满意的结果。

用表上作业法进行多对多的运输路线规划

案例分析

设有某种物质要从 A_1、A_2、A_3 三个仓库运往四个销售点 B_1、B_2、B_3、B_4，各发点（仓库）的发货量、各收点（销售点）的收货量以及 A_i 到 B_j 的单位运费 C_{ij} 见表 3-1（$i=1$，2，3；$j=1$，2，3，4）。

分析：

1. 如何组织运输才能使总运费最少？
2. 学会建立运输问题的数学模型，学会将产销不平衡问题变为产销平衡问题。

表 3-1 案例背景

运价（元）\ 销售点 \ 仓库	B_1	B_2	B_3	B_4	产量
A_1	9	18	1	10	9
A_2	11	6	8	18	10
A_3	14	12	2	16	6
销量	4	9	7	5	25

依据如上背景，对上述案例运用表上作业法进行求解。

1. 利用最小元素法给出初始调运方案

根据题意，画出产销平衡的运价表（见表 3-2）。

表 3-2　产销平衡的运价表

运价（元）＼销售点 仓库	B_1	B_2	B_3	B_4	产量
A_1	9	18	1	10	9
A_2	11	6	8	18	10
A_3	14	12	2	16	6
销量	4	9	7	5	25

在表上进行作业，确定初始可行解。由线性规划的理论可知，由于基本可行解非基变量的取值为零，因此，只需要确定基变量及其数值，过程如下：

从表 3-2 中选出数值最小的 C_{ij}，并将它所对应的变量 X_{ij} 作为第一个基变量。若有几个 C_{ij} 同时最小，则可从中任选一个。在表 3-2 中，$C_{13}=1$ 是最小元素，则确定 X_{13} 为第一个基变量。X_{ij} 的值表示 A_1 产地到 B_3 销地的运输量，为了满足约束条件，应取 $X_{13}=\min\{A_1, B_3\}=\min\{9, 7\}=7$，把 7 填入表 3-3 的 X_{13} 格内，这样 B_3 地区的销量已经满足，因此不再需要往 B_3 调货物，故将 B_3 所在列的运价和需求量划去，表示 B_3 列的其余变量 X_{23}、X_{33} 只能取 0 值，即都为非基变量。同时，由于 A_1 的货物已经运出 7 个单位，只剩下 2 个单位，因此将 A_1 由 9 变为 9－7＝2，结果见表 3-3。

表 3-3　表上作业法步骤 1

运价（元）＼销售点 仓库	B_1	B_2	B_3	B_4	产量
A_1	9	18	1　7	10	9（2）
A_2	11	6	8	18	10
A_3	14	12	2	16	6
销量	4	9	7（0）	5	25

剩余格子中运费最小为 C_{22}，该处调运量应为 9，划掉 B_2 列，得到表 3 - 4。

表 3 - 4　表上作业法步骤 2

运价（元）/销售点/仓库	B_1	B_2	B_3	B_4	产量
A_1	9	18	7 1	10	9（2）
A_2	11	9 6	8	18	10（1）
A_3	14	12	2	16	6
销量	4	9（0）	7（0）	5	25

剩余格子中运费最小为 C_{11}，该处调运量应为 2，划掉 A_1 行，得到表 3 - 5。

表 3 - 5　表上作业法步骤 3

运价（元）/销售点/仓库	B_1	B_2	B_3	B_4	产量
A_1	2 9	18	7 1	10	9（0）
A_2	11	9 6	8	18	10（1）
A_3	14	12	2	16	6
销量	4（2）	9（0）	7（0）	5	25

剩余格子中运费最小为 C_{21}，该处调运量应为 1，划掉 A_2 行，得到表 3 - 6。

表 3 - 6　表上作业法步骤 4

运价（元）/销售点/仓库	B_1	B_2	B_3	B_4	产量
A_1	2 9	18	7 1	10	9（0）
A_2	1 11	9 6	8	18	10（0）
A_3	14	12	2	16	6
销量	4（1）	9（0）	7（0）	5	25

剩余格子中运费最小为 C_{13}，该处调运量应为 1，划掉 B_1 列，得到表 3－7。

表 3－7　表上作业法步骤 5

运价（元）销售点 仓库	B_1	B_2	B_3	B_4	产量
A_1	2 9	18	7 1	10	9（0）
A_2	1 11	9 6	8	18	10（0）
A_3	1 14	12	2	16	6（5）
销量	4（0）	9（0）	7（0）	5	25

剩余格子只剩 C_{34}，刚好需求为 5，可供给量也为 5，直到所有调运格都有运量或者被划掉。至此找到了一个满足所有约束条件的初始调运方案，得到表 3－8。

表 3－8　表上作业法步骤 6

运价（元）销售点 仓库	B_1	B_2	B_3	B_4	产量
A_1	2 9	18	7 1	10	9（0）
A_2	1 11	9 6	8	18	10（0）
A_3	1 14	12	2	5 16	6（0）
销量	4（0）	9（0）	7（0）	5（0）	25

我们得到了一个初始调运方案，$X_{11}=2$，$X_{13}=7$，$X_{21}=1$，$X_{22}=9$，$X_{31}=1$，$X_{34}=5$，其余变量为 0。该初始调运方案的运费为：

$$z=9\times 2+1\times 7+11\times 1+6\times 9+14\times 1+16\times 5=184$$

2. 利用闭回路法判定初始方案是否最优

闭回路法是表上作业法的最后的一个步骤，是指当找到运输问题的一个初始方案后，判定此解是否是最优解的一种方法。初始方案见表 3－9，闭回路法最早用于运输经济部门管理，主要是在图表作业基础上调整运量，择优选取管理方案。

表 3－9　闭回路法步骤 1

运价（元）　销售点 仓库	B_1	B_2	B_3	B_4	产量
A_1	2 9	18	7 1	10	9
A_2	1 11	9 6	8	18	10
A_3	1 14	12	2	5 16	6
销量	4	9	7	5	25

根据闭回路的概念，需要找到所有非基变量的闭回路，并对其进行检验数的计算。所有非基变量检验格的闭回路及检验数计算见表 3－10。

表 3－10　闭回路法步骤 2

检验格	闭回路	检验数
X_{12}	$X_{12}—X_{11}—X_{21}—X_{22}—X_{12}$	$\sigma_{12}=18-9+11-6=14$
X_{14}	$X_{14}—X_{34}—X_{31}—X_{11}—X_{14}$	$\sigma_{14}=10-16+14-9=-1$
X_{23}	$X_{23}—X_{21}—X_{11}—X_{13}—X_{23}$	$\sigma_{23}=8-11+9-1=5$
X_{24}	$X_{24}—X_{34}—X_{31}—X_{21}—X_{24}$	$\sigma_{24}=18-16+14-11=5$
X_{32}	$X_{32}—X_{31}—X_{21}—X_{22}—X_{32}$	$\sigma_{32}=12-14+11-6=3$
X_{33}	$X_{33}—X_{31}—X_{11}—X_{13}—X_{33}$	$\sigma_{33}=2-14+9-1=-4$

由于表中还有负的检验数，因此现在得到的方案还不是最优方案。

3. 调运方案的改进

表 3－10 中，σ_{33} 是绝对值最大的负检验数，以 X_{33} 格为空格出发的闭合回路 $X_{33}—X_{31}—X_{11}—X_{13}—X_{33}$ 用 θ_1 表示该闭回路上的调整量，则 $\theta_1=\min(X_{13},X_{31})=\min(7,1)=1$。沿着该闭回路奇数顶点的调运量加 θ_1，偶数顶点的调运量减 θ_1，得到一个新的

调运方案，见表 3－11。

表 3－11　闭回路法步骤 3

运价（元）＼销售点 仓库	B_1	B_2	B_3	B_4	产量
A_1	3 9	18	6 1	10	9
A_2	1 11	9 6	8	18	10
A_3	14	12	1 2	5 16	6
销量	4	9	7	5	25

我们得到了一个新的调运方案，$X_{11}=3$，$X_{13}=6$，$X_{21}=1$，$X_{22}=9$，$X_{33}=1$，$X_{34}=5$，其余变量为 0。该调运方案的运费为 180 元。

对新的调运方案进行闭回路检验，所有非基变量检验格的闭回路及检验数计算见表 3－12。

表 3－12　闭回路法步骤 4

检验格	闭回路	检验数
X_{12}	$X_{12}—X_{11}—X_{21}—X_{22}—X_{12}$	$\sigma_{12}=18-9+11-6=14$
X_{14}	$X_{14}—X_{34}—X_{33}—X_{13}—X_{14}$	$\sigma_{14}=10-16+2-1=-5$
X_{23}	$X_{23}—X_{21}—X_{11}—X_{13}—X_{23}$	$\sigma_{23}=8-11+9-1=5$
X_{24}	$X_{24}—X_{34}—X_{33}—X_{13}—X_{11}—X_{21}—X_{24}$	$\sigma_{24}=18-16+2-1+9-11=1$
X_{32}	$X_{32}—X_{22}—X_{21}—X_{11}—X_{13}—X_{33}—X_{32}$	$\sigma_{32}=12-6+11-9+1-2=7$
X_{31}	$X_{31}—X_{11}—X_{13}—X_{33}—X_{31}$	$\sigma_{33}=14-9+1-2=4$

表 3－12 中，σ_{14}是绝对值最大的负检验数，以 X_{14}格为空格出发的闭合回路 $X_{14}—X_{34}—X_{33}—X_{13}—X_{14}$用 θ_2表示该闭回路上的调整量，则 $\theta_2=\min(6,5)=5$。沿着该闭回路奇数顶点的调运量加，偶数顶点的调运量减，得到一个新的调运方案，见表 3－13。

表 3-13 闭回路法步骤 5

运价（元）＼销售点 仓库	B_1	B_2	B_3	B_4	产量
A_1	3 9	18	1 1	5 10	9
A_2	1 11	9 6	8	18	10
A_3	14	12	6 2	16	6
销量	4	9	7	5	25

我们得到了一个新的调运方案，$X_{11}=3$，$X_{13}=1$，$X_{14}=5$，$X_{21}=1$，$X_{22}=9$，$X_{33}=6$，其余变量为 0。该调运方案的运费为 $z=9\times3+1\times1+10\times5+11\times1+6\times9+2\times6=155$。

对新的调运方案进行闭回路检验，所有非基变量检验格的闭回路及检验数值计算见表 3-14。

表 3-14 闭回路法步骤 6

检验格	闭回路	检验数
X_{12}	$X_{12}—X_{11}—X_{21}—X_{22}—X_{12}$	$\sigma_{12}=18-9+11-6=14$
X_{23}	$X_{23}—X_{21}—X_{11}—X_{13}—X_{23}$	$\sigma_{23}=8-11+9-1=5$
X_{24}	$X_{24}—X_{14}—X_{11}—X_{21}—X_{24}$	$\sigma_{24}=18-10+9-11=6$
X_{32}	$X_{32}—X_{22}—X_{21}—X_{11}—X_{13}—X_{33}—X_{32}$	$\sigma_{32}=12-6+11-9+1-2=7$
X_{31}	$X_{31}—X_{11}—X_{13}—X_{33}—X_{31}$	$\sigma_{33}=14-9+1-2=4$
X_{34}	$X_{34}—X_{33}—X_{13}—X_{14}—X_{34}$	$\sigma_{14}=16-2+1-10=5$

由表 3-14 可见，所有的检验数 $\sigma_{ij}\geqslant0$，当前的方案为最优调运方案。此时，总的调运费为：

$$z=9\times3+1\times1+10\times5+11\times1+6\times9+2\times6=155$$

即当 $X_{11}=3$，$X_{13}=1$，$X_{14}=5$，$X_{21}=1$，$X_{22}=9$，$X_{33}=6$，其余变量为 0 时，运费最省，最小运费为 155 个单位。

4. 表上作业法的几点说明

第一，使用表上作业法求解运输问题，要先考察该问题是否为产销平衡的运输问题，如果是产销不平衡问题，则需要先转化为产销平衡问题再进行求解。

第二，在给出初始方案或者进行方案调整的过程中，可能出现退化解的现象，即填上一个运输量可以同时划去两个约束条件，遇到这种情况要在其所在行和列剩余的任一非基变量中随机给定一个“0”运量。

第三，在运用闭回路法进行非基变量检验的时候，要计算所有检验数，选取检验数为负数且绝对值最大的那个格子进行调整。

表上作业法步骤如图 3-6 所示。

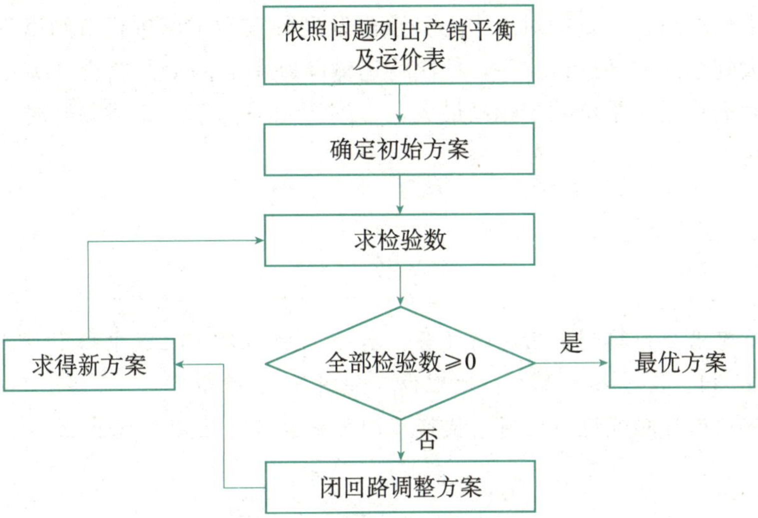

图 3-6　表上作业法步骤示意图

(四) 用节约里程法规划一对多运输路线

节约里程法是用来解决运输车辆数目不确定的问题的最有名的启发式算法，又称节约算法或节约法，可以用并行方式或串行方式来优化行车距离。

节约里程法的核心思想是依次将运输问题中的两个回路合并为一个回路，每次使合并后的总运输距离减小的幅度最大，直到达到一辆车的装载限制时，再进行下一辆车的优化。

用节约里程法进行一对多的运输路线规划

节约里程法常用于配送和近距离的运输服务。节约里程法常用于以下情况：由配送中心向多位客户开展拼装送货，每位客户的送货量都不能满足配送车辆满载，这两个条件需要同时满足。配送效果力求达到：配送车辆满载运输，配送运输路线距离最短。

从某配送中心点 P，分别运输货物到 A、B 两点，其中 P 和 A 之间的距离为 a，P 和 B 之间的距离为 b，A 和 B 之间的距离为 c，如图 3-7 所示。

某车从 P 点出发，送货至 A 点后返回（距离为 $2a$），再由 P 点出发送货至 B 点后再返回（距离为 $2b$），那么其行走的总距离为 $2a+2b$；如果该车从 P 点出发，先到 A（或 B）再至 B（或 A），再返回 P 点，那么其实际行走的距离为 $a+b+c$。那么节约的总距离为 $(2a+2b)-(a+b+c)=a+b-c$。

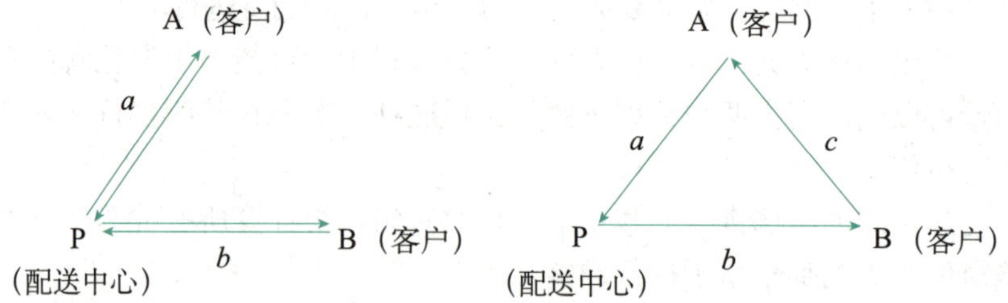

图 3-7 节约里程法原理图

为了找出最佳路径，我们对从中心 P 点出发到各点的距离进行节约里程计算，按节约的距离从大到小的顺序进行排序，依次将运输问题中的两个回路合并为一个回路，每次使得合并后的总运输距离减少幅度最大，直到达到一辆车的装载限制时，再进行下一条路线的优化。

案例分析

顺丰物流有限公司接到一项运输任务：有一批物品要从配送中心 P 送到 A、B、C、D、E、F、G、H、I、J 各个客户，地理位置如图 3-8 所示。

分析：如何选择路线进行送货，使得节约里程最多，运输里程最短？

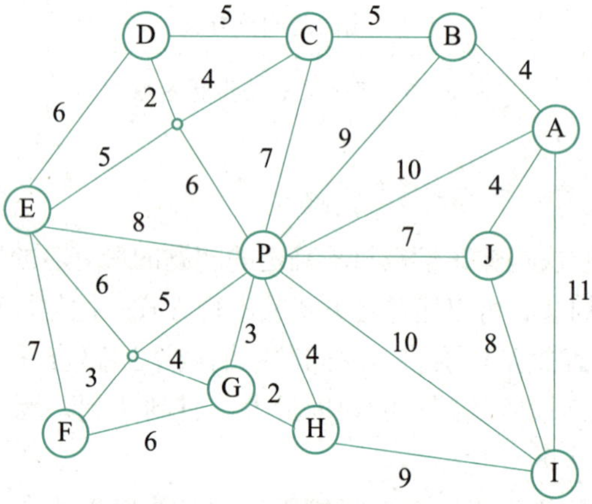

图 3-8 案例背景图

用节约里程法计算，一般分以下几个步骤进行。

（1）绘出从中心点至各点的距离表，见表 3-15。

（2）计算从 P 点至各点之间节约的里程。如计算 P 点到 A、B 点的节约距离为 PA+PB−AB，P 点到 B、C 点的节约距离为 PB+PC−BC，以此类推。

（3）将节约的距离按照顺序从大到小排序。

（4）画连线图，确定每个节点的上一节点和下一节点，每个节点只能有一个进入线和离开线（即输入端和输出端）。

（5）计算完整路径里程，即为最短路径。

表 3-15　配送中心至各点的距离表

P	A	B	C	D	E	F	G	H	I	J
A										
B										
C										
D										
E										
F										
G										
H										
I										
J										

(6) 说明行走路线和最短距离。

配送中心和各个客户之间的位置关系如图 3-8 所示，两点间连线上的数字为两点间的路线长度（单位：千米）。各客户对物品的需求量见表 3-16，物品由配送中心统一采购并进行配送。配送中心备用 2 吨和 4 吨的货车，限定送货车辆一次巡回距离不超过 35 千米，设送到时间均符合用户要求，求配送中心的最优送货方案。

表 3-16　各客户需求量

分店	A	B	C	D	E	F	G	H	I	J	合计
数量	4	5	4	5	3	2	6	5	4	3	41
重量（吨）	0.32	0.40	0.32	0.40	0.24	0.16	0.48	0.40	0.32	0.24	3.28

用节约里程法求解，其步骤如下：

第一步：从配送网络图中计算出配送中心至各客户及各客户之间的最短距离，并作出最短距离表（见表 3-17）。

表 3-17　最短距离表

	P	A	B	C	D	E	F	G	H	I	J
P		10	9	7	8	8	8	3	4	10	7
A			4	9	14	18	18	13	14	11	4
B				5	10	14	17	12	13	15	8
C					5	9	15	10	11	17	13
D						6	13	11	12	18	15
E							7	10	12	18	15
F								6	8	17	15
G									2	11	10
H										9	11
I											8
J											

第二步：由最短距离表，利用节约里程法计算出各连锁分店之间的节约里程，作出节约里程表（见表3－18），计算结果有正有负，节约里程为负时，无实际意义，在表内写0。

表3－18 节约里程表

	A	B	C	D	E	F	G	H	I	J
A		15	8	4	0	0	0	0	9	13
B			11	7	3	0	0	0	4	8
C				10	6	0	0	0	0	1
D					10	3	0	0	0	0
E						9	1	0	0	0
F							5	4	1	0
G								5	2	0
H									5	0
I										9
J										

第三步：将节约里程由大到小顺序排列，列出节约里程排序表（见表3－19），以便尽量使节约里程最多的点组合装车配送。

表3－19 节约里程排序表

顺序排位	连接线	节约里程	顺序排位	连接线	节约里程
1	A-B	15	13	F-G	5
2	A-J	13	13	G-H	5
3	B-C	11	13	H-I	5
4	C-D	10	16	B-I	4
4	D-E	10	16	A-D	4
6	A-I	9	16	F-H	4
6	E-F	9	19	B-E	3
6	I-J	9	19	D-F	3
9	A-C	8	21	G-I	2
9	B-J	8	22	C-J	1
11	B-D	7	22	E-G	1
12	C-E	6	22	F-I	1

第四步：根据节约里程排序表和配送车辆载重及行驶里程等约束条件，绘出如图3－9所示的配送路线图。

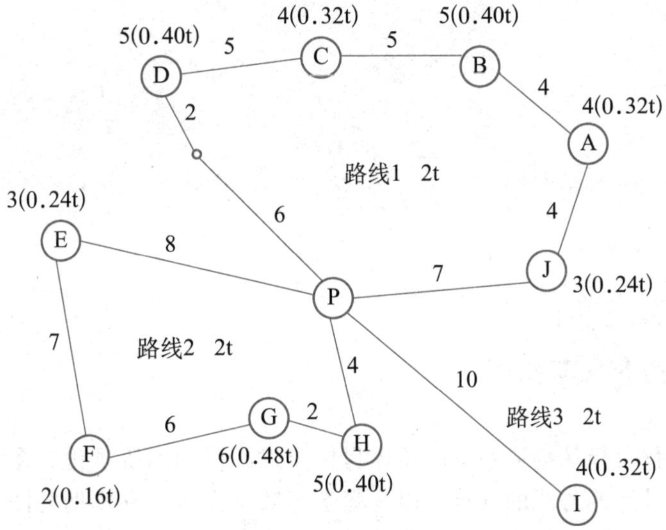

图 3-9　配送路线图

从配送路线图可以看出，依次确定的三条配送路线均符合配送中心的约束条件，需要 2t 货车 3 辆，总运输里程为 70 千米。若简单地给每个连锁分店分别单独送货，需要 2t 货车 10 辆，总运输里程为 148 千米。

寻找最短路线就是在指定网络中两个节点间找一条距离最短的路线。最短路线不仅指一般地理意义上的距离最短，还可以引申到其他度量，如时间、费用、路线容量等。

由于此种方法在企业实际运作中常通过优化软件得以实现，因此在此不再赘述。

任务二
物流运输优化

一、运输优化的含义与作用

物流运输优化是指从物流系统的总体目标出发，运用系统理论、系统工程原理和方法，充分利用各种运输方式的优点，以运筹学等数学方法建立模型与图表，选择和规划合理的运输路线和运输工具，以最短的路径、最少的环节、最快的速度和最少的费用组织好物质产品的运输活动，避免不合理运输的出现。

运输优化是指按商品自然流向，组织商品合理运输的活动。它直接决定着商品物流的效率与结果。合理的、优化的商品运输不仅能节约物流成本、提高商品流通的速度，而且它由于能有效地连接生产和消费，因此既有利于物流服务和商品价值的实现，又能有效地促进生产商的按需生产，真正使供应链物流的管理建立在实际需要的经营基础上。要实现商品的运输优化并了解其内容和作用，必须在满足经济发展和顾客需求的前提下，保证生产和流通的社会劳动耗费最小。

物流运输优化的作用主要体现在以下几点：

（1）合理组织物品的运输，有利于加速社会再生产的进程，促进国民经济持续、快速、稳定、协调地发展。

（2）合理运输能节约运输费用，降低物流成本。运输费用是构成物流费用的重要组成部分。在物流运输过程中，运输作业所消耗的活劳动和物化劳动占的比例最大。物流过程的合理运输，就是通过运输方式、运输工具和运输路线的选择，进行运输分类的优化，实现物品运输的合理化。物品运输的合理化必然会缩短运输里程、提高运输工具的运用效率，从而达到节约运输费用、降低物流成本的目的。

（3）合理的运输缩短了运输时间，加快了物流速度。运输时间的长短决定着物流速度的快慢。只有合理组织物品的运输，才能使被运输的物品在途中的时间尽可能缩短，达到到货及时的目的，因而可以降低库存物品的数量，实现加快物流速度的目标。

二、不合理运输的类型

不合理运输的类型

物流中的运输不合理是指不注重经济效果，造成运力浪费、运费增加、货物流通速度降低、货物损耗增加等的运输现象。不合理运输主要有以下几种类型：

(一) 返程或起程空驶

空车或无货载行驶，可以说是不合理运输的最严重形式。造成空驶的主要原因有以下几种：首先，能利用社会化的运输体系而不利用，却依靠自备车送货提货，这往往出现单程实车、单程空驶的不合理运输；其次，由于工作失误或计划不周，造成货源不实，车辆空去空回，形成双程空驶；最后，由于车辆过分专用，无法搭运回程货，只能单程实车、单程空驶周转。

(二) 对流运输

对流运输是指同种货物或彼此间可以相互代用而又不影响管理、技术及效益的货物，在同一条运输路线或平行运输路线上做相对方向运输的不合理运输方式。它主要有以下几类形式：

(1) 明显的对流运输。即在同一运输路线上的对流，这种方式如图 3-10 所示。

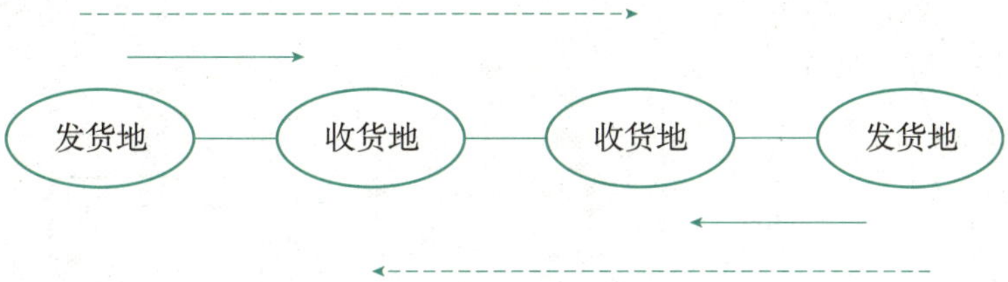

图 3-10 明显的对流运输

(2) 隐藏的对流运输。在判断对流运输时需要注意的是，有的对流运输不是明显的而是隐藏的。例如，不同时间的相向运输，从发生运输的那个时间看，并没有出现对流现象，但是实际运输过程中有部分重合，所以要注意隐藏的对流运输。隐藏的对流运输如图 3-11 所示。

(三) 迂回运输

迂回运输有一定的复杂性，不能简单处置，只有因计划不周、地理不熟、组织不当而发生的迂回运输，才属于不合理运输。迂回运输如图 3-12 所示。

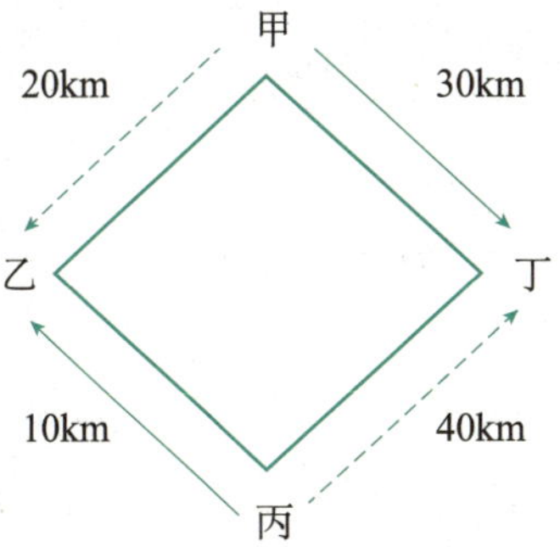

图 3-11 隐藏的对流运输

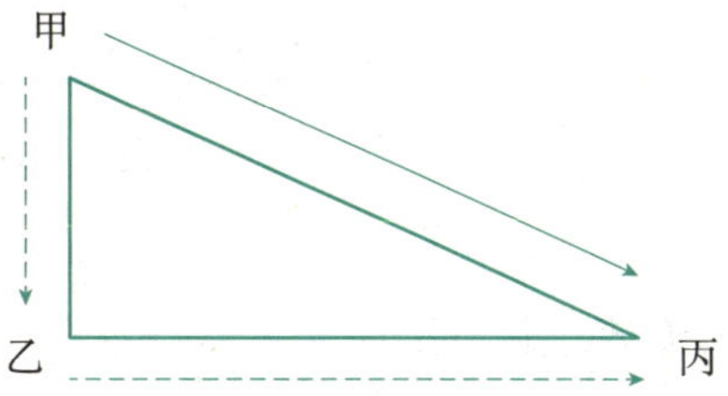

图 3-12 迂回运输

（四）倒流运输

倒流运输是指货物从销地或中转地向产地或起运地回流的一种运输现象。倒流运输也可以看成是隐藏对流的一种特殊形式，除非是退货或者返厂重修而引发的倒流运输，否则倒流运输纯粹是一种运力的浪费，其不合理程度要高于对流运输。倒流运输如图 3-13 所示。

（五）重复运输

重复运输是指货物本可以直达目的地，但因物流仓库设置不当或计划不周使其在中途卸下，导致增加运输环节、浪费运输设备和装卸搬运能力、延长运输时间的运输。重复运输如图 3-14 所示。

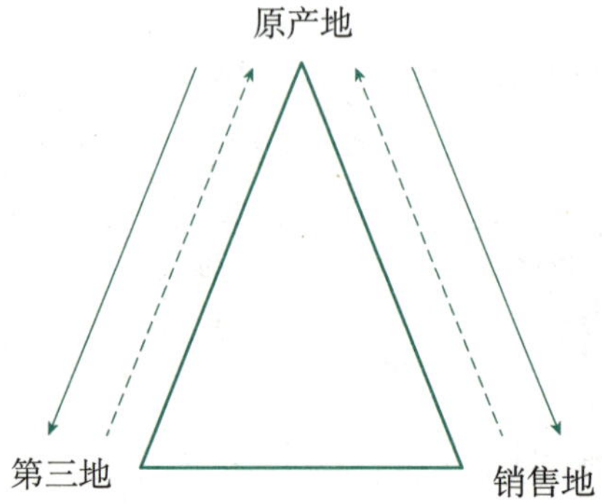

图 3-13　倒流运输

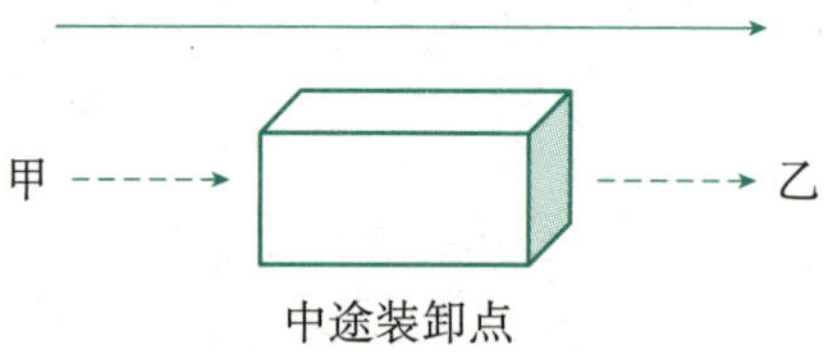

图 3-14　重复运输

（六）过远运输

过远运输是指对相同质量、价格的货物舍近求远的不合理运输方式。过远运输延长了货物运程和在途时间，导致了运力的浪费和资金的积压，增加了运输费用。过远运输如图 3-15 所示。

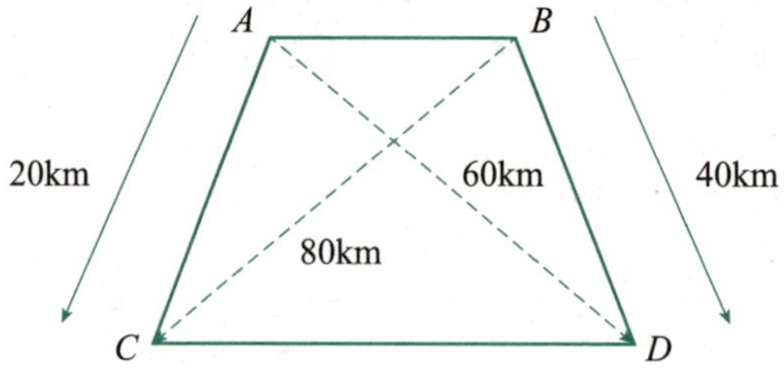

图 3-15　过远运输

（七）无效运输

无效运输是指被运输的货物含有较多无用的成分（如对煤中的矸石和灰分、原油中的水分、原木的树皮的运输）的情况。原材料基地的加工能力不足是产生无效运输的主要原因。我国每年有大批原木进行远距离的调运，但是原木的直接使用率只有70%，而30%原木的边角余料运输基本上都属于无效运输。

以上对不合理运输的描述，主要是从微观方面得出的结论。在实践中，必须将其放在物流系统中综合判断，否则很可能出现“效益背反”现象，即单从一种情况来看避免了不合理，但它的合理却可能使其他部分出现不合理。只有从系统角度综合进行判断才能有效避免“效益背反”现象，从而控制运输成本。

三、影响运输合理化的主要因素

了解和分析不合理运输的主要表现形式后，如果要实现运输作业合理化，起决定性作用的因素主要有以下五个：

（一）运输距离

运输距离是决定运输合理与否的一个基本因素。在运输活动中，由于运输工具、运输时间、运输成本、运输方式、货损、运费、运输工具周转等都与运输距离的长短有一定的比例关系，因此，企业应尽可能就近运输，避免舍近求远。缩短运输距离既有宏观的社会效益，也有微观的企业效益。

（二）运输环节

每增加一次运输，不但会增加起运的运费和总费用，还会增加运输的附属活动，如包装、装卸、搬运等相关工作。运输多一个环节，必然会增加时间、费用，也会增添货损、货差，因此，组织直达运输，可减少中间环节和装卸搬运，对于合理运输有着直接的促进作用。

（三）运输工具

各种运输工具都有各自的优势领域，根据货种、批量，对运输工具进行优化选择，按其特点组织装卸运输作业，最大限度地发挥所用运输工具的优势，是运输合理化的重要环节。

（四）运输时间

运输是物流过程中需要花费较多时间的环节，尤其是远程运输，运输时间占全部物流时间的较大比例，因此，缩短运输时间对整个物流流通时间的缩短具有决定性作用。此外，缩短运输时间还有利于运输工具的加速周转，充分发挥运力作用；有利于货主资金的周转和提高运输路线的使用效率，最大限度地发挥基础资源的作用。

（五）运输费用

运输费用是衡量物流运输经济效益的一项重要指标，也是组织合理运输的主要目的之一。由于运输费用在整个物流成本中占近50%的比例，因此运输费用的高低不仅直接关系到物流运输企业的经济效益，决定了整个物流系统的竞争能力，而且影响到货主企业的生产或销售成本。尽可能地降低运输费用，无论对于物流运输企业，还是货主企业来说，都是一个重要目标，也是判断各种运输合理化措施是否行之有效的重要依据。

四、运输合理化措施

通过以上分析，可以从以下几个方面来防止不合理运输的产生。

（一）合理选择运输方式

各种运输方式都有着各自的适用范围和不同的技术经济特征，选择时应进行综合分析和比较。首先要考虑运输成本的高低和运行速度的快慢，其次要考虑货物的性质、数量的大小、运距的远近和货主需要的缓急程度。

（二）合理选择运输工具

根据不同货物的性质、数量及对湿度等的要求，选择不同类型、吨位的车辆。

（三）正确选择运输路线

运输路线一般应尽量安排直达、快速运输，尽可能缩短运输时间。按照货物的合理流向，选择最短路径，避免迂回、倒流等不合理现象的发生。提高里程利用率，从而达到节省运输费用、节约运力的目的。

（四）提高货物包装质量及改进运输中的包装方法

货物运输路线的长短、装卸操作次数的多少都会影响货物的完好，所以应合理地选择包装物料，以提高包装质量。另外，有些商品的运输路线较短，且要采取特殊放置方法，如烫好的衣服需要垂挂运输，则应改变相应的包装。货物包装的改进，对减少货物损失、降低运费支出和商品成本有着明显的效果。

（五）合理装载，混合运送，减少运力投入

混合运送的优势就是将多家需要的同一品种的货物和一家需要的多品种货物实行配装，避免一家提货或送货车回程空驶现象的发生，以使运输工具的重量和容积得到充分、合理的运用。例如，采用整车运输、整车拼装、整车分卸及整车零卸等措施，均可以提高实载率。

（六）发展社会化运输系统

利用社会化运输系统将运输服务外包或与其他企业合作，降低运输工具空驶率。

（七）发展直达运输

直达运输是追求运输合理化的重要方面，通过减少中转环节及换装，达到提高送达速度、节省装卸费用、降低货损货差的目的。

（八）提倡合装整车运输

合装整车运输又称“零担拼整车中转分运”，主要用于多件杂货的运输。合装整车运输有四种方法：

（1）零担货物拼装整车直达运输；

（2）零担货物拼装整车接力直达或中转分运；

（3）整车分卸；

（4）整装零担。

采用合装整车运输，可提高运输工具的使用效率，减少部分运输费用，所以可获得较好的经济效益。

（九）充分利用运输工具装载能力

充分利用运输工具装载能力的具体做法有：

（1）轻重货物搭配。轻重货物搭配可以充分利用运输工具的容积和载重量。

（2）注重装载堆码技术。根据车的货位情况及不同货物的包装形状、理化性质，采取各种有效的堆码方法，如采取平装、补装、骑装、套装、紧密装载等堆码技术进行装载，以提高运输效率。

随着生活水平的逐渐提高，人们对物资的要求也越来越高，当天果蔬商品随买随送，已成为日常生活中很平常的现象。然而，随着社会的进步、科技的发展，如何实现新零售门店配送中过程更短、质量更高、效率更快、价格更可控、利润更可观，已成为新零售模式下引爆新物流崛起的时代变革。

案例分析

新零售，新物流——引爆“智能门店配”新时代

新零售物流是社会发展的必然产物，传统商超、连锁餐饮正纷纷进入新时代。然而，其在转型过程中，却深受时效要求、里程限制、车型限制、夜间配送、路线规划等行业特性的制约（如图 3－16 所示）。

具体来说，新零售物流的困境有：城市道路复杂，限制多，线路规划难；车辆配载率低，运输成本较高；车辆种类多，运输跟踪不完善；夜间配送多，无人作业安全性低；运送周转设备损耗较高，回收难；运输结算种类繁多。

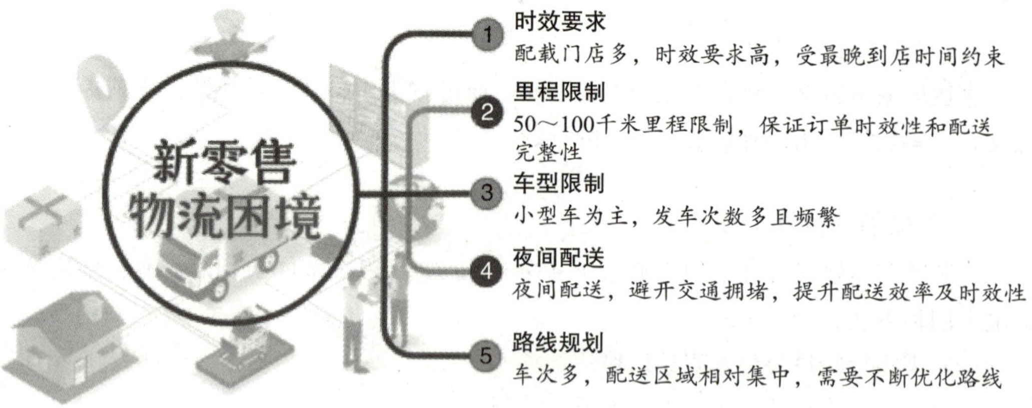

图 3－16　新零售物流困境

结合新零售物流现有的困境，A 公司借助云计算、大数据及人工智能等先进技术自主研发的“新零售智能门店配”解决方案（如图 3－17 所示），助力攻克新零售物流问题解决高成本和低效率等数字化升级壁垒。

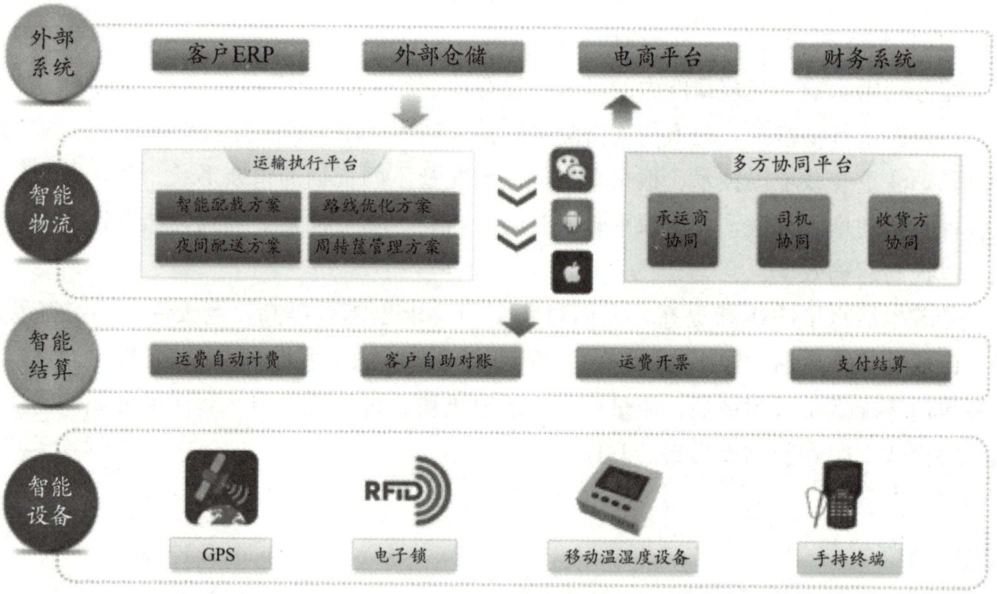

图 3－17　A 公司研发的“新零售智能门店配”解决方案

A 公司“新零售智能门店配”解决方案通过信息化、数字化打通上游系统，对接下游运输协同平台，实现快速高效协同，结合多方 App 应用，满足客户、承运商、司机、收货人等各方的应用需求，实时了解货物的动态。通过智能的装配技术、路线优化专利算法、电子围栏技术、定位技术、RFID 技术、电子锁技术等手段，解决运输执行过程效率低、配载难、成本高、时效要求高、跟踪难、管理难的问题：

（1）通过智能配载算法及 3D 可视装载模型，解决车辆满载率问题，满载率可由原 60％提升到 90％以上。

(2) 通过路线优化兼顾路线的限行限制，缩短车辆运输路途里程，运输配载车辆数和里程数实现双优化，实际成本节约了20%～50%。

(3) 通过智能设备对接，实现夜间送货的安全管理，提升客户的满意度。

(4) 对运输效率和时效的监控，大幅降低客户的投诉率。

(5) 通过智能的费用计算，降低新零售由于订单多、计费复杂而造成的人工成本。

作为中国领先的供应链一体化混合云解决方案服务商，A公司自成立以来始终致力于“让供应链更智慧”。在智能制造、产业互联网、新零售不断升级的今天，智慧供应链越来越成为时代发展的基石。借助云计算、大数据及人工智能等先进技术，A公司为各个行业的企业打造一体化、精细化、集约化、移动化的供应链混合云解决方案，特别是在新零售领域，A公司为越来越多的知名企业成功打造了典型案例，如永辉超市、大润发、钱大妈、百果园等知名企业。

目前，A公司已拥有数十项自主知识产权产品，是工信部认定的高新技术企业、软件企业，无论是产品线完善程度、团队资源规模等都居于行业领导地位，并且荣获PMI(中国)项目管理大奖、优秀PMO奖，亚太区APAC Advisor十佳物流技术企业等业内最高级荣誉。A公司具备高效严谨的软件工程能力，不仅通过了ISO 9001国际质量体系认证等，还拥有路线优化等多项发明专利，并且是全球前1 000家获得CMMI 5最高级别认证的软件企业之一。A公司对未来供应链智能物流的变革创新如图3-18所示。

图3-18 A公司对未来供应链智能物流的变革创新

未来，A公司将继续致力于引领智慧供应链及智能物流的变革创新，立足于社会和行业的长远发展，持续推进“智慧供应链数字化计划”，积极推动与上下游合作伙伴及友商的合作创新，扩大产业价值，与广大伙伴共同建设健康、良性的供应链产业生态系统。

分析：

1. “智能门店配”要对物流的哪些方面进行规划？
2. 路线规划、配载算法等规划给物流企业带来了哪些效益？

项目小结

本项目主要讲述了不同情况下运输路线的规划方法：标号法、表上作业法和节约里程法。本项目还讲述了运输优化的含义与作用、不合理运输的类型和物流运输合理化的主要因素。

货物的合理运输，除了要考虑合适的运输方式外，还需要确定合理的运输路线和货物的调运量。在不同的运输条件、不同的组织方法下，车辆可按不同的行驶路线完成既定的运输任务，对运输效率和运输成本也有不同的影响。在运输组织中，是选择时间短、费用省还是路径最短需要结合客户需求综合考虑。

在物流运输工作中，线性规划得到了广泛的应用。初始方案的给出、检验数的计算以及是否最优的判定和方案的调整等各个过程需要大家掌握。从配送中心到各个客户的货物配送中，如何用节约里程法进行路线规划和车辆的选择等需要大家灵活运用。

职业能力训练

思考与练习题

一、多项选择题

1. 不合理运输方式包括（　　）。

A. 对流运输　　B. 迂回运输　　C. 重复运输　　D. 倒流运输

2. 决定运输合理化的主要因素有（　　）。

A. 运输距离　　B. 运输环节　　C. 运输费用　　D. 运输时间

3. 用节约里程法进行路线规划必须满足的条件包括（　　）。

A. 由配送中心向多位客户开展拼装送货

B. 每位客户的送货量都不能满足配送车辆满载

C. 配送效果力求达到

D. 配送车辆满载运输

4. 标号法的步骤有（　　）。

A. 标序号　　B. 节点标号

C. 确定节点标号　　D. 确定最短运输路线

5. 运输合理化的作用主要体现在（　　）。

A. 合理组织物品的运输，有利于加速社会再生产的进程，促进国民经济持续、快速、稳定、协调地发展

B. 合理运输能节约运输费用，降低物流成本

C. 合理的运输缩短了运输时间，加快了物流速度

D. 合理化的运输可以使企业运转更快，避免多余税费的产生

二、判断题

1. 用标号法可以规划整车货物运输的最佳路线。（　　）

2. 标号法是一种快速寻求网络计算工期和关键路线的方法。（　　）

3. 多对多运输路线的规划可以用于整车货物运输路线的规划。（　　）

4. 采用合装整车运输，可以提高运输工具的使用效率，减少部分运输费用，所以可以取得较好的经济效益。（　　）

5. 运输距离、运输环节、运输工具、运输时间和运输费用都是运输合理化需要考虑的因素。（　　）

综合实训项目

1. 某运输公司接到一项运输任务，运输一批货物从 A 地到 H 地，途经 B、C、D、

E、F、G，箭头表示路线的方向，两点间的数字代表两点间距离（如图 3-19 所示）。如何规划运输路线使得运输距离最短？

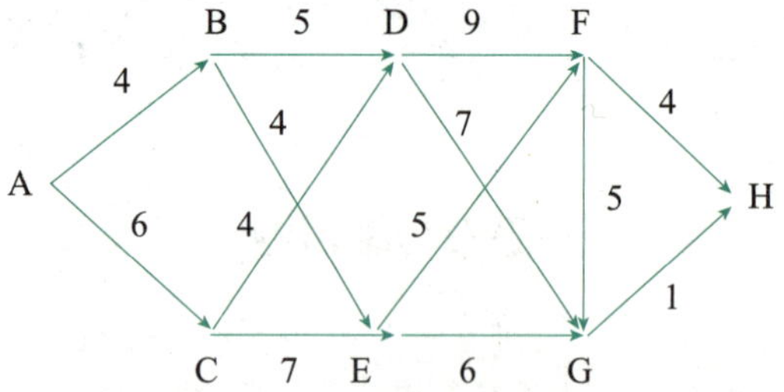

图 3-19 运输路线图

2. 义乌某企业有 3 个生产袜子的分厂，每周的产量分别为 20t、30t 和 40t，要将这些商品分别运往 4 个分销中心，分销中心销量分别为 10t、10t、20t、50t，各产销地之间每吨商品的运价见表 3-20。在满足分销中心需求量的情况下，如何调运能使总运费支出最少？

表 3-20 项目产销表 1

运价（元） 分销中心 / 分厂	B_1	B_2	B_3	B_4	产量
A_1	2	3	4	9	20
A_2	14	12	5	1	30
A_3	12	15	9	3	40
销量	10	10	20	50	90

3. 某公司生产某种商品有 3 个分厂，每天的产量分别为 4t、6t、3t，要将这些商品运往 4 个分销中心，每天各分销中心销量分别为 2t、4t、3t 和 4t。各产销地之间每吨商品的运价见表 3-21，在满足销售部门需求量的情况下，如何调运才能使总运费支出最少？

表 3-21 项目产销表 2

运价（元） 分销中心 / 分厂	B_1	B_2	B_3	B_4	产量
A_1	6	5	3	4	4
A_2	4	4	7	5	6
A_3	7	6	5	8	3
销量	2	4	3	4	13

4. 某商品专卖店在某地区有 4 个分店，每周的销量分别为 3t、6t、5t 和 6t。提供货

物的 3 个配送中心每周分别提供 7t、4t 和 9t。各配送中心运往各个分店的每吨货物运价见表 3－22，在满足分店需求量的情况下，如何调运才能使总运费支出最少？

表 3－22　项目产销表 3

运价（元）　分店 配送中心	B_1	B_2	B_3	B_4	产量
A_1	3	11	3	10	7
A_2	1	9	2	8	4
A_3	7	4	10	5	9
销量	3	6	5	6	20

5. 某物流中心要向 7 位客户 A、B、C、D、E、F、G 配送货物。客户的地址分布图如图 3－20 所示，物流中心到各个客户之间的距离见表 3－23，客户配送货物信息见表 3－24，配送车辆明细见表 3－25。

图 3－20　客户地址分布图

表 3－23　物流中心到各个客户之间的距离矩阵

物流中心	0	11	12	17	14	20	11	19	13
A	11	0	10	19	13	17	10	21	11
B	12	10	0	12	20	23	11	16	18
C	17	19	12	0	30	34	9	10	29
D	14	13	20	30	0	16	21	32	9
E	20	17	23	34	16	0	26	38	8
F	11	10	11	9	21	26	0	12	20

续前表

物流中心	0	11	12	17	14	20	11	19	13
G	19	21	16	10	32	38	12	0	31
H	13	11	18	29	9	8	20	31	0

表 3-24 客户配送货物信息

客户地址序号	笼车数量	重量（kg）
A	2	518.4
B	2	756
C	3	1 056
D	3	1 080
E	2	530.4
F	2	751.2
G	4	1 632
H	2	504

表 3-25 配送车辆明细

车型	固定成本	可变成本	最大装载笼车数	最大载重
自有 3t 小车	100	6	8	3t
自有 5t 大车	200	9.5	12	5t
外协 3t 小车	150	8	8	3t
外协 5t 大车	270	13.5	12	5t

要求：

根据客户分布及客户对配送作业的要求，采用节约里程法进行配送路线优化的方案设计，确定物流中心送货车辆的选型和配送顺序（注意：只能使用一辆自有车辆，其他车辆必须外包）。同等条件下，以总成本最低为最优方案。

项目四
运输需求与供给

【学习目标】

※ 知识目标

1. 理解运输需求的概念和特征
2. 理解运输供给的概念和特征
3. 了解运输需求与运输供给均衡分析的影响因素

※ 能力目标

1. 能够分析某种运输方式在某个时间段某个地区的需求和供给情况
2. 能够找出影响运输需求和供给的影响因素

※ 素养目标

1. 通过数据分析了解运输需求与供给，提升科学思维
2. 了解我国的运输需求与供给，感受我国物流业的快速发展，增强民族自豪感

【引例】

运输需求恢复缓慢，综合指数呈下行走势

2023年3月，中国出口集装箱运输市场运输需求恢复依旧较为缓慢，多数远洋航线市场运价延续下行走势。随着中国经济稳步复苏，集运市场开始企稳，部分航线出现反弹走势。2023年3月，上海航运交易所发布的中国出口集装箱综合运价指数平均值为1 001.27点，较上月平均下跌9.3%；反映即期市场的上海出口集装箱综合指数平均值为915.90点，较上月平均下跌6.6%。

1. 港口集装箱吞吐量上涨幅度放缓，船舶租赁行情走势继续分化

（1）前两月，中国各主要港口运营情况正常。2023年1月至2月，我国港口集装箱吞吐量呈现增长态势，但涨幅略有放缓，其中内河港口吞吐量大于沿海港口吞吐量。据统计，全国港口完成集装箱吞吐量4 414万TEU，较去年同期上涨1.3%。其中，沿海港口完成集装箱吞吐量3 907万TEU，同比上涨0.6%；内河港口完成集装箱吞吐量507万TEU，同比上涨6.8%。

（2）在集装箱租船市场经过较长时期的调整之后，不同船型的租赁价格走势继续分化，部分小型船舶租赁价格反弹，大型船舶租赁价格继续小幅回落。据克拉克森统计，3月份，1 000TEU、1 700TEU船舶租金较上月均上涨2.7%、2.7%；9 000TEU船舶租金较上月下跌1.6%。

2. 欧地运价继续下行

欧地航线：欧洲经济研究中心（ZEW）公布的数据显示，德国3月ZEW经济景气指数降至13，较前值下降，且低于市场预期，这是该数据六个月来首次出现下降。此外，当月消费者信心指数结束了此前连续五个月的上涨，转为小幅下跌，显示消费者对总体经济形势并不乐观。尤其近期欧美银行业的动荡引发了欧洲市场对经济前景的担忧，未来经济增长面临后继乏力的局面。3月，欧洲航线运输需求总体处于恢复态势，后期供需基本面逐渐趋于平衡，即期市场订舱价格逐渐企稳。3月，中国出口至欧洲、地中海航线运价指数平均值分别为1 273.83点、1 773.73点，较上月平均分别下跌10.9%、8.7%。

3. 北美行情持续调整

北美航线：美国商务部公布的数据显示，美国2月零售销售额环比下降0.4%，跌幅大于市场预期。数据显示，面对顽固的高通胀和高利率，美国消费者被迫缩减开支。尤其是在银行业出现动荡恐慌之后，居民对经济衰退的担忧正在加剧，未来经济增长面临较大的不确定性。此外，海关总署发布的数据显示，2023年1—2月我国对美国的出口贸易额同比下降15.2%，对集运市场北美航线运价产生下行压力。本月，运输市场继续表现疲软，运输需求恢复情况不及往年，市场运价继续下行走势。3月，中国出口至美西、美东航线运价指数平均值分别为733.91点、1 062.14点，分别较上月平均下跌8.7%、9.2%。

4. 澳新市场继续下行

澳新航线：3月初当地市场对各类物资的需求在长假后一直徘徊在低位，运输需求恢复缓慢，供需基本面较弱，市场运价继续下行。下半月需求出现企稳迹象，供求关系有所好转，即期订舱价格出现反弹。3月，中国出口至澳新航线运价指数平均值为826.51点，较上月平均下跌17.7%。

5. 南美运价企稳反弹

南美航线：运输需求恢复情况总体好于其他航线，供需基本面较为稳固，市场运价走势向好，下半月即期市场运价连续上涨。3月，中国出口至南美航线运价指数平均值为594.48点，较上月平均上涨1.6%。

6. 日本运价继续下跌

日本航线：运输需求小幅下滑，市场运价继续下行。3月，中国出口至日本航线运价指数平均值为930.75点，较上月平均下跌9.5%。

资料来源：上海航运交易所. 2023年3月份中国出口集装箱运输市场分析报告.（2023-04-06）[2023-10-10]. 交通运输部网站.

案例思考：

1. 基础设施的高速发展对于运输行业的快速崛起有着怎样的重大意义？
2. 如何应对世界各国疫情后运输需求下降的情况？

任务一 运输需求

一、运输需求概述

运输需求与运输供给是运输市场的两个基本方面，运输需求是运输供给产生的根源，是运输组织、运输规划的基础。运输市场上的供给行为完全取决于运输需求的分析与运输量预测。

于是，对运输市场上运输需求的产生、运输需求的影响因素以及运输量大小的研究便成为运输需求分析与预测中不可缺少的内容。随着生产力水平的提高，人们的生活也不断发生着变化，进而导致了生产、生活消费模式的改变，这就要求运输供给方根据运输成本、运输价格以及运输能力等要素进行运输供给分析，结合运输市场的整体情况有效开展运输组织工作，更好地满足运输需求。

（一）运输需求的含义

需求和需要是两个不同的概念。从经济学上讲，有支付能力的需要，构成对商品或服务的需求。运输活动的主要内容是实现人或物的空间移动，因此，只有了解了运输对象的市场需求状况，运输企业才能进行有效的运输活动。

运输需求是指在一段时期内，一定的价格水平下，社会经济生活在货物和旅客空间位移方面提出的具有支付能力的需要。因此，运输需求还应具备两个条件：一是有购买运输服务的欲望或要求，只有运输需求者有运输需求，运输供给者才有可能去满足这种需求；二是有购买能力，在一定的价格水平下，购买者的收入越高，购买能力越强。总之，这两个条件缺一不可。运输需求通常包括以下六个要素：

（1）对象：运输货物的品种与旅客的物品。

（2）流量：运输的需求量。

（3）流向：货物或旅客发生空间位移时的空间走势，表明客货流的生产地与消费地。

（4）运程：运输距离，指的是货物或旅客进行空间位移的起始地到目的地的距离。

（5）运速：货物或旅客的运送速度。

（6）运价：运输单位重量或体积的货物或者每位旅客的运输费用。

（二）运输需求的特征

运输需求是一种普遍性需求，然而与其他商品需求相比，运输需求具有其特殊性，这种特殊性主要体现在以下几个方面。

1. 广泛性

运输需求产生于人类生活和社会生产的各个角落，运输业作为一个独立的产业部门，任何社会活动都不可能脱离它而独立存在。因此，与其他商品和服务的需求相比，运输需求具有广泛性，是一种普遍性的需求。

2. 派生性

市场需求有本源需求和派生需求两种。本源需求是消费者对最终产品的需求，而派生需求则是由对某最终产品的需求而引起的对产生它的某一生产要素的需求。运输活动是产品生产过程在流通领域的继续，它与产品的调配和交易活动紧密相连。货主或旅客提出位移需求的最终目的往往不是位移本身，而是实现其生产、生活中的其他需求，完成空间位移只是中间的一个必不可少的环节。因此，运输是社会生产和人类生活派生出来的需求。

3. 多样性

在货运方面，运输业几乎承运涉及所有物品种类的货物，在质量、体积、形状、包装上千差万别，对运输条件的要求各不相同，这就要求运输服务提供各种性质的运输工具和采取不同的技术措施；在客运方面，由于旅客的身份、收入、旅行目的等不同，对运输服务在速度、方向、舒适性等方面的要求也是多种多样的。

4. 个别需求的异质性

就整个市场而言，运输总体的需求是由性质不同、要求各异的个别需求构成的。只有在运输过程中采取相应的措施，才能适应这些个别需求。它们在经济方面的要求也各不相同，有的要求运价低廉，有的要求运送速度快。因此，掌握和研究这些需求的异质性，是满足运输需求的必备条件。

5. 时间特定性

客货运输需求在发生的时间上有一定的规律性，例如，周末和重要节日前后的客运需求明显高于其他时间，市内交通的高峰期是上下班时间，蔬菜和瓜果的收获季节也是这些货物的运输繁忙期。这些反映在运输需求上就是时间特定性，运输需求在时间上的不平衡引起运输生产在时间上的不均衡。时间特定性的另一层含义是对运输速度的要求。客货运输需求带有很强的时间限制，也就是说，运输消费者对运输服务的起运和到达时间有各自特定的要求。

从货物运输需求看，由于商品市场千变万化，货主对起止的时间要求各不相同，各种货物对运输速度的要求相差很大；对于旅客运输来说，个人的旅行目的和对旅行时间的要求也是不同的。

6. 空间特定性

运输需求是对位移的要求，而且这种位移是运输消费者指定的两点之间带有方向性的位移，也就是说运输需求具有空间特定性。例如，市场需求在 B 城市，而农产品产地在 A 地，这就决定了运输需求必然是从 A 地到 B 城市，带有确定的空间要求。

7. 部分可替代性

不同的运输需求之间一般来讲是不能互相替代的。例如，人的位移显然不能代替货物位移，北京到兰州的位移不能代替北京到广州的位移，运水泥也不能代替运水果，因为这些明显是不同的运输需求。这里讲的替代性，是满足运输需求的方式上的替代性。在现实运输中，同一运输需求有时可以通过不同的运输方式满足。例如，旅客或货物在两地间的运输，完全可以通过公路、铁路、水路、航空等运输方式的不同选择最终到达目的地，也可以通过不同运输企业完成。这种运输需求的替代性也是导致运输市场竞争的主要原因。

8. 总体需求的规律性

对运输企业来说，不但要掌握和研究个别需求的异质性，而且要研究总体需求的规律性。不同货物的运输要求虽然千差万别，但就总体来说还是有一定规律性的，如货流的规律性、市场需求变化的规律性等。

二、运输需求分析

（一）运输需求的产生和影响因素

运输需求来源于生产和消费两个不同的领域。与人类生产、交换、分配等活动有关的运输需求称为生产性运输需求。货物运输需求产生的来源有以下三点：

（1）自然资源地区分布不均衡，生产力布局与资源产地分离。各种自然资源的分布是不以人的意志为转移的，自然资源分布不平衡是世界范围的地理现象，尤其是人类经济活动必不可少且需求量较大的资源。例如，我国煤炭探明储量集中在北方，约占全国煤炭储量的 87%，其中山西、内蒙古、陕西三省就占 68%；铁矿石集中在河北、辽宁、四川三省，储量合计约占全国探明储量的 52%。而生产力布局不可能完全与自然资源相配合，这就必然产生运输需求。

（2）生产力与消费群体的分离。有人群聚集的地方就有生活消费，从人口高度密集的特大都市，到居住分散的农村和牧区，消费群体的分布极为广泛。而由于自然地理环境和社会经济基础的差异，各地区间经济发展水平和产业结构存在差异，也决定了生产性消费分布的存在。随着生产社会化、专业化的发展，生产与消费在空间上日益分离，也就必然产生运输需求。

（3）地区间商品品种、质量、性能、价格上的差异。地区之间、国家之间自然资源、技术水平、产业优势不同，产品的质量、品种、价格等方面就会存在很大差异，这就会引起货物在空间上的流动，产生运输需求。

货物运输需求产生的来源主要有以上三个方面，了解这些对于货物运输需求分析是十分重要的。

（二）影响旅客运输需求的主要因素

（1）经济发展水平。旅行需求有很大一部分是生产性旅行需求，生产发展水平的高低、速度的快慢直接影响旅行需求。

（2）居民消费水平。根据马斯洛的需求层次理论，吃、穿、住、医疗只能算是人们起码的生存和安全需要。这些需求满足后，就会产生友谊和社交的需求。随着人们生活水平的提高，探亲、休养、旅游、访友等需求必然增长，与此相联系的消费性需求也将随着生活水平的提高在数量和质量上发生变化。

（3）人口数量及城市化程度。旅客运输的对象是人，人口数量的变化必然会引起旅行需求的变化。

（4）旅行费用。旅行费用即运输服务价格的变动对旅行需求的影响较大，尤其是对消费性旅行需求影响更大。

（5）运输服务的质量。安全、迅速、便利的运输服务网将刺激旅客旅行需求，反之，则抑制旅行需求。对于某种运输方式的旅行需求，其他运输方式的开通、运价水平和服务质量将直接影响其运输需求。

（6）经济体制的影响。在计划经济体制下，国家实行严格的户籍管理和就业制度，人员流动量小，而市场经济体制下人们在就业方面有较大自由，人口流动相对频繁，因此客运需求量也更大。我国市场经济的发展和收入水平的提高，使得人口的流动性大大增加，客运量出现了强劲增长的势头。主要铁路干线上长途旅客列车严重超员，而且由过去主要是过年和假期的客运高峰客车超员，演变为几乎全年超员，特别是农村剩余劳动力转移形成的“民工潮”近几年愈演愈烈，铁路已不堪重负，高峰期普通车厢的状况甚至让人无法忍受。

（三）影响货物运输需求的主要因素

（1）经济发展水平。货物运输需求是派生需求，这种需求的大小取决于经济发展水平。各国在不同经济发展阶段对运输的需求在数量和质量上有很大差别。一个国家的货物运输需求取决于国家的经济发展水平，取决于物质产品产出的多少。从西方发达国家的交通运输发展过程看，工业化初期，开采业和原材料对大宗、散装货物的需求急剧增加；到机械加工工业发展时期，原材料运输继续增长，但增长速度已不如前一期，而运输需求开始多样化，对运输速度和运输质量方面的要求有所提高；进入精加工工业时期，经济增长对原材料的依赖明显减少，运输需求在数量方面的增长速度放慢，但运输需求越发多样化，对方便、及时、低损耗等运输质量方面的需求越来越高。

（2）国民经济产业结构和产品结构。首先，生产不同产品所引起的厂外运量（包括所有原材料、辅料、能源、半成品和产成品等的运量）差别很大，例如生产 1 吨棉纱引起厂外运量为 2.5～3 吨，生产 1 吨水泥引起 4～5 吨厂外运量，生产 1 吨钢引起 7～8 吨厂外运量，而生产 1 吨铜则会引起 50～100 吨厂外运量。

（3）运输网的数量和质量。交通运输网的布局和质量直接影响线路货物的吸引范围和各线路的通过能力及需求的适应程度。滞后的交通运输业会影响生产发展，抑制货物运输需求。

（4）运价水平的变动。运输需求对运价水平的变动是有弹性的，尽管不同旅客和货物的需求价格弹性值有差别，但总的来说，运价水平下降时运输需求上升，而运价水平上涨时运输需求会受到一定抑制。

（5）国家经济政策和经济体制的改变对货物运输需求有很大影响。例如，我国经济在改革开放以前是高度集中的计划体制，社会经济中的产品交流主要是通过计划分配来实现的，而经济体制改革以来，国民经济运行中市场机制的作用已经日益扩大。

（四）运输需求函数

运输需求函数是用函数形式表示运输需求量与影响因素之间的数量关系。这里的运输需求是指在特定的时间、空间和一定的条件下，运输消费者愿意购买运输服务的数量。由于研究目的及范围不同，从时间上说，可以是一年、一季、一月或一日的运输需求量；从空间上说，可以是一个国家、一个地区、一条线路或一个方向的运输需求量；从运输方式上说，可以是各种运输方式的总需求，也可以是某一种运输方式的需求量。

运输需求量受到许多因素的影响，从数学上讲，运输需求就是影响它的诸因素的函数。运输需求函数是运输需求量与影响这一数量的诸因素之间关系的一种表达式，可表示为：

$$Q = f(p, a, b, c\cdots)$$

式中：Q——运输需求量；

p——运输服务价格；

$a, b, c\cdots$——分别表示除运输价格外的其他影响因素。

但这种需求函数仅是运输需求函数的抽象形式，并没有表示出自变量与运输需求量之间的具体数量关系。只有通过经济分析及数量计算，才能得到可以实际应用的运输需求函数。

（五）运输需求曲线

运输需求曲线是假定在运输价格以外其他因素均保持不变的条件下，反映运输需求量与运输价格之间关系的曲线。一般情况下，如果运输价格下降，则运输需求量就会增加；反之，则减少。也就是说，运输需求与运价成反方向变化，这是运输需求的一般规律，如图 4－1 所示，通常用横轴表示运输需求量 Q，用纵轴表示运价 P，D 表示运输需求曲线。

运输需求与运输需求量是两个不同的概念。运输需求不表示确定的某个数量，而表示运输需求量与运价之间的对应关系的总和，给定这样的对应关系，可描绘出一条运输需求曲线。运输需求量则表示在某一确定的运价水平上，消费者愿意购买的运输服务的确切数量，它对应于需求曲线上的一点。当非价格因素不变时，由不同运价水平下的不

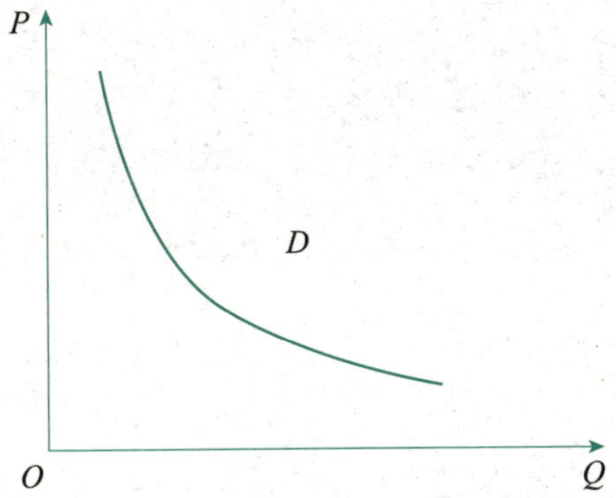

图 4-1　运输价格与运输需求的关系

同运输需求量构成一条曲线表示一种运输需求，在这条运输需求曲线上，不同点的运价是不同的，但非价格因素是相同的。换句话说，就是当非价格因素不变时，运价的变化导致了运输需求量的变化，而运输需求不变。但当非价格因素发生变化时，运输需求曲线将产生位移，这种由非价格因素变化引起的曲线的移动就是运输需求的变动。如果运输需求发生了变化，即使价格不变，运输需求量也会发生变化。

任务二
运输供给

一、运输供给概述

（一）运输供给的含义

供给是指生产者在一定时期和一定价格水平下愿意并且能够提供的某种商品的数量。供给在市场上的实现要同时具备两个条件：一是生产者有出售商品的愿望，二是生产者有生产的能力。相应地，运输供给是指在一定时间、空间内，在一定运输水平下，运输生产者愿意并能够提供的运输产品或服务。运输供给有两个必备的条件，即运输生产者有提供运输产品或服务的愿望，并且运输生产者有提供这种运输产品或服务的能力，两个条件缺一不可。

（二）运输供给特征分析

运输业是一种特殊产业，具有不同于其他产业的特点。这使得运输供给与一般商品和服务的供给相比有很大的差异。运输供给的特征包括以下几个方面。

1. 非储存性

运输业属于第三产业，即服务业。非储存性是各种服务业的共同特点：生产过程与消费过程相结合。运输业的生产活动是通过运输工具使运输对象发生空间位置的变化，运输产品的生产和消费是同时进行的，即运输产品不能脱离生产过程而单独存在。所以，运输产品不能像一般产品一样储存起来，这就是运输产品的非储存性。运输产品的非储存性，决定了运输业不能采取运输产品储备的形式，而只能采取储备运输能力的形式来适应运输市场的变化。

运输业具有固定设备多、固定资产投资大、投资回收期长等特点，运输能力的设计多按运输高峰的需求设计，具有一定的超前量。运输能力的超前建设与运输能力的储备对运输供给来说，既可能抓住市场需求增长的机遇，又可能因市场供过于求而遇到风险。这是因为运力储备越大，承担的风险越大，适应市场需求的能力也越大；相反，运力储备越小或没有储备，承担的风险越小，适应市场需求的能力也越小。这一点在国际航运市场上尤其明显，并成为企业经营者研究的重要课题。

2. 不平衡性

运输供给的不平衡性既表现在时间上，也表现在空间上。在时间上，运输供给的不平衡性表现在运输供给随运输需求淡旺季的变化而变化。运输旺季时，运输需求增多，运输供给就相应增加；运输淡季时，运输供给就会减少。运输需求的季节性不平衡，导致运输供给出现高峰与低谷。

由于经济和贸易发展的不平衡性以及各地产业的不同特点，运输供给在不同国家（地区）之间也呈现出一定的不平衡性。经济发达的国家（地区）的运输供给量比较充分，而经济比较落后的国家（地区）的运输供给量则相对滞后。运输供给的不平衡性还表现在运输方向上，如矿区对外运矿（如煤）的运力需求要远远大于其他生产及生活资料的向内运输。为实现供需时空结合，企业运输车辆经常要付出空载行驶的代价。这种由于供给与需求之间的时间和空间的差异性所造成的生产与消费的差异，使运输供给必须承担运力损失、空载行驶等经济上的风险。

可见，在现实的运输服务过程中，运输供给同运输需求并不能完全吻合，运输供给或者满足不了运输需求，或者在满足运输需求的同时还有供给过剩。运输供给的这种不平衡是一种长期的、绝对的现象，这是由市场经济本身的供需理论和运输需求的特殊性决定的。所以，为了提高运输活动的经济效果，必须保证供需在时间与空间上的正确结合。这就要求国家做好宏观调控工作，也需要运输企业掌握市场信息，做好生产的组织与调整，运用科学管理方法提高管理水平。

3. 可替代性

运输供给由铁路、公路、水运、航空、管道等多种运输方式和多个运输生产者的生产能力构成。两地间的运输可由多种运输方式完成，并且一次运输也可由多个运输生产者承担，所以运输需求者可以根据实际情况，选择最佳的运输方式和运输供应商，运输生产者也可以在确定运输方案时选择合适的运输方式，这就是运输供给的可替代性。这种可替代性构成了运输从业者之间竞争的基础。

同时，由于运输产品在时间、空间上的限制，以及人们对运输服务的经济性、方便性和舒适性的要求等，不同运输方式间或同一运输方式中可替代性受到限制，这种限制又使得每种运输方式间或同种运输方式中具有差别的运输服务都可能在某一领域的运输供给上形成一定程度的垄断。另外，这种可替代性是有条件的，因为运输方式间存在差异性。例如，在国际贸易中，大宗货物的远洋运输一般只能选择海路的运输方式。因此，运输供给具有部分可替代性，它的可替代性和不可替代性是同时存在的，运输市场的供给既存在竞争也存在一定程度的垄断。

4. 外部性

外部性是指运输业向市场以外其他人强加的成本和利益，发达的运输可带动周边区域的经济发展。“要想富，先修路”说的就是运输业的正外部性，它能使区域繁荣、商品价格下降、地价上扬，产生巨大的经济效益，以至于大多数大城市均在沿海沿江交通便利的地域形成。例如，一条航线的开通，会为当地带来旅游业的发展；一条运输线路的开通，会带动沿线很多产业的发展。再如，城市新建成的轻轨，不仅方便了人们的出行，而且极大地带动了轻轨沿线的房地产业。可见，运输基础设施的建成和完善，对运输供给水平的提高能起到积极的作用，也会带动许多相关产业的发展。

同时，运输又具有巨大的负外部性。由运输活动带来的噪声和对空气、水等的环境污染，对能源和其他资源的过度消耗，以及交通拥堵等产生的成本消耗等均可能给整个社会造成经济损失。

运输业在获取利润的同时，将成本部分地转移到运输业的外部，即产生了成本转移。在这方面，运输供给所造成的大气污染、交通噪声、水体污染、交通拥挤、交通事故等都属于外部成本。

二、运输供给分析

（一）影响运输供给的宏观因素

1. 政治因素

运输业是国家重要的基础产业，不仅关系到一个国家的经济发展，而且关系到政治的稳定。因此，各国政府一般都对运输业实行不同程度的干预，运输政策便是影响运输供给的重要政治因素。运输政策是一个国家的政府为发展运输而制定的准则，是经济政策的组成部分。运输政策的制定要从经济、政治、军事以及国际社会等许多方面考虑。例如，交通运输的规划和建设，必须考虑到军事运输的需要，建好的战备线路平时可以用于民用运输。不同国情的国家在各自发展的不同时期，都制定出不同的运输政策。比如在航空运输发展初期，许多国家政府都实行保护和扶持政策，以加速航空业的发展，这无疑会给运输供给能力的提高提供有力的支持。联合国贸易和发展会议的调查表明，在被调查的主要航运国家中，各国政府无一例外地对本国的航运业实行保护和扶持政策，或是给予财政方面的支持，或是通过行政和法律手段保护本国航运企业的利益。有时，为了抑制某种运输供给的过快增长，政府会采取一定的限制措施。例如，近年来，某些城市出租汽车的运输供给增长迅猛，导致城市交通拥堵日益严重，地方政府相应地采取一定措施抑制这种过快的供给增长，防止这种情况的进一步恶化。

2. 经济因素

国家或地区的经济状况是影响运输供给的根本因素。一方面，经济发展导致更大的运输需求，从而拉动运输供给的提高；另一方面，运输基础设施和运输设备都需要大量资金，经济状况影响着运输供给的增加。可见，增加运输供给能力需要有较强的经济实力做后盾，只有经济水平提高了，才能加快一个国家或地区运输基础设施和设备的建设。从目前我国交通运输基础设施方面的建设状况来看，凡是运输供给条件比较好的地区，该地的经济发展水平也比较高。同时，经济体制也影响着运输供给能力。在市场经济条件下，交通运输设施的建设可以采取多元化的筹资方式，这样就能提高运输供给能力。

3. 社会因素

社会因素是指人们独特的生活方式和特定的行为规范，如信仰、准则、生活习惯等。

我国人口众多，各个地区的教育状况、价值观念、风俗习惯都不太一样，而且各地的社会发展水平不同，因此运输需求不同，运输供给也因此会表现出不同的特点。特别是随着我国经济的持续、快速、健康增长，以及我国居民收入和生活水平的逐步提高，人们的消费结构和消费观念也发生了变化，旅客和货主对运输提出了越来越高的要求，运输供给也因此受到影响。

4. 技术因素

科学技术是推动社会发展的第一生产力，也是影响运输供给的重要因素。随着科技的发展，人类的运输工具总是在不断地发展，从马车到汽车，从蒸汽机到磁悬浮列车，科技使运输生产效率和运输供给能力不断提高。例如，以蒸汽机发明引发的第一次科学技术革命使运输业进入了机器运输时代；第二次科学技术革命产生了内燃机火车和轮船，之后出现了汽车、飞机等现代运输工具；计算机和通信技术的发展使铁路运输实现了信号技术电子化，列车和编组站实现了自动控制，轮船、汽车、飞机实现了卫星导航和无人驾驶，这样运输企业就能够为需求者提供更快、更好的服务。可见，新型运输工具的出现、运输工具性能的重大改进，无一不与科技进步密切相关。同时，科学技术对于提高运输生产效率、降低运输成本、提高运输服务质量和生产的组织管理水平等也起着重要作用。

除了以上影响运输供给的宏观因素外，从微观经济角度来看，影响运输供给的因素还有运价、运输成本等。

（二）运输供给函数

运输供给函数是用函数形式表示运输供给量与影响因素之间的数量关系。这里运输供给是指在特定的时间、空间和一定的条件下，运输消费者愿意购买运输服务的数量。从时间上说，它可以是一年、一季、一月或一日的运输供给量；从空间上说，它可以是一个国家、一个地区、一条线路或一个方向的供给量；从运输方式上说，它可以是各种运输方式的总供给，也可以是某一种运输方式的供给量。

运输供给商能够并愿意提供的运输供给的数量与诸多因素有关，如运输产品的价格、运输成本、技术水平等。运输供给函数描述了运输供给量与影响运输供给的诸多因素间的相互关系，可表示为：

$$Q_S = f(p, x_1, x_2, x_3 \cdots)$$

式中：Q_S ——运输供给量；

p ——运输价格；

$x_1, x_2, x_3 \cdots$ ——分别表示除运输价格外的其他影响因素。

（三）运输供给曲线

在影响供给量的诸多因素中，运输价格是最灵敏、最重要的因素。在其他因素不变的情况下，运输价格同运输供给量的关系成正相关。运输供给曲线就是假定其他因素不变，反映运输供给量同价格之间关系的曲线。此时，运输供给函数可简化为：

$$Q_S = f(p)$$

一般情况下，Q_S与 P 同方向变化，即运输供给量随运价上涨而增加，随运价下跌而减少，这是运输供给的一般规律，如图 4－2 所示，S 为运输供给曲线。

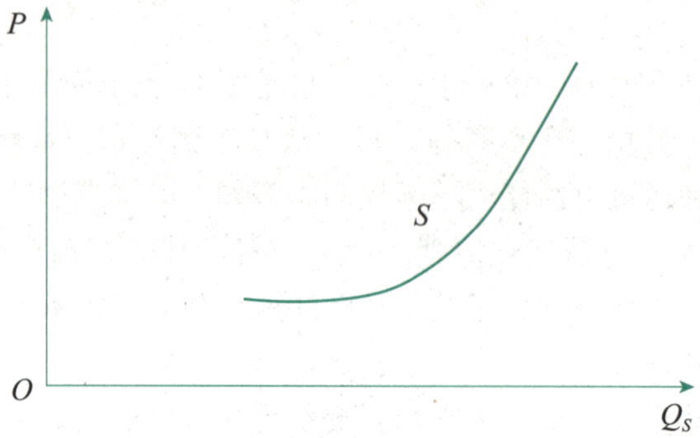

图 4－2　运输供给曲线

运输供给曲线可分为企业供给曲线和行业供给曲线，它们分别表示企业和行业提供运输服务的数量同运输价格之间的关系。在几何上，行业供给曲线可由企业供给曲线叠加而成，即将同一价格下的企业供给量相加，得到该价格下的行业供给量。

三、运输需求与运输供给均衡分析

运输成本

从市场经济角度看，运输由供给和需求两大领域构成。在运输市场上，供给和需求是一对矛盾统一体。需求是矛盾的主导方面，是供给的前提和基础，供给是随需求的产生而产生的，并随着需求的增长而增长。运输需求来自经济和社会的发展，运输供给是由运输业本身来提供的。因此如何通过市场来配置各种运输资源，使运输业的发展与经济社会发展相适应，即供给与需求的关系问题是运输经济关系研究中的永恒主题。

（一）运输供给与需求的关系

运输供给与需求的关系问题实质上就是运输业与经济社会发展的关系问题。运输供给与需求之间的相互作用表现为“交替推拉”效应，即在传统运输占主导地位时期，在一种新的运输方式诞生前后，经济发展所产生的需求给原有运输方式的压力越来越大，使其难以应付，于是开始孕育一种新的运输方式，以满足运输需求的增长，这时供给被需求拉动着向前发展；而新兴运输方式的产生与迅速发展，使得新兴运输方式的基建投资急剧增长，交通工业的发展促进了一批新兴产业的发展，这时运输业对经济的推动作用十分明显。经济的增长和发展又引起新的运输需求的产生和需求总量的扩张，需求总量的扩张又促进运输供给的增加，于是供给和需求就构成一条互为因果关系的链条，由此促成运输业发展与经济发展之间的联动效应，使之相互促进，波浪式地向前推进。

（二）供求变动及影响因素

运输需求是一定时期内货主或旅客向运输供给者提出的有支付能力的货物或旅客空间位移的要求。货运需求受自然条件、自然资源分布、生产力布局、经济规模和发展水平、产业结构与产品结构、人口增长与分布、经济体制与经济政策、运输网的布局等因素的影响。客运需求受商品经济的发展程度、居民生活收入水平高低、人口状况、经济体制约束、相关运输线路的开通、运价的变动、交通网的发达程度与汽车拥有量等因素的影响。在所有影响因素中，价格是最活跃的因素之一。一般将运输需求量的变化与运价变化（假设运价以外的因素都不变）之间关系的曲线称为运输需求曲线，而将运价以外的因素变动（假设运价不变）引起需求量的变动称为运输需求水平的变动。

如图 4－3 所示，运价由 P_0 下降至 P_1 时，需求量将由 Q_0 增加到 Q_1，运价变动与需求量的变动方向相反；而运价以外的因素变动引起需求量增加时会使整条需求曲线向右移动，即运输需求曲线由 D_0 右移至 D_1。

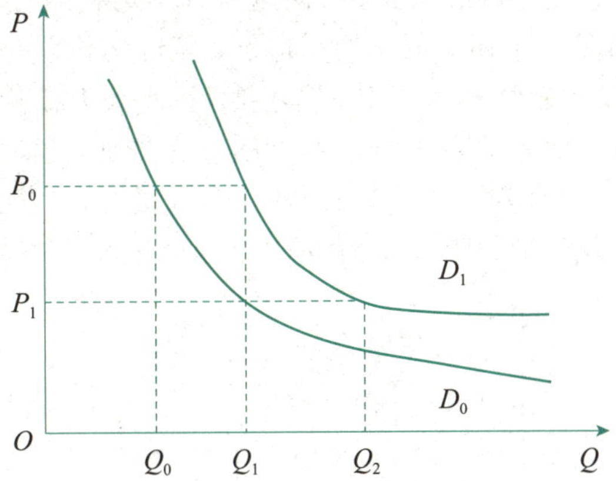

图 4－3　运输需求曲线

运输供给是在特定的时间内，在各种可能的运输价格水平上，供给者愿意并能够提供的运输产品或服务。从宏观上看，运输供给受经济总水平、交通建筑业的发展水平、运输制造业的发展水平等经济因素及政治因素和技术因素的影响。从微观上看，运输供给受运价及运输成本等因素的影响。一般假设运价以外的其他因素不变，运价变动引起供给量变动的曲线称为运输供给曲线；将运价以外的因素变动（假设运价不变）引起供给量的变动称为运输供给水平的变动。如图 4－4 所示，运价由 P_0 上升到 P_1 时，供给量也将由 Q_0 增加到 Q_1，供给量与运价呈现同方向变动。而运价以外的因素变动引起供给量增加时，整条运输供给曲线将由 S_0 右移至 S_1。

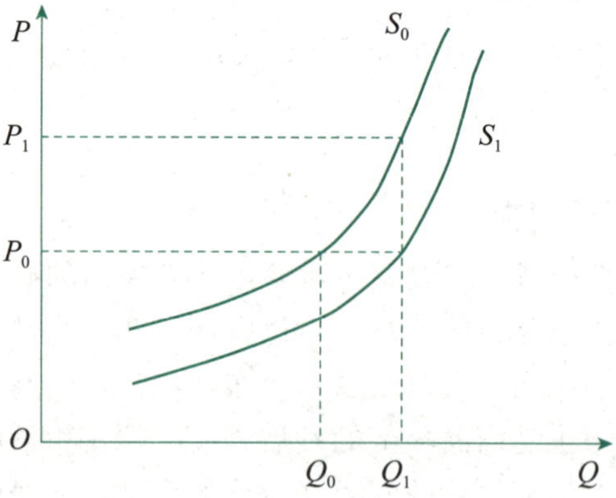

图 4-4 运输供给曲线

(三) 均衡运价及均衡运量的确定

在运输市场上，运输需求量和运输供给量达到均衡时，处于均衡状态。运输的需求价格和供给价格相一致时，这个价格称为均衡运价，此时的运输量即为均衡运量。若将运输需求和运输供给与运价的关系分别用 D 和 S 两条曲线表示，如图 4-5 所示，D 和 S 相交的点即为均衡点，交点 K 所对应的运价 P_0 和运量 Q_0 即为均衡运价和均衡运量。在实际中，供求完全均衡是很难或几乎不可能达到的。实际运价总是或低于或高于均衡运价，但无论实际运价是高于还是低于均衡运价，实际运价总是朝着均衡运价方向变动。在图 4-5 中，当实际运价 P_1 大于 P_0 时，供给量 Q_{S1} 大于需求量 Q_{D1}，供给过剩，运价将下降，运价的下降会引起供给量的减少和需求量的增加，这时运价 P_1 将趋近于 P_0。反之，当实际运价 P_2 小于 P_0 时，供给量 Q_{S2} 小于需求量 Q_{D2}，供给不足，运价将上升，运价的上升会引起供给量的增加和需求量的减少，这时运价 P_2 将趋近于 P_0。

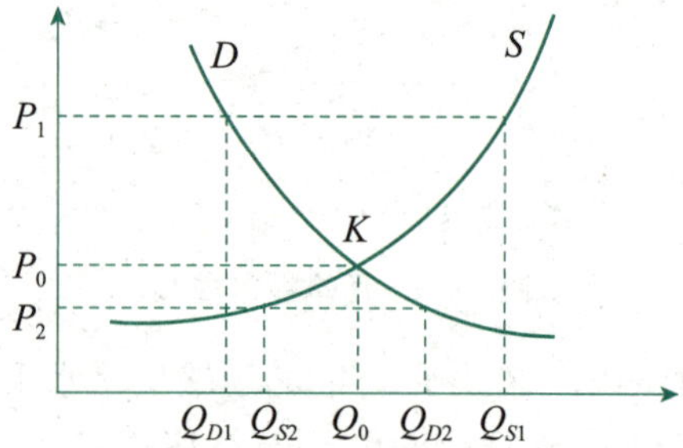

图 4-5 运输供需平衡图

运输供给和需求变动对均衡运价和均衡运量产生影响称为供求定理，即需求水平变动会引起均衡运价和均衡运量同方向变动，供给水平变动会引起均衡运量同方向变动及均衡运价反方向变动。当供给水平与需求水平同时变动时，均衡运价和均衡运量的变动有四种情形。

第一，当供给曲线和需求曲线同时右移时，均衡运量一定增加，均衡运价依据需求变化效应与供给变化效应相比较的不同情况而有不同的变化，当前者大于、等于、小于后者时，均衡运价分别提高、不变、下降。

第二，当需求曲线与供给曲线同时左移时，均衡运量一定减少，均衡运价亦然，供给变化效应与需求变化效应相比较的不同情况有所不同，当前者大于、等于、小于后者时，均衡运价分别下降、不变、提高。

第三，当需求曲线右移而供给曲线左移时，均衡运价一定提高，均衡运量则依据需求变化效应与供给变化效应而异，当前者大于、等于、小于后者时，均衡运量分别增加、不变、减少。

第四，当需求曲线左移而供给曲线右移时，均衡运价一定下降，均衡运量亦依据供给变化效应与需求变化效应而异，当前者大于、等于、小于后者时，均衡运量分别减少、不变、增加。

（四）供需均衡与短缺

在完全自由竞争的市场经济中，运输市场均衡左右着运输系统内、外部关系。但是，在有一定计划经济的市场中，对于交通运输这样一种基础设施的建设，还有运输短缺的因素在其中发挥着一定的作用。

短缺是匈牙利经济学家亚诺什·科尔内提出并加以重点分析的一个经济概念。短缺作为需求与供给差异的一种表征，反映了一定经济条件下生产不能满足需求的滞后现象。在我国运输领域中短缺现象极为明显，几十年来运输长期不适应运输需求的增长，已成为制约国民经济发展的重要因素。

项目小结

本项目主要介绍运输需求与供给。运输需求与运输供给是运输市场的两个基本方面，运输需求是运输供给产生的根源，是运输组织、运输规划的基础。运输市场上的供给行为完全取决于运输需求的分析与运输量预测。随着生产力水平的提高，人们的生活也不断发生着变化，进而导致了生产、生活消费模式的改变，这就要求运输供给方根据诸多要素进行运输供给分析，结合运输市场的整体情况有效开展运输组织工作，更好地满足运输需求。深入分析需求与供给对完善运输市场具有重要作用。

运输需求是一定时期内货主或旅客向运输供给者提出的有支付能力的货物或旅客空间位移的要求。

供给是指生产者在一定时期和一定价格水平下愿意并且能够提供的某种商品的数量。供给在市场上的实现要同时具备生产者有出售商品的愿望和生产者有生产的能力两个条件。运输供给与一般商品和服务的供给相比有很大的差异。运输供给的特征包括非储存性、不平衡性、可替代性、外部性等，受到的影响因素是多样的。

职业能力训练

思考与练习题

一、单项选择题

1. 运输需求的（　　）是指一定时期内运输需求量的时间分布所呈现出来的不均衡状态。

A. 派生性　　B. 经济性　　C. 波动性　　D. 替代性

2. 为了实现供需时空结合，企业要经常付出空载行驶的代价，这是由于（　　）。

A. 运输供给的时空差异性　　B. 运输供给的不平衡性

C. 运输供给的不可替代性　　D. 运输供给的不可存储性

3. 在一定的时间、空间等条件下，运输消费者愿意购买且能够购买的运输服务的数量称为（　　）。

A. 运输工作量　　B. 运输需求量

C. 运输供给量　　D. 运输周转量

4. 在市场经济条件下，运输价格是由运输产品的（　　）决定的。

A. 需求价格　　B. 供给价格

C. 需求价格和供给价格　　D. 成本价格

5. 运输供给曲线是指在其他因素不变的情况下，反映运输供给量与（　　）之间关系的曲线。

A. 运输需求量　　B. 运输周转量

C. 运输成本　　D. 运输价格

二、多项选择题

1. 下列可能导致均衡运量减少的是（　　）。

A. 供给不变，需求减少　　B. 需求不变，供给增加

C. 供给不变，需求增加　　D. 需求不变，供给减少

2. 下列可能导致均衡运量增加的是（　　）。

A. 供给不变，需求减少　　B. 需求不变，供给增加

C. 供给不变，需求增加　　D. 需求不变，供给减少

3. 在需求、供给均增加的情况下，下列有关供需均衡描述正确的是（　　）。

A. 均衡运量增加　　B. 均衡运量减少

C. 均衡运输价格上升　　D. 均衡运输价格变动不确定

4. 下列属于运输需求特点的有（　　）。

A. 波动性　　B. 多样性　　C. 替代性　　D. 派生性

三、判断题

1. 在影响供给量的诸多因素中，运输价格是最灵敏、最重要的因素。(　　)

2. 供给在市场上的实现要同时具备生产者有出售商品的愿望及生产者有生产的能力两个条件。(　　)

3. 运输需求是一定时期内货主或旅客向运输提供者提出的有支付能力的货物或旅客空间位移的要求。(　　)

4. 运输需求的内在实质表现为运输需求的时间效用和运输需求的经济性。(　　)

5. 运输需求的内在实质表现为运输需求的派生效用和运输需求的经济性。(　　)

综合实训项目

宁波航运交易所发布的海上丝绸之路指数（简称“海上丝路指数”）之宁波出口集装箱运价指数（NCFI）报收于 614.1 点，较前一周下跌 3.7%。21 条航线中有 4 条航线运价指数上涨，17 条航线运价指数下跌。“海上丝绸之路”沿线地区主要港口中，5 个港口运价指数上涨，11 个港口运价指数下跌。

欧地航线：供需关系缓和

运价波动趋于稳定，欧洲航线市场货量开始逐渐恢复，加之班轮公司控制一定比例的停航，供需关系有所缓和，航线运价波动趋于稳定。地中海航线运价继续下跌。欧洲航线运价指数为 546.7 点，较前一周上涨 1.6%；地东航线运价指数为 876.1 点，较前一周下跌 5.8%；地西航线运价指数为 1 003.4 点，较前一周下跌 1.3%。

北美航线：货量总体不足

运价小幅下调，市场货量总体不足，部分班轮公司为维持装载率小幅下调运价。美东航线运价指数为 713.3 点，较前一周下跌 4.3%；美西航线运价指数为 659.7 点，较前一周下跌 3.2%。

中东航线：需求持续低迷

运价继续下跌，运输需求持续低迷，市场舱位供给过剩，报告期内市场订舱价格继续下跌。中东航线指数为 537.7 点，较前一周下跌 8.2%。

南非航线：货量恢复不足

运价跌幅扩大，货量恢复不及预期，班轮公司纷纷下调运价，即期市场订舱价格跌幅扩大。南非航线运价指数为 1 091.5 点，较前一周下跌 17.5%。

资料来源：钱杭璐．运输需求恢复缓慢　综合指数跌势未止——“海上丝绸之路”宁波出口集装箱运价指数周报（3.4—3.10）．中国航务周刊，2023（11）.

请回答下列问题：

1. 通过运输需求和运输供给来分析各个航线供需变化的原因。

2. 根据世界经济大环境的影响，分析地方运输供需平衡及相应的应对政策。

项目五
物流运输组织管理

【学习目标】

※ 知识目标

1. 熟悉整车货物运输的受理工作内容和方法，组织装车、核算制票、运输途中作业、货物到达作业
2. 掌握零担运输托运受理作业的内容和要求
3. 掌握零担货物运输配载装车的原则
4. 了解常见危险货物的分类及特征、冷藏货物的运输特点、大件货物和贵重货物的运输组织
5. 掌握危险货物、大件货物和贵重货物的运输作业流程
6. 掌握集装箱货运种类、运输要求
7. 熟悉多式联运特征及国际多式联运经营人类型

※ 能力目标

1. 能够完成整车货物的受理工作
2. 能组织、设计并优化整车货物运输作业流程
3. 能根据运输需求合理选择车辆并制定配载方案
4. 能设计零担货物运输组织方案并组织实施和计算运费

5. 能正确识别危险货物，制定大件货物运输组织方案
6. 能正确区分各种不同国际标准的集装箱
7. 能根据实际需要选择多式联运组织形式

※ 素养目标

1. 了解集装箱运输，激发对集装运输历史的兴趣和钻研精神
2. 学习国际多式联运，激发团结协作精神
3. 学习车辆配载，培养精益求精的工匠精神

【引例】

中韩整车运输模式——助力国际物流一体化协同发展

2023 年 2 月 24 日，我国交通运输部、海关总署与韩国国土交通部、关税厅签署《关于中韩多式联运（威海—仁川）试运行的谅解备忘录》（以下简称《谅解备忘录》）。中韩双方在《谅解备忘录》中商定开展的整车运输多式联运项目，作为东北亚地区“海陆空一体＋滚装整车”国际多式联运模式创新，将有力地促进中韩两国集货、通关、运输、分拨等国际物流一体化协同发展。

中韩多式联运（威海—仁川）试运行，是指基于双方商定的由陆运、海运组成的固定线路，服务于空运货物的多式联运试运行项目，试运行为期 6 个月，旨在为后期中韩陆海联运整车运输的全面实施提供试点基础。该项目构建起了以威海和仁川为支点的中韩物流黄金通道，建立海陆空立体交通体系。

此次试运行，双方商定的路线为威海大水泊机场（含威海综合保税区）—威海港（中方机场和港口）—仁川港—仁川国际机场（含仁川机场自贸区）（韩方机场和港口），可以双向行驶。货物装卸区域仅限于威海大水泊机场（含威海综合保税区）和仁川国际机场（含仁川机场自贸区）。货运车辆严格按照约定的路线行驶，不得偏离。试运行期间，试运行车辆均需要安装卫星定位跟踪装置，运行状况和运输路线实时进行动态监控。

此次试运行主要采取整车运输模式，装载货物的运输车辆从空港（含综保区）出发至海港后，通过威海与仁川之间的中韩客货班轮航线，直接运送到对方国家，入境抵达对方城市海港后，不需要换乘对方国家的运输工具，由原车直接按固定线路将货物送往对方城市空港（含综保区）。

试运行活动的陆路运输部分主要由中国外运华中有限公司和韩国 LX 汎韩物流株式会社参与，航运部分由威东航运有限公司承运。

两国运输车辆的管理参照了中国与其他国家多双边汽车运输协定的做法，车辆必须使用各自国籍识别标志，满足另一方国家关于车辆安全标准、技术标准和环境标准（包括燃料和废气的有关标准），携带本国的车辆登记号码牌、车辆登记证明、安全检查标志和证件及其相关翻译件，购买相应的强制保险，不得从事起讫点均在另一国的国内运输。

在实施行车许可证制度方面，一国车辆进入另一国境内时，必须持有另一国有关管理机构签发的行车许可证。签发行车许可证时，管理机构将对车辆进行检验，检验合格后，方可颁发行车许可证。每车发放一份行车许可证，并且一次往返作业有效，返回本国时，需要将行车许可证交回签发的管理机构。

陆海联运汽车货物运输作为适应国际运输小批量、多批次、安全性高的一种运输方式，在海运环节采取整车滚装上下船，在陆海联运基础上拓展延伸了空运链条，是两国之间实施海陆空多式联运开展国际道路货物运输的创新，有利于降低中韩物流成本、提高流通效率。

该模式相比其他口岸合作模式，时效性更强。中方出口货物装车从威海港搭乘晚间班轮，次日上午到达仁川港后，直达仁川国际机场，当天即可通过仁川国际机场航班发运至欧美等国家，相比现行海空模式提速 5 小时左右。中方进口货物可在仁川国际机场集结后，一站式抵达威海综合保税区，2～3 日内辐射华北、华东地区。

整车运输模式有效地减少了场站集拼、转运环节和换车吊装，最大限度地减轻了对防震性要求比较高、不易多次装卸货物的影响，为精密仪器、特种设备等高货值商品运输提供个性化物流服务，安全性更高。整车运输可根据货物重量、体积、大小调配装具及车辆，实现灵活装载，既可以使用小型厢式货车，也可以使用重型货车。以中方货物为例，其项目创新在于节省货物上下船的装卸以及换车的环节；同时，由于原海空联运模式只能赶第二天空运航班，整车减少了这些环节，可以赶当天晚上航班，实际时效上提前了一天。

陆海联运组织模式将公路货运的灵活性和水运的经济性优势进一步叠加，货物不再需要更换集装箱或运输车辆，节省了港口装卸、换装环节及费用，“点到点”运输预计降低整体物流成本的约 30%，更经济环保。

除了本身项目所具有的优势外，此次试运行也是中韩双方互利共赢的项目：对中方而言，通过交通合作为贸易便利做好“交通先行官”；对于韩方而言，也将扩大其承运的韩国远洋、航空物流货物，为仁川国际机场吸引更多其他的中国货物，满足其转口货物运输的需求。

资料来源：中韩“四港联动”助力国际物流一体化协同发展．(2023-03-01)[2023-10-12]．腾讯网．

案例思考：

1. 中韩整车运输的开通带来了哪些经济效益？
2. 中韩整车运输在流程上有哪些简化？

任务一
整车运输管理

一、整车货物运输概述

（一）整车货物运输的含义

根据公路货物运输的规定，整车货物运输是指一次托运的货物在3t（含3t）以上，或虽不足3t，但其性质、体积、形状需要一辆3t以上货车运输。

整车运输管理

（二）整车货物运输的特点

为了明确运输责任，整车货物运输通常是一张车票、一个发货人。为此，公路货物运输企业应选派额定载重量（以车辆管理机关核发的行车执照上标记的载重量为准）与托运量相适应的车辆装运整车货物。一个托运人托运整车货物的重量（毛重）如果低于车辆额定载重量，为合理使用车辆的载重能力，可以拼装另一托运人托运的货物，即一车两票或一车多票，但货物总重量不得超过车辆额定载重量。

整车货物多点装卸，按全程合计最大载重量计重，最大载重量不足车辆额定载重量时，按车辆额定载重量计算。

托运整车货物的办理由托运人自理装车，不足车辆标记载重量时，按车辆标记载重量核收运费。

整车货物一般不需要中间环节或中间环节很少，送达时间短，相应的货运集散成本较低。涉及城市间或过境贸易的长途运输与集散，如国际贸易中的进出口商通常乐意采用以整车为基本单位签订贸易合同，以便充分实现整车货物运输的快速、方便、经济、可靠等优点。

（三）整车货物的受理范围

普通整车货物与普通零担货物一样，在受理时必须满足质量、体积和性质方面的限制条件。

从货物质量来看，整批货物质量在3t及以上、单件货物质量在200kg以上的货物应该作为整车货物受理。

从货物体积来看，单件货物体积大于1.5m^3，或者长度超过3.5m，或者宽度超过

1.5m，或者高度超过 1.3m 的货物也要作为整车货物受理。

判断一批货物是零担货物还是整车货物的依据不完全取决于货物数量、体积或形状，还应考虑货物的性质。必须按整车办理的货物主要包括以下 5 类：

（1）需要冷藏、保温运输的鲜活易腐货物和活动物，如肉、鱼、蛋、水果、蔬菜、鲜活植物以及活的牛、羊、猪等。

（2）不能与其他货物拼装运输的危险货物，如炸药、烟花、化学品等。

（3）易于污染其他货物的不洁货物，如炭黑、皮毛、垃圾等。

（4）需要用专车运输的货物，如粮食、粉剂类散装货、蜂蜜等。

（5）不易于计数的散装货物，如煤、焦炭、矿石、矿砂等。

（四）整车货物运输的生产过程及组织的原则

1. 整车货物运输生产过程的构成

整车货物运输的生产过程由四部分组成：运输准备过程、基本运输过程、辅助运输过程和运输服务过程。这是一个多环节、多工种的联合作业系统，是社会物流必不可少的、重要的服务过程。这四部分相互联系、相互作用。

（1）运输准备过程。运输准备过程又称运输生产技术准备过程，这个过程包括车型选择、线路选择、装卸设备配置、运输过程的装卸工艺设计等内容，是货物进行运输前所做的各项技术性准备工作。

（2）基本运输过程。这个过程包括起始站装货、车辆运行、终点站卸货等作业过程。它是运输生产过程的主体，主要完成货物由起运地到目的地的空间位移。

（3）辅助运输过程。这个过程主要包括车辆、装卸设备、承载器具、专用设施的维护、保护与修理作业，以及各种商务事故、行车事故的预防与处理工作和营业收入的结算工作等，是为保证基本运输过程的正常进行所进行的各种辅助性生产活动的总称。辅助运输过程本身不直接构成货物位移的运输活动。

（4）运输服务过程。这个过程是为了基本运输过程和辅助运输过程顺利开展而进行的各种服务工作和活动的总称，例如各种行车材料、配件的供应，代办货物储存、包装、保险业务。

以上四个过程的划分是相对的，它们四者之间既相对独立，又相互关联。通过以上四个过程的衔接，把基本运输过程与物流过程的各个功能环节有机地协调、统一起来，以使整个运输过程的质量得以提高。

2. 整车货物运输生产过程组织的原则

整车货物运输的生产过程只是提供空间位移的效用，它不像工业企业的生产过程一样，可以提供新的有形的物资产品。这一点是运输生产过程和工业企业的生产过程的不同之处。运输生产与运输消费同时发生、同时结束，因而能储存，但不能调拨，所以，应尽可能地压缩货物的承运、运行、交付的时间，这样不仅加速了运输生产过程，加快了车辆周转，给运输企业带来经济效益，而且节约了货物在途时间，也减少了途中货物数量与质量的损失，使商品能够提前供应生产和消费，减少国民经济的建设资金在流通领域内的积压，给全社会带来良好的效益。

整车货物运输生产过程的组织与企业的服务项目、经营规模、车型结构、营运范围、经营组织、经营方式，以及市场货源充沛程度、货流在时间上和空间上的分布、服务要求等有密切关系。尽管企业有各自的特点，但就运输生产过程组织而言，最基本的原则有以下几点：

（1）连续性。连续性是指运输过程的各个生产环节、各项作业之间不能中断，在时间上要紧密衔接和连续进行，不因各种不合理的事项而出现中断现象。只有保持连续性，运输服务过程中的各项作业才能很好地衔接起来，不发生或少发生不必要的停留和等待现象。连续性可以缩短货物的在途时间，提高运送速度；可以有效地利用车辆、站场和仓库，提高设备利用率；可以改善运输服务质量，节约运输时间与费用。连续性是提供较高的运输服务水平、获得较高劳动生产率的重要因素。

（2）协调性。协调性是指运输过程中的各个环节、各项作业之间，在时间上尽可能保持平行关系，在生产能力上保持比例关系。这两方面关系的实现就可以在确保运输服务质量的前提下，使所配备的生产人员、车辆、运输设施在数量上协调配合，不致发生失调、脱节等现象。

①运输过程的协调性是现代化大生产的客观要求，是劳动分工与协作的必然结果。将运输过程的各个环节、各项作业，在安排生产能力上保持协调性，既可以提高旅客或货物的运送速度，又可以提高车辆、设备、站场等设施设备、工具的利用率和劳动生产率，进一步提高运输过程的连续性。

②在整车货物运输生产活动中，货流的变化、技术组织条件的改变、经营机制的不断完善等，都会使各个生产环节、各个作业生产能力和作业安排发生较大改变。因此，为了适应协调性作业的要求，必须时刻注意，在发现薄弱环节时，及时采取有效的措施加以改善。

③运输生产本身是一个综合性的生产过程，虽然车辆的运行组织主要是由业务、调度、车队、车站负责，但是运行物资供应、人力调配、资金供应、生活管理、站务工作等直接或间接地与这些相关部门有关，只有各职能部门通力合作，密切协调，提高本身的工作效率，为下一环节创造有利的工作条件，才能保证运输生产过程有最优的利用效果。因此在强调运输生产过程的协调性时，要特别强调企业各职能部门的协调配合。

（3）均衡性。均衡性是指企业内部各个生产环节在同一时期内工作量上要保持均衡，即同一时期内，完成大致相等的工作量或稳步递增的工作量，避免出现时松时紧、前松后紧等情况。均衡性要求是保障运行安全、可靠的重要基础。保持运输过程的均衡性有利于企业保持正常的生产秩序，有利于提高车辆、站场、设备、仓库的利用率，有利于提高行车安全和提高运输服务质量。这里需要指出的是，运输过程要充分体现其服务性，其均衡性要求只能是相对的，是以满足货主的要求为前提的，但是，作为运输过程的组织者应当尽量做到车辆、人员负荷的相对均衡。

为了做到运输过程的均衡性，物流运输企业应当运用现代市场营销观念，采用合同运输等方式，与货主建立长期、稳定的运输服务合作关系。

综上所述，组织运输生产过程的连续性、协调性、均衡性要求，是以整车货物运输企业服务于社会、货主的现代市场营销思想为指导的。因此，必须以系统观念看待运输生产过程的各项基本要求，不能片面地强调某一项要求而放弃其他各项要求。物流运输企业应按照组织运输生产过程的基本要求，以所承担的运输业务量和拥有的运输能力相适应为基础，即以企业配备的车辆、装卸机具、维修设备、站场设施、职工数量及构成情况要与企业承担的运输业务量相适应为前提条件，否则，片面追求某一个原则，往往适得其反。

二、整车货物运输业务

整车货物运输过程，简称货运过程，是指托运货物从受理开始，到交付收货人为止的生产过程。货运过程一般包括货物装运前的准备工作、装车、运送、卸车、保管和交付等几个环节。只有在完成了上述各项环节的作业后，才能实现货物空间位置的转移。车站是开始货物运输和结束货物运输的营业场所。

整车货物运输站务工作有发送、途中和到达三个阶段。其内容包括：受理托运、组织装车、核算制票、运输途中作业、货物到达作业等。

（一）受理托运

受理托运是整车运输业务的第一步，必须做好包装货物、确定重量和填写单据等工作。

1. 包装货物

货物的包装属于物资部门的职责范围。为了保证货物在运输过程中的完好和便于装载，发货人在托运货物之前，应按国家标准以及有关规定进行包装，凡是没有被列入“标准要求”的货物，发货人应根据托运货物的质量、性质、运距、道路、气候等条件，按运输工作的需要做好包装工作。车站对发货人托运的货物，应认真检查其包装质量，发现货物包装不符合要求时，应建议并督促发货人将其货物按有关规定包装，然后再行承运。凡在搬运、装卸、运送或保管过程中，需要加以特别注意的货物，托运方除必须改善包装外，还应在每件货物外包装明显处，贴上货物运输指示标志。

2. 确定重量

货物的重量不仅是企业统计运输工作量和核算货物运费的依据，而且与车辆载重量的充分利用、保证行车安全和货物完好有很大关系。

货物重量分为实际重量和计费重量，货物重量的确定必须做到准确无误。

货物有实重货物与轻浮货物之分。轻浮货物是指 1kg 重的货物、体积超过 $4dm^3$ 或每立方米重量不足 250kg 的货物，反之为实重货物。公路货物运输经营者承运有标准重量的整车实重货物，一般由发货人提出重量或件数，经车站认可后承运。

货物重量应包括其包装重量。

3. 填写单据

发货人托运货物时，应向货物起运地车站办理托运手续，并填写货物托运单（或称运单），作为书面申请。

受理托运工作应做到：

（1）托运人及收货人的名称、联系人、地址、电话要准确；

（2）起讫站名、装卸货物地址要详细；

（3）货物名称、规格、性质、状态、数量、重量应齐全、准确；

（4）应选择合理的运输路线；

（5）有关证明文件、货运资料应齐全；

（6）危险货物、特种货物应说明运输要求、采取的措施、预防的方法；

（7）运费结算单的托收银行、户名、账号要准确。

货物托运单样例见表 5－1。

表 5－1　货物托运单

运单编号：　　　　　　　　填写日期：____年____月____日

托运人		地址		电话	
发货人		地址		电话	
收货人		地址		电话	
付款人		地址		电话	
约定起运时间	月　日	约定到达时间	月　日	运输工具	
装货地点		卸货地点		计费里程	

名称	包装形式	件数	体积（立方米）	件重（千克）	质量（吨）	保险保价	货物等级	计费项目	
								运费	装卸费

合计金额	人民币（大写）____万____仟____佰____拾____元整		
托运人记载事项		承运人记载事项	
付款人银行账号		承运人银行账号	

注意事项	1. 货物名称应填写具体品名，若货物品名过多，则不能在运单内逐一填写，须另附物品清单。2. 填在一张货物运单内的货物必须是同一托运人，对拼装分卸货物，应将每一拼装或分卸情况在运单记事栏内注明。3. 易蚀货物、易碎货物、易溢漏的液体、危险货物与普通货物以及性质相抵触、运输条件不同的货物，不得用同一张运单托运。4. 保险或保价货物，在相应价格栏中填写货物声明价格。5. 托运人、承运人修改运单时，须签字盖章。6. 本运单一式两份，一份作为受理存根，一份作为托运回执。

托运人签章	年　月　日	承运人签章	年　月　日

在实践中，货物托运应注意如下事项：

（1）在办理货物托运时，如果客户是电话通知，运输公司工作人员一定要有书面记录，记录内容包括客户名、货物名、数量、规格、装卸地、发车时间等关键要素。许多公司往往会在此环节出现问题，以致发车受阻。

（2）最好要求客户通过传真、E-mail 等形式下达货运任务，如果是临时电话通知，则要求以后补上书面通知。书面通知是运输的一个重要凭证。

（3）如果是企业内部运输，就应把用车部门或用车人看成客户去要求和对待。

无论是货物交给道路运输企业运输，还是道路运输企业主动承揽货物，都必须由货主和承运企业双方办理托运手续。整车货物运输受理托运的主要方法如下：

（1）登门受理。由运输部门派人去客户单位办理承托手续。

（2）下产地受理。在农产品上市时节，运输部门下产地联系运输事宜。

（3）现场受理。在省、市、地区等召开物资分配、订货、展销、交流会议期间，运输部门在会议现场设立临时托运点或服务点，现场办理托运。

（4）驻点受理。对生产量较大、调拨集中、对口供应的单位，以及货物集散的车站、码头、港口、矿山、油田、基建工地等单位，运输部门可设点或巡回办理托运。

（5）异地受理。对于企业单位在外地的整车货物，运输部门根据具体情况，可向本地运输部门办理托运、要车等手续。

（6）电话、传真、信函、网上托运。经运输部门认可，本地或外地的货主单位可采用电话、传真、信函、网上托运，由运输部门的业务人员受理登记，代填托运单。

（7）签订运输合同。根据承托双方签订的运输合同或协议，办理货物运输。对于长期货运合同，每一次提货同样也要办理提货手续。

（8）站台受理。货物托运单位派人直接到运输部门办理托运。

（二）组织装车

货物装车前必须对车辆进行技术检查和货运检查，以确保其运输安全和货物完好。装车时要努力改进装载技术，在严格执行货物装载规定的前提下，以充分利用车辆的载重量和容积。货物装车后，应严格检查货物的装载情况是否符合规定的技术条件。

（三）核算制票

发货人办理货物运输时，应按规定向车站缴纳运杂费，并领取承运凭证即货票。它标志着企业对发货人托运的货物开始承担运送义务和责任。

（四）运输途中作业

途中站务工作是货物在运送途中发生的各项货运作业的统称，主要包括途中货物交接、途中货物整理或换装等内容。

1. 途中货物交接

货物在运输途中如发生装卸、换装、保管等作业，驾驶员之间、驾驶员与站务员之间，应认真办理交接手续。这样做的目的一是保证货物运输的安全与完好，二是便于划清企业内部的运输责任。一般情况下，交接双方可按货车现状及货物装载状态来进行，必要时，可按货物件数和质量交接。如果接收方发现有异常情况，应由交出方编制记录备案。

2. 途中货物整理或换装

货物在运输途中如发现有异常情况出现（如装载偏重或超重、货物洒漏、车辆技术状况不良、货物装载状态有异状、加固材料折断或损坏、货车篷布遮盖不严或捆绑不牢等），有可能危及行车安全和货物完好时，应及时采取措施，对货物加以整理或换装，必要时调换车辆，同时登记备案。

3. 实践中运输途中作业的注意事项

（1）在运输途中，驾驶员或押运人员要不时地检查车内货物，尤其是要防止货物由于路途不平、车辆颠簸造成松动。如有异常情况，要及时解决。

（2）如果遇上交通堵塞、交通事故，可能会延误到达目的地的时间，要通过电话、手机通知公司或直接通知客户，以便采取措施。

（3）如果是拼装货物，途中有不同的卸货点，要特别注意不要误卸货物，否则将造成很大的损失。

（4）遇上大雨、大雪等恶劣天气，应以保护货物为首要任务。

（5）如果是冷藏运输，途中还需要维持和记录冷藏机的温度。

（五）货物到达作业

货物在到达站发生的各项货运作业统称为到达站务工作，主要包括货运票据的交接、货物卸车、保管和交付等内容。

车辆装运货物抵达卸车地点后，收货人或车站货运员应组织卸车。卸车时，对卸下货物的品名、件数、包装和货物状态等应作必要的核查。

整车货物一般直接卸在收货人仓库或货场内，由收货人自理。收货人确认卸下货物无误并在货票上签收后，货物即交付完毕。货物在到达地向收货人办完交付手续后，全部运输过程才结束。

三、整车货物运输结算

（一）货物托运单

货物托运单是货物托运的单据，载明了托运货物的名称、规格、件数、包装、重量、体积，以及货物保险保价、发（收）货人姓名和地址、货物装卸地点以及与承托双方有关的货运事项。它是发货人托运货物的原始依据，也是车站承运货物的原始凭证，上面明确规定了承托双方在货物运输过程中的权利、义务和责任等事项。车站在接到发货人提出的货物托运单后，应认真审查，确认无误后办理登记手续。

货物托运单样例见表 5－2。

表 5－2 货物托运单

<table>
<tr><td colspan="6">运单编号：20××060901</td><td colspan="4">填写日期：20××年 6 月 9 日</td></tr>
<tr><td colspan="2">托运人</td><td colspan="2">浙江省义乌市旷亮饮料有限公司</td><td>地址</td><td colspan="2">义乌市万达路 118 号</td><td>电话</td><td colspan="2">0579－8737××××</td></tr>
<tr><td colspan="2">发货人</td><td colspan="2">王明</td><td>地址</td><td colspan="2">义乌市万达路 118 号</td><td>电话</td><td colspan="2">1390215××××</td></tr>
<tr><td colspan="2">收货人</td><td colspan="2">李荣</td><td>地址</td><td colspan="2">天津市南开区光荣大街 206 号</td><td>电话</td><td colspan="2">1392004××××</td></tr>
<tr><td colspan="2">付款人</td><td colspan="2">王明</td><td>地址</td><td colspan="2">义乌市万达路 118 号</td><td>电话</td><td colspan="2">1390215××××</td></tr>
<tr><td colspan="2">约定起运时间</td><td colspan="2">6 月 11 日</td><td>约定到达时间</td><td colspan="2">6 月 11 日</td><td>运输工具</td><td colspan="2"></td></tr>
<tr><td colspan="2">装货地点</td><td colspan="2">南京市江宁区农光里 118 号</td><td>卸货地点</td><td colspan="2">天津市南开区光荣大街 206 号</td><td>计费里程</td><td colspan="2">990 千米</td></tr>
<tr><td rowspan="2">名称</td><td rowspan="2">包装形式</td><td rowspan="2">件数</td><td rowspan="2">体积（立方米）</td><td rowspan="2">件重（千克）</td><td rowspan="2">质量（吨）</td><td rowspan="2">保险保价</td><td rowspan="2">货物等级</td><td colspan="2">计费项目</td></tr>
<tr><td>运费</td><td>4 633</td></tr>
<tr><td>苹果汁</td><td>纸箱</td><td>100</td><td>6.5</td><td>2.3</td><td>0.23</td><td></td><td>三等</td><td>装卸费</td><td>80</td></tr>
<tr><td>橙汁</td><td>纸箱</td><td>200</td><td>6.5</td><td>1.15</td><td>0.23</td><td></td><td>三等</td><td>过路费</td><td>400</td></tr>
<tr><td>蓝莓汁</td><td>纸箱</td><td>200</td><td>7.0</td><td>1.3</td><td>0.26</td><td></td><td>三等</td><td></td><td></td></tr>
<tr><td>合计金额</td><td colspan="9">5 113 元人民币（大写）零万伍仟壹佰壹拾叁元整</td></tr>
<tr><td colspan="3">托运人记载事项</td><td colspan="2">GPS 实时跟踪</td><td colspan="2">承运人记载事项</td><td colspan="3"></td></tr>
<tr><td colspan="3">付款人银行账号</td><td colspan="2"></td><td colspan="2">承运人银行账号</td><td colspan="3"></td></tr>
<tr><td colspan="3">注意事项</td><td colspan="7">1. 货物名称应填写具体品名。若货物品名过多，则不能在运单内逐一填写，须另附物品清单。2. 填在一张货物运单内的货物必须是同一托运人，对拼装分卸货物，应将每一拼装或分卸情况在运单记事栏内注明。3. 易蚀货物、易碎货物、易溢漏液体、危险货物与普通货物以及性质相抵触、运输条件不同的货物，不得用同一张运单托运。4. 保险或保价货物，在相应价格栏中填写货物声明价格。5. 托运人、承运人修改运单时，须签字盖章。6. 本运单一式两份，一份作为受理存根，一份作为托运回执。</td></tr>
<tr><td colspan="3">托运人签章</td><td colspan="2">王明 20××年 6 月 9 日</td><td colspan="2">承运人签章</td><td colspan="3">刘青 20××年 6 月 9 日</td></tr>
</table>

（二）货票与运杂费核算

货票是一种财务性质的票据，它是根据货物托运单据填制的。公路货物运输货票内载明了货物装卸地点、发（收）货人姓名和地址、货物名称、包装、件数和重量、计费里程和计费重量、运费与杂费等事项。在发站，它是向发货人核收运费的收费依据；在到站，它是与收货人办理货物交付的凭证之一。此外，货票也是企业统计完成货运量、核算营运收入及计算有关货运工作指标的原始凭证。

发货人办理货物托运时，应按规定向车站缴纳运杂费，并领取相应的货票。

始发站在货物托运单和货票上加盖承运日期之时即算承运，承运标志着企业对发货人托运的货物开始承担运送义务和相应的责任。

整车货物一般直接卸在收货人仓库或货场内，并由收货人自理。收货人确认所卸货物与货票上无误后，在货票上签收，货物交付即算完毕。

以公路运输为例：货主向运输部门支付托运货物的基本费用为运费，公路货物运输部门向货主收取除运费以外的其他费用称为杂费，运费和杂费总称为运杂费。

一般情况下，运杂费的核算可按如图 5－1 所示的作业程序进行。

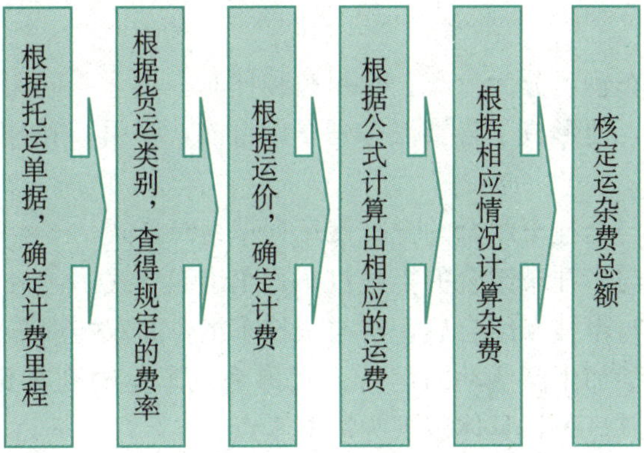

图 5－1 运杂费的核算

其中第四步的公式是：

$$F=WLP$$

式中：

F——运费（元）；

W——计费重量（t）；

L——计费里程（km）；

P——运价（元/t·km）

【例 5－1】宁波市某物流公司要从公司装运 5 000 台洗衣机送往 A 市一个批发中心。A 市的批发中心确定这批货物的标准运输时间为 3 天，如果超出标准时间，每台洗衣机每天的机会成本是 5 元。该物流公司的物流经理设计了两种物流方案。

方案A：选择公路运输，可以按照优惠费率每千米0.15元/台来运送这批洗衣机，装卸费为每台0.10元。已知宁波市到A市的公路运输里程为700km，估计需要2天的时间可以运到（因为货物装卸也需要时间）。

方案B：选择铁路运输企业，宁波市到A市的铁路运输里程为900km，然后再用汽车从火车站运往A市批发中心（20km）。由于中转的过程中需要装卸，因此整个运输时间大约为5天。询价后得知，铁路运输费用为每千米0.06元/台，装卸费为每台0.10元。汽车运费率同方案A。

资料来源：杨文忠．物流管理实务．北京：科学出版社，2010.

实训问题：

（1）如果你是该项目负责人，从运输方式优缺点的角度如何选择运输方式？

（2）从运输费用角度如何选择运输方案使得运输费用较少？

四、整车货物拖挂运输管理

（一）拖挂运输

公路货物运输的车辆可分为汽车、牵引车和挂车三类。不同用途的车辆按照一定的要求进行组合、搭配，便形成了各类汽车列车。目前，牵引车和挂车的组合形式主要有以下几种：

（1）全挂牵引车与全挂车组合的全挂汽车列车组织形式。

（2）半挂牵引车与半挂车组合的半挂汽车列车组织形式。

（3）半挂牵引车与半挂车组合后，再与全挂车组合的双挂汽车列车组织形式。

以汽车列车形式参加生产活动的运行方式称为汽车运输列车化，也称为拖挂运输。拖挂运输的经济性极其显著，具体表现为以下5点：

（1）相同运输条件下，采用拖挂运输可大大增加载货汽车（或牵引车）的拖载量，能使原有的生产能力成倍增加；

（2）挂车结构简单，制造比较容易，耗用金属材料也较少，适用于企业自行设计和制造，增加运输能力更为直接；

（3）拖挂运输不需要额外增加驾驶员，维修作业比较简单，有助于提高劳动生产率；

（4）拖挂运输的行车燃料消耗、挂车的初次投资以及维修费用均比使用同等载质量的单个汽车要低，拖挂运输的单位运输成本会有较大幅度的下降；

（5）汽车列车便于采用多种灵活、先进的运行方式，能满足社会的需要，经济效益比较理想。

拖挂运输一般又可分为定挂运输和甩挂运输。

1. 定挂运输

定挂运输是指汽车列车在完成运输和装卸作业时，汽车与全挂车、牵引车与半挂车不分离的定车定挂形式。这种定车定挂的组织形式在运行组织和管理上与单车相仿，易于推广，是拖挂运输开展之初被广泛采用的一种主要形式。

在定挂运输中，增加的挂车能增加货物的载运量，但同时也会增加货物的装卸作业量，如果不改善装卸条件，提高装卸作业效率，就会使汽车列车的装卸作业停歇时间大大延长。所以，组织定挂运输时，应加强现场调度与指挥工作，合理组织装卸作业，尽可能采用机械化装卸，压缩汽车列车的停歇时间。

同时，定挂运输中，汽车列车总长度比单车明显增加，所以汽车列车的运行容易受道路条件的限制，还必须保证有足够长度的装卸作业线，有利于拖车同时进行货物的装卸作业。装卸现场要求有平坦且宽阔的调车场地和畅通的出入口，否则会增加汽车列车的调车作业时间，甚至可能造成货场的拥挤和堵塞。

鉴于汽车列车行驶稳定性不如汽车，挂车上货物的装载高度和质量应加以适当限制，以确保汽车列车行驶的安全性。

总之，汽车列车的运输组织工作与单车相比，必须在货物装卸和车辆运行调度方面更加注意，否则不能取得预期的效果。

2. 甩挂运输

甩挂运输是指汽车列车按照预定的计划，在各装卸作业点甩下并挂上指定的挂车后继续运行的一种组织方式。甩挂运输也称甩挂装卸，这种运行组织方式可以使得载货汽车（或牵引车）的停歇时间缩短到最低限度，从而充分发挥它的运输效能，最大限度地利用它的牵引能力。甩挂运输起源于 20 世纪 40 年代的美国，是为配合滚装运输和驼背运输而发明的一种运输组织方式。由牵引车将装满货物的挂车直接开上铁路平板车或滚装船，摘挂后离去。挂车由铁路平板车或滚装船运至目的地，再由目的地的牵引车开上平板车或滚装船，挂上挂车直接运往收货人仓库。后来这种方式被欧美国家的大型货运企业借鉴，用以解决公路短途运输装卸能力不足问题，并逐步发展成为目前的主流运输组织模式。

甩挂运输是拖挂运输的特殊形式，与定挂运输不同的是，汽车列车在完成运输和装卸作业时，可以按照预定的计划，将汽车与全挂车或牵引车与半挂车进行分离，以缩短载货汽车的停歇时间，最大限度地利用牵引能力，发挥运输效能。

（二） 甩箱运输

甩箱运输是应用与甩挂运输同样的作业原理，把装满货物的货箱运达目的地后，牵引车将货箱甩留在目的地，再装上其他货箱返回原地，或驶向新的目的地。因此，甩箱运输是相对于甩挂运输而言的一种运输方式，两者在作业原理上是相同的。

1. 甩箱的工作原理

甩箱运输和甩挂运输的作业原理相似，不同点在于甩箱运输通过牵引车底盘的特殊装置，可以让车辆底盘与车箱快速分离，作业过程更加自动化，作业效率更加快速。

欧洲的甩箱运输一般采用可交换箱体。当需要将支撑在地面上的货箱运走时，只需要将底盘车倒入指定位置，打开举升装置将箱体托离地面，并用固定钩固定好箱体位置，实现箱体和运输车的结合。这种可交换箱体车与国内甩箱车的举升装置不同，通过卡车底盘上的液压举升装置抬起可拆卸车箱，车箱的举升和下降动作以及固定钩的伸出和收缩动作都可以由驾驶室内的按钮控制，并不需要操作人员下车手动操作，自动化水平相对较高。

2. 甩箱运输的特点

甩挂运输和甩箱运输都采用的是“一车多挂”或“一车多箱”的形式，能够达到提高运输效益的目的。但在车辆组成上，一个是牵引车加挂车，另一个是牵引车加货箱。因此，拖挂的承载装置在结构上存在明显不同。

（1）甩箱的货箱有“腿”。甩箱运输所使用的货箱是一种特殊的箱子，它有 4 条可折叠“支腿”，如图 5 - 2 所示。在运输途中，腿可以折叠起来。当车辆到达目的地后，箱子可脱离车辆底盘，4 条腿可以伸展开，作为支撑货厢的 4 条腿，使货箱能独立放置在装卸货区。甩箱运输所使用的货箱通过集装箱角件、旋锁与汽车底盘相连接并固定，可根据需要将箱体和底盘固定或脱离，而甩挂运输的货箱一般和挂车底盘是固定在一起的，只能甩挂，不能甩箱。

图 5 - 2　甩箱的货箱

（2）牵引车型不同。货箱和挂车的不同必然会导致两者所使用的牵引车结构也会不同。甩挂运输一般为牵引车（如图 5 - 3 所示），而甩箱运输一般为载货车的底盘车（如图 5 - 4 所示）。

图 5 - 3　甩挂用的牵引车

图 5-4 甩箱用的底盘车

除去货箱就是其车型本身，上装很类似运送挖掘机的拖板车，目前国内有多家主机厂可以生产此类车型。在收货环节，轻卡甩箱也是重要的一环。通常小型货站在收货后，会用重型载货车或牵引车直接发往目的地，但是经常会遇到货物不够一车的情况，此时，车主都会被要求等待，够一车再发走。这种方式不但时效性较差，也会影响车主的收益。甩挂箱子底部“支脚”的结构如图 5-5 所示。

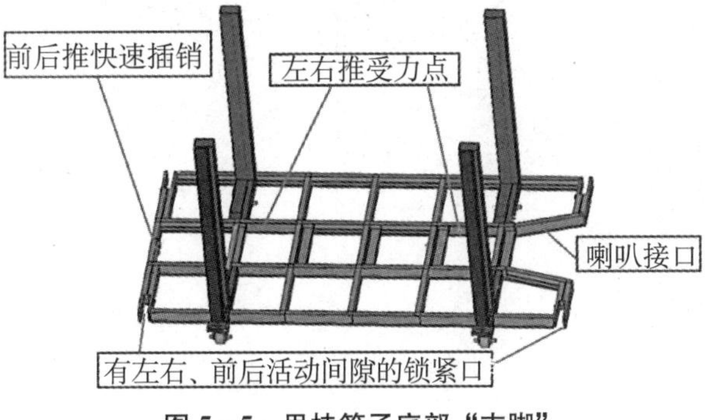

图 5-5 甩挂箱子底部“支脚”

（3）为了让操作人员轻松地装卸箱子，进行甩箱运输的车辆底盘必须配置一个专门的箱体举升系统（如图 5-6 所示）；而甩挂运输在钢板弹簧的悬架下，采用一定的方法，就可以实现挂车的甩挂作业。

目前，国内的甩箱运输虽然还处于起步阶段，但作为提高作业效率的一种先进运输模式，甩箱运输也正被社会各界高度关注，高效节能的甩箱运输模式也必将成为未来公路货运的发展新方向。

（三）驼背运输

为了适应多式联运发展的需要，更好地解决伴随联运产生的大量装卸和换载作业，甩挂运输的基本原理与组织方法已被运用到集装箱或挂车的换装作业上。在多式联运各类运输工具的连接点，由牵引车将载有集装箱的运输车或者装有货物的挂车直接开上铁

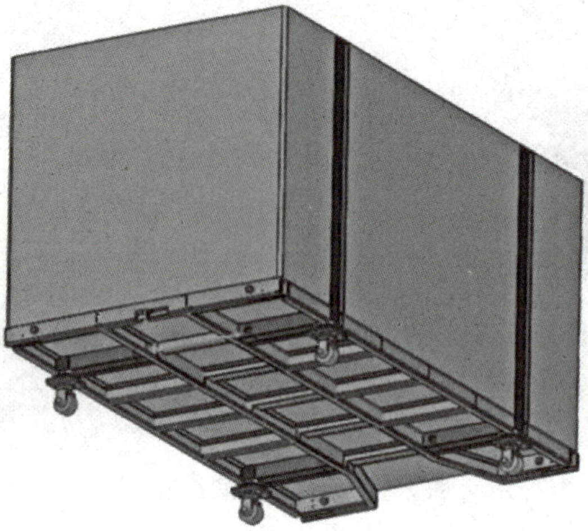

图 5-6 甩箱货箱底部结构

路平板车或船舶，停稳摘挂后离去，集装箱运输车或挂车由铁路平板车或船舶运输到前方换装点，再由到达地的牵引车开上铁路平板车或船舶，挂上集装箱运输车或挂车，直接运往目的地。这种组织形式被形象地称为“驼背运输”。

任务二
零担货物运输

一、零担货物运输概述

（一）零担货物运输的含义

零担货物运输是相对整车运输而提出来的。目前，零星用户、零星货物、零星整车的“三零”货物急剧增加，普通零担货物运输已成为货物运输的重要形式之一。零担货物运输是指同一托运人一次托运货物的计费重量不足 3 吨（不足一整车）的运输。利用运输工具使零担货物产生位置移动的活动称为零担货物运输。零担货物运输一般需要特别的运输处理作业，如要求定线路、定班期发运。

（二）零担货物运输的特点

零担货物运输的货物类型和运输组织形式有独特性，因此呈现出不同于其他运输方式的独有特点。

1. 机动灵活

零担货物运输都是定线路、定期、定点运行，业务人员和托运单位对运输情况都比较清楚，便于沿途各站点组织货源，往返实载率高，经济效益显著。

2. 经济实效

就花费在运输工具上的费用而言，零担货物运输是最高的。但是，如果计算其他各种运杂费用，这种差异就明显缩小了。例如装卸费，公路零担货物运输基本上是一装一卸，而铁路、水路则需要三装三卸，装卸费 1∶3。同时，零担货物运输车辆一般都有较高的行程利用率（往返有载），吨位利用率也较高。这都有利于提高车辆生产率和运输经济效益。

3. 满足需求

零担货物运输具有品种繁多、小批量、多批次、价格较高、时间紧迫、到站分散的特点。现在零担货物托运，随交随收，手续简便。对需要经由几个运输单位中转的货物，可以一次托运、一次交费、一票到底、全程负责，并能做到上门取货、送货到家。

4. 货源的不确定性和来源的广泛性

零担货物运输的货物流量、货物数量、货物流向具有不确定性，难以通过运输合同方式将其纳入计划管理范围。

5. 组织工作的复杂性

面对繁杂的货物和各式各样的运输要求，只有采取相应的组织形式，才能满足人们货运的需求。货运站需要完成零担货物质量的确认、负责保管和组织装卸，劳动组织工作比整车运输复杂。这就使得零担货物运输货运环节多，作业工序细致，设备条件繁杂，对货物配载和装载要求较高。这一切对零担货运业务组织工作提出了更高的要求。

6. 单位运输成本较高

为了适应零担货物运输的需求，货运站要配备一定的仓库、货棚、站台，以及相应的装卸、搬运、堆置的机具和专用厢式车辆。相对于整车货物运输而言，零担货物周转环节多，更易于出现货损、货差，赔偿费用较高。因此零担货物运输成本较高。

二、零担货物运输业务

（一）零担货物运输业务的开办条件

道路零担货物运输的开办和发展必须具备一定的前提条件，这些前提条件一方面包括宏观经济社会发展的大环境，另一方面就是零担货物运输的微观物质条件。从汽车运输企业开办和发展零担货物运输的实际工作看，零担货物运输的基础工作主要是指其微观物质条件。物流运输企业开办和发展零担货物运输必须做好下述基础工作：

1. 建立零担货物仓库是开办零担货物运输的首要条件

零担货物具有品种多、小批量、多批次、时间紧迫、到站分散的特点，这决定了多数零担货物不可能在业务受理后即行装车，也不可能在货物运达卸车后即行交付，整个过程是一个“集零为整”“化整为零”的过程。同时，有些货物需要中转，必须在货运站作短期堆存保管。因此，必须根据货运站吞吐量的大小，建设一定面积的零担货物仓库。

2. 零担货运站是开办零担货物运输业务的中介

货运站是货源货流的直接组织者，它一方面起着为社会集结和疏散货物的作用，另一方面为运载工具包揽运输业务，是建立在运输工具和货物之间的纽带。

3. 开辟班车和建立零担货运网络是开办和发展零担货物运输业务的基础

零担货运网络是指由若干站点和运行线路组成的具有循环功能的运输系统。班车是零担货运网络的基本组成部分。班车的开辟应以满足货流需要、尽量减少中转环节为原则，并在货源货流调查的基础上确定和制定车辆运行方案。

4. 零担货车配备是开办和发展零担货物运输的保证

零担货车是公路运输零担货物的工具，没有它，即使其他条件都已成熟，也不能实现零担货物的运输。

5. 组织零担货物联运是增强零担货运活力的关键

联运是指通过两种及以上不同运输方式或虽属同种运输方式但需经中转换装的接力运输。零担货物运输由于运距长短不一，车船不可能每点都到、各线都跑，因此，必须与铁路、水路、航空搞好联运，这样才能满足托运人多方面的需要。

（二）零担货物运输业务的组织工作

在完成零担货物运输的基础工作以后，零担货物运输便进入货源组织阶段。零担货物货源组织工作，开始于货源调查，终止于货物受理托运。其主要目的是寻找、落实货源。获得货源货流信息并进行有效处理，开展零担货运货源的市场实际调查，是零担货物运输经营管理的基础性工作。零担货运货源的调查，其实质就是通过有效的市场调查方法，获取货源货流的基本信息，并对获取的信息作进一步分析，指导零担货运的过程。

1. 货源、货流的概念

货源即货物的来源、货物的发生地。货流是指一定时间、一定区段内货物的流动情况。它包括货物的流量、流向、流时、流程四个要素。公路货物在一定时间、一定区段内流动的数量称为货物流量。公路货物流动的方向称为货物流向。货物流向分为顺向货流和反向货流。路段上货流量大的方向的货流称为顺向货流，反之则称为反向货流。零担货物运输的货源货流信息是指与零担货物的发生地、流量、流向、流时、流程及其变化有关的各种信息的总称。获取零担货运的货源货流信息不仅是零担货运经营决策的重要依据，而且是提高零担货运应变能力的重要手段。

2. 零担货运中货源货流信息的收集

零担货运中货源货流信息的收集一般通过下述方法开展：

（1）开展零担货运的市场调查。零担货运的市场调查按调查方式分为全面调查、典型调查和专题调查。

1）全面调查：是指在一定时期内，调查零担货运企业活动区内的自然资源（矿山、土地、森林、土特产等）、人口、企事业单位、机关等的基本概况，调查农业、农副产品的产量、规格、供给流通，调查工业生产所需原材料、燃料、辅助材料的品种、消耗量、自产量、流入量，调查商品流通的数量、范围、时间，调查交通运输网络布局和竞争对手的发展变化等。

2）典型调查：是指根据需要选择一些具有代表性的地区、单位或运输线路，进行调查分析，再用"由此及彼"的推理方法，了解同类事物的共同规律。

3）专题调查：是指为研究零担货运的某些特殊问题（如新辟零担货运线路）而专门进行的市场调查。

（2）整理分析资料。整理分析零担货运企业近期承托运资料、地区发出运量统计资料等，从中分析货源货流信息。

（3）收集实时情报。实时情报的收集是指在固定的货运站点，在代办业务、取货送货等承运业务活动中，通过咨询、交谈了解货源货流信息。

3. 零担货源组织方法

零担货物可以安全送达目的地得益于有效的货源调查，直至货物受托可以全面组织完成。常用的零担货源组织方法主要有以下几种：

（1）实行合同运输。合同运输是公路运输部门行之有效的货源组织形式。实行合同运输主要有以下优点：

1）有利于稳定一定数量的货源。

2）有利于合理安排运输。

3）有利于加强企业责任感，提高运输服务质量。

4）有利于简化运输手续，减少费用支出。

5）有利于改进产、运、销关系，优化资源配置。

（2）设立零担货运代办站（点）。由于零担货物具有零星、分散、品种多、批量小、流向广的特点，因此零担货物运输企业可以自行设立货运站（点），也可以与其他社会部门或企业联合设立零担货运代办站（点），这样既可以加大零担货运站的密度，又可以有效地利用社会资源，减少企业成本，弥补企业在发展中资金和人力的不足。货运代办站（点）办理零担货运业务，主要是向托运人收取一定的业务手续费，有的同时向零担站（点）收取一定的劳务费。

（3）委托社会相关企业代理零担货运业务。零担货运企业还可以委托货物联运公司、日杂百货打包公司、邮局等单位代理零担货运业务，利用社会资源，即这些单位现有的设施和营销关系网络，取得相对稳定的货源。委托代理关系是现代市场经济出现的一种有效的经营管理模式，这种模式可以充分调动社会各方面的经济资源，将有利于零担货运的经济资源重新配置。这一方面可以扩大联运公司、日杂百货打包公司、邮局等单位的营业额，另一方面方便了购物者，扩大了零担货源，实现了企业效益和社会效益的双赢。

（4）聘请货运信息联络员，建立货源情报网络。货运信息联络员实际上充当了运输企业的业余组货人员。在有较稳定的零担货源的物资单位聘请货运信息联络员可以随时掌握货源信息，进行以零带整，组织整车货源。零担站（点）按组货的数量，给予货运联络员一定的报酬。

（5）设立电话受理业务和网上接单业务。利用现代信息技术，创建数字化的零担货运受理平台，形成虚拟的零担货运业务网络，进行网上业务受理和接单工作。

三、零担货物的受理托运

（一）受理托运的概念

零担货物的受理托运是指零担货物承运人根据营运范围内的线路、站点、运距、中转范围、各车站的装卸能力、货物的性质及收运限制等业务规则和有关规定接受零担货物，办理托运手续。

受理托运是零担货物运输作业中的首要一环。由于零担货运线路站点多，货物品类繁杂，包装形状各异，性质不一，因此，受理人必须熟知营运范围内的线路、站点、运距、中转范围、车站装卸能力、货物的理化性质及收运限制等一系列业务规则及有关规定。

按照公司的业务情况，可以将托运人分为固定客户和非固定客户。固定客户是指有签约的长期合作客户，而非固定客户是指没签约的或初次托运的客户。

（二）受理托运的必备条件

（1）公布办理零担货物运输的线路、站点（包括联运、中转站点）、班期及里程运价。

（2）张贴托运须知、包装要求和限运规定。

（三）受理托运的主要形式

在受理托运时，可根据受理零担货物数量、运距以及车站作业能力采用不同的受理制度和方法，如随时受理制、预先审批制、日历承运制等，或预约上门受理、站点受理等。

1. 随时受理制

这种受理制度对托运日期无具体规定，在营业时间内，发货人均可随时将货物送到托运站办理托运。这一制度为货主提供了很大的便利性。但这种受理制度也有其局限性，如事先不能组织货源，缺乏计划性。零担货物入库后，可能会有比较长的集结待装时间，仓库设备利用率也较低。在实际零担货物运输中，这一受理制度常被作业量小的货运站、急运货运站，以及始发量小、中转量大的中转货运站采用。

2. 预先审批制

预先审批制要求发货人事先向物流公司提出申请，物流公司再根据各个发货方向及站别的运量，结合物流公司设备和作业能力加以平衡，分别指定日期进货集结，组成零担班车。

这种制度对于加强零租货运的计划性、提高零担货运的组织水平有一定作用。这种制度对于货主有很大的不便，仅适用于零担货物发送量较大且稳定的地区采用。

3. 日历承运制

日历承运制是指物流公司根据零担货物流量和流向规律，编写承运日期表，事先公布，发货人则按规定日期来物流公司办理托运手续。

采用日历承运制便于有计划、有组织地开展零担货物运输，便于将去向和到站比较分散的零担货流合理集中，组织直达零担班车，可以均衡安排货运站每日承担零担货物的数量。合理使用货运设备，便于物资部门安排生产和物资调拨计划，提前做好货物托运准备工作。

4. 预约上门受理

预约上门受理是指货主通过电话、传真、网上传送等途径与承运方联系，事先预定托运货物，承运方根据约定托运货物的名称、性质和数量等，派车到货主指定地点装车后运输。

采用预约上门受理方式时，托运受理员应根据货主通过电话、传真、网上传送等途径提供的托运需求申请信息，详细填制托运申请登记表。

5. 站点受理

站点受理是指物流公司在货物托运集中地设立站点，受理货主托运货物的做法。

(四) 零担货物托运受理范围

考虑到零担车厢的结构和装卸条件，也为了便于拼装多个托运人交运的货物，使零担货车有限的容积得到充分利用，我国规定按零担货物托运、承运的货物必须具备以下条件：

(1) 每批零担货物不得超过300件。

(2) 按件托运的零担货物，单件重量不得超过200kg。

(3) 单件体积一般不得小于0.01m^3（单件重量超过10kg的除外），不得大于15m^3。

(4) 货物长度、宽度、高度分别不得超过3.5m、1.5m和1.3m。

各类危险货物、易破损、易污染和鲜活易腐货物，在运输过程中对运输工具、仓储场所、运输时间和温度、装卸保管的条件都会有一些特殊要求，不能与大多数普通货物配载在一起，一般不能作为普通零担货物办理托运。

不得按普通零担货物托运的主要有以下6类：

(1) 需要冷藏、保温或加温运输的货物。

(2) 规定按整车办理的危险货物。

(3) 易于污染其他货物的污秽品（如未经过消毒处理或未使用密封不漏包装的牲骨、湿毛皮、粪便、炭黑等）。

(4) 蜂蜜。

(5) 不易计算件数的货物。

(6) 未装入容器的活动物。

在具体受理时，除了以上6类货物以外，还要注意不能受理国家法律、行政法规明令禁止运输的禁运品，如毒品、有价证券等，以及限运品，如枪支、稀有动物的皮毛等。当然也要考虑公司零担班线的开设、运输工具的配置等实际情况。

在实际工作中，我们必须严格对照质量轻、体积小、性质普通这3个限制条件来接收和拒收货物，尤其要注意在普通零担货物中严禁混装危险货物，否则可能面临3万元以上、10万元以下的经济处罚。

货物托运受理时，业务员一定要仔细查验货物，具体包括以下几点：

（1）货物性质检查。检查货物是否为危险品、鲜活易腐货物、污秽品等不能作为普通零担托运的货物，检查是否夹带危险、禁运、限运和贵重物品等。

（2）货物质量检查。单件质量是否超过 200kg，总质量是否超过 3 吨。

（3）货物体积检查。检查货物长度、宽度、高度是否分别超过 3.5m、1.5m 和 1.3m，体积是否小于 0.01m^3（单件质量超过 10kg 的除外）或大于 15m^3。

（4）货物件数检查。检查每批零担货物是否超过 300 件。

（5）货物包装检查。检查货物的包装是否符合国家和交通运输部门的规定和要求。对不符合包装标准和要求的货物，应由托运人改善包装。对会造成运输设备及其他货物污染和货损的货物，若托运人坚持原包装，托运人应在"特约事项"栏内注明自行承担由此可能造成的货损。另外，还要检查托运的货物流向是否在公司零担班线的开设范围内，货物的形状、性质是否符合公司运输工具的配置。对不符合托运受理要求的货物，承运人应向托运人做好耐心、细致的解说工作。

（五）托运单的填写与审核

公路货物托运单是货物托运人在向运输公司提出货物运输申请时，按要求填写的有关货物运输需求信息的单据。托运单相当于托运方与承运方之间对货物运输事项所签订的契约，也是运输公司开具货票、安排运输计划、制定运单的原始依据。

受理托运时，必须由托运人认真填写托运单，承运人审核无误后方可承运。零担货物托运单一式两份，一份留起运站仓库存查，另一份于开票后随货同行。凡货物到站在零担班车运行线路范围以内的，称为"直线零担"，可填写"零担货物托运单"；须通过中转换装的，称为"联运零担"，可填写"联运零担货物托运单"。托运单原则上由发货人填写，承运方不予代填，但必须对托运人填写的托运单认真审核。审核托运单的要求是：

（1）检查核对托运单的各栏有无涂改，对涂改不清的应重新填写；

（2）审核到站与收货人地址是否相符，以免误写；

（3）对货物的品名和属性进行鉴别，注意区别普通货物和笨重零担货物（同时注意它们的长、宽、高能否适应零担货车的装卸及起运站、中转站、到达站的装卸能力等）、普通物品与危险品（如属危险品则应按相关规定办理）；

（4）一批货物多种包装应认真核对、详细记载，以免错提错交；

（5）托运人应特别注意货主在声明事项栏内填写的内容是否符合有关规定，能否承担。

经双方审核并签章认可的托运单具有一定的法律效力。托运方需要提前准备好等待运输的货物，并按规定的方式支付运费；而运输单位则应及时派车，将货物安全运送到托运方指定的卸货地点，交给收货人。货物托运单主要有以下 4 个作用：

（1）公路运输部门开具货票的凭证；

（2）调度部门派车、货物装卸和货物到达交付的依据；

（3）货主托运货物的原始凭证，也是运输单位承运货物的原始依据；

（4）在运输期间发生运输延迟、空驶、运输事故时判定双方责任的原始记录。

受理托运后，下一步工作就是验货过磅与起票。验货过磅与起票的作业就是零担货物受理人员在收到托运单后，审核托运单填写内容与货物实际情况是否相符，检查包装，过磅量方，扣、贴标签和标志，填写零担运输货票。

实践中核对运单的注意事项有：核对货物品名、件数、包装标志是否与托运单相符；注意是否夹带限制运输货物或危险货物，做到逐件清点件数，防止发生差错。对长大、笨重的零担货物要区别：终点站，长大件不超过零担班车车厢的长度和高度；中途站，长大件不超过零担班车后门的宽度和高度；笨重零担货物，不超过发站和到站的自有或委托装卸能力。

四、零担货物运输作业的基本程序

零担货物运输业务是从受理托运开始的，即核对运单、检查货物包装。接下来还有如下作业：

（一）过磅量方

货物重量是正确装载、凭以核算运费和发生事故后正确处理赔偿费用的重要依据。因此，必须随票过磅量方，确保数据准确无误。货物重量分为实际重量、计费重量和标定重量。

（1）实际重量。它是根据货物过磅后（包括包装在内）的毛重来确定的。

（2）计费重量。计费重量可分为不折算重量和折算重量。不折算重量就是货物的实际重量，折算重量的计算可参考相关规定。

（3）标定重量。标定重量是对特定货物规定的统一计费标准。同一托运人一次托运轻浮和实重两种货物至同一到站者，可以合并称重或合并量方，拆重计费（不能拼装者除外）。过磅或量方后，应将重量或体积填入托运单内。一张托运单的货物分批过磅、量方时，首先应将每批重量和长、宽、高体积尺寸记在托运单内，以备查考，然后将总重量和总体积填入托运单并告诉货主。零担货物过磅量方后，司磅、收货人员应在托运单上签字证明并指定货位将货物搬入仓库，然后在托运单上签注货位号，加盖承运日期戳，将托运单留存一份备查，另一份交还货主，由货主持其向财务核算部门付款开票。

（二）验收入库

零担货物验收入库是车站对货主履行责任的开始。把好验收关，就能有效地杜绝差错。验收时必须逐件查收，按指定货位堆放。零担货物仓库应严格划分货位，一般可分为待运货位、急运货位、到达待交货位等。将货物堆码整齐，经复点无误后在托运单上注明货位，经办人签章后生效。零担仓库的货位配置可根据通道位置，分成一列式排列和双列式排列。此外，零担货物仓库应具备良好的通风、防潮、防水、采光、照明等条件。

验收入库必须做到：

（1）凡未办理托运手续的货物，一律不准进入仓库；

（2）认真核对运单、货物，坚持照单验收入库；

（3）货物必须按流向堆码在指定的货位上；

（4）一批货物不要堆放在两处，库内要做到层次分明、留有通道、互不搭肩、标签向外、箭头向上；

（5）露天堆放的货物要注意下垫上盖；

（6）经常检查仓库四周，不可将有碍货物安全的物品堆放在仓库周围，保持仓库内外整洁；

（7）货物在仓库待运期间，要经常进行检视核对，以票对货、票票不漏。

（三）开票收费

零担货物运输的开票收费作业，是在零担货物托运收货后，根据司磅人员和仓库保管人员签字的零担货物托运单进行的。开票收费环节包括运费和杂费的计算。运费的计算有既定的计算公式，在计算时可以套用。

1. 零担货物运输的杂费项目

（1）渡费。零担运输车辆如果需要过渡运行，则由起运站代收渡费。

（2）标签费。

（3）标志费。

（4）联运服务费。通过两种及以上的运输工具的联合运输以及跨省（市）的公路联运，核收联运服务费。

（5）中转包干费。联运中转换装所产生的装卸、搬运、仓储、整理包装劳务等费用，实行全程包干，起运站一次核收。

（6）退票费。受理承运后货主要求退运，按规定收取已发生的劳务费用及消耗票证的印制成本费用。

（7）保管费。

（8）快件费。应货主要求办理快件运输，收取快件费。

（9）保价（保险）费。对贵重物品实行保价运输，制定收费标准，按货物价值的百分比核收。

2. 营收报解与营收审核

营收人员每日工作完毕，必须将当天开出货票中的营收进款累计数与所收的现金、支票金额进行核对。

3. 零担货物运费计算

货物信息见表5-3。

表5-3 货物信息

货物名称	单位	数量	包装形式	包装规格（m^3）	总质量（kg）	目的地
牙刷套盒	箱	200	纸箱包装	0.40×0.20×0.15	300	西安
榴梿	箱	8	纸箱包装	0.80×0.60×0.60	400	武汉
日用品	箱	150	纸箱包装	0.40×0.25×0.10	270	昆明
手机壳	箱	100	纸箱包装	0.20×0.20×0.10	200	桂林
日用品	箱	80	纸箱包装	0.40×0.30×0.20	200	拉萨

资料来源：吕亚君．公路运输管理实务（微课版）．北京：人民邮电出版社，2018.

解：第一步：查验货物。按照要求查验货物，分析审核托运货物是否属于零担货物受理范围和公司的承运范围，包装是否符合要求等。货物2（榴梿）确定为易污染其他货物的污秽品，不能作为普通零担货物受理；货物5的目的地为拉萨，公司目前没有开通该运输班线，不能受理。

第二步：对拒收的货物标注拒收理由。

货物2拒收原因：榴梿为易于污染其他货物的污秽品，不能作为普通零担货物托运。

货物5拒收原因：公司暂未开通该方向的运输班线。

第三步：与货物托运人沟通货物信息查验结果。向托运人耐心说明拒收的原因，对可以接受托运受理的货物，要根据托运单填写要求核实货物的详细信息。

第四步：计算运输费用。

货物1：

（1）总质量＝300kg。

（2）总体积＝0.4×0.2×0.15×200＝2.4（m^3）。

（3）单位体积质量＝300/2.4＝125（kg/m^3），小于333kg/m^3，所以为轻货。

（4）查阅公司零担班线及运价表可知，杭州至西安的轻货单位运价为252元/m^3，牙刷套盒属于日用品，日用品为二等货物，加成15%。

（5）基本运费＝2.4×252×（1＋15%）＝695.52（元），收取基本运费696元。

货物3：

（1）总质量＝270kg。

（2）总体积＝0.4×0.25×0.10×150＝1.5（m^3）。

（3）单位体积质量＝270/1.5＝180（kg/m^3），小于333kg/m^3，所以为轻货。

（4）查阅公司零担班线及运价表可知，杭州至昆明的轻货单位运价为462元/m^3，日用品为二等货物，加成15%。

（5）基本运费＝1.5×462×（1＋15%）＝796.95（元），收取基本运费797元。

货物 4：

（1）总质量＝200kg。

（2）总体积＝0.2×0.2×0.1×100＝0.4（m^3）。

（3）单位体积质量＝200/0.4＝500（kg/m^3），大于 333kg/m^3，所以为重货。

（4）查阅公司零担班线及运价表可知，杭州至桂林的重货单位运价为 1.85 元/kg，日用品为二等货物，加成 15%。

（5）基本运费＝200×1.85×（1+15%）＝425.5（元），收取基本运费 426 元。

所以，3 件货物的基本运费＝696+797+426＝1 919（元）。

五、配载装车

（一）配载装车的原则

配载作业

在明确了客户的配送顺序后，接下来就是如何将货物装车、以什么顺序装车的问题，这就是车辆的配载问题。原则上，客户的配送顺序安排好后，只要按货物“后送先装”的顺序装车即可。但有时为了有效地利用空间，还应根据货物的性质（怕震、怕压、怕撞、怕湿）、形状、体积及质量等作某些调整。如果能根据这些选择恰当的装卸方法，并能合理地进行车辆配载工作，则可使货物在配送运输中货损货差减少，既能保证货物完好和安全运输，又能使车辆的载重能力和容积得到充分利用。当然，这就要求在车辆配载时遵循以下原则：

（1）轻重搭配的原则。车辆装货时，必须将重货置于底部、轻货置于上部，避免重货压坏轻货，并使货物重心下移，从而保证运输安全。

（2）大小搭配的原则。例如，到达同一地点的同一批配送货物，其包装的外部尺寸有大有小，为了充分利用车厢的内容积，可在同一层或上下层合理搭配不同尺寸的货物，以减少箱内的空隙。

（3）货物性质搭配的原则。装在车内的货物，其化学属性、物理属性不能互相抵触。在交运时托运人已经包装好的而承运人又不得任意开封的货物，在箱内因性质抵触而发生损坏，由托运人负责；由此造成的承运人的损坏，托运人应负赔偿责任。

（4）到达同一地点的适合配装的货物应尽可能一次装载。

（5）确定合理的堆码层次及方法。可根据车厢的尺寸、容积、货物外包装的尺寸来确定。

（6）积载时不允许超过车辆所允许的最大载重量。

（7）积载时车厢内货物重量应分布均匀。

（8）应防止车厢内货物之间碰撞、沾污。

配送车辆的载重能力和容积能否得到充分利用，当然与货物本身的包装规格有很大关系。小包装的货物容易降低亏箱率，同类货物用纸箱比用木箱包装亏箱率要低一些。但是，亏箱率的高低还与采用的配载方法有关，因此，恰当的配载方法能使车箱内部的高度、长度、宽度都得到充分利用。

（二）装车作业

1. 装车准备

调度员需按车辆容积和载重、货物的形状和性质进行合理配载，填制装车配载单和运输交接单。填单时应按货物先远后近、先重后轻、先大后小、先方后圆的顺序进行，以便按单顺次装车，对不同到达站和中转的货物要分单填制，并将整理好的各种随货单证分别附于运输交接单后面，移交给现场操作员，作为装车凭证和封箱记录依据。

现场操作员接到运输通知后，根据零担货物运输交接单的指示，按单核对货物堆放位置，做好装车标记。

2. 装车作业流程

（1）备货。货运仓库接到货物装车交接清单后，应逐批核对货物的台账、货位、货物品名、目的地、到站，点清件数，检查包装标志、票签和贴票。

（2）点交。待运输车辆到达后，工人将交接单上的所有货物全部提取至发车区，与驾驶员或随车理货员一起点货复核，按运输交接单的顺序和要求点件装车。

（3）监装。零担货物配运员或驾驶员根据零担货运配载计划监装，并以随货同行的托运单及附件为凭证按批点交。零担货物在具体装车时，还应注意如下几点：

1）检查零担车车体、车门、车窗是否良好，车厢内是否干净。

2）根据车辆容积和货物情况，将货物质量均衡地分布于车底板上，防止偏重；对某些集中货物和畸形偏重货物，下面应垫以一定厚度的木板或钢板，并使其重心尽可能位于车辆纵横中心线的交叉点。

3）紧密地堆放货件，充分利用车辆载重量和车厢容积，巧装满载，防止车辆运行中因振动、冲击、颠簸等造成的货物倒塌、破损。

4）同一批货物应堆放在一起，货件上的标签应向外，以便工作人员识别。

5）装车完毕后应清查货位，检查有无错装、漏装，还应及时检查车辆的关锁及货物的遮盖捆扎情况。

6）运送距离较短的货物，应堆放在车厢的上部或后端，以便卸货作业顺利进行。

7）笨重的或包装结实、不易受损的货物，宜堆放于车厢的下层。

（4）施封。待货物装车完毕后，驾驶员或随车理货员对货物件数进行清点确认，确保实际装车件数与运输交接单数量一致，并上传扫描结果信息。现场操作员需要在干线驾驶员的监督下关闭车厢门，并在车门指定位置施加车辆封志。施封后，现场操作员和驾驶员共同检查封志，确认无误后，由现场操作员将施封枚数、封志号记录在货物运输交接单上，同时，两人在交接单上签字确认。

最后，现场操作员整理各种随货同行单据，包括运输交接单、提货单、托运单、零担货票及其他附送单据，按中转、直达分开，一并交给驾驶员，随车发运。

任务三
特殊货物运输管理

一、危险货物运输组织

（一）危险货物的分类及特征

按危险货物具有的危险性或最主要的危险性，可以将危险货物分为 9 个类别。

1. 爆炸品

本类危险品是指在外界作用下，如受热、受压、撞击等，能发生剧烈的化学反应，瞬时产生大量的气体和热量，使周围压力急骤上升而发生爆炸，对周围环境造成破坏的物品，也包括无整体爆炸危险，但具有燃烧、迸射及较小爆炸危险的物品。具体可以分为以下 6 类：

（1）具有整体爆炸危险的物质或物品，如黑火药。

（2）具有迸射危险，但无整体爆炸危险的物质或物品，如照明弹、枪弹、火箭发动机等。

（3）具有燃烧危险并有局部爆炸危险或局部迸射危险或这两种危险都有，但无整体爆炸危险的物质或物品，如烟幕弹药、C 型烟火等。

（4）不呈现重大危险的物质或物品，如演习手榴弹、礼花弹、烟火、爆竹等。

（5）有整体爆炸危险的非常不敏感物质或物品，如 E 型或 B 型引爆器、炸药等。

（6）无整体爆炸危险的极端不敏感物质或物品。

2. 气体

本类危险品具有易燃、易爆、有毒、窒息等危险特性。一般可以按气体的易燃性和毒性分为 3 类。

（1）易燃气体。如氢气、硫化氢等。

（2）非易燃无毒气体。如二氧化碳、氧气等。这类气体虽非易燃、无毒，但也被列入危险品。这是由于气体本身具有扩散性，虽然其非易燃、无毒，但因其在环境中会冲淡氧的浓度，因此同样会造成人员的伤害；同时，气体受热、撞击或强烈振动会增大容器的内压力，使容器破裂爆炸。另外，有的气体有助燃功能，如氧气。

（3）毒性气体。如一氧化碳、臭氧等。

3. 易燃液体

本类危险品在常温下易挥发，其蒸气与空气混合能形成爆炸性混合物，具有流动和扩散性，有蔓延、扩大火灾的危险性，受热膨胀易造成容器和管道等爆裂，在运输、装卸过程中，由于摩擦易产生静电火花，有引起燃烧和爆炸的危险。如汽油、油漆、乙醇等。

4. 易燃固体、易于自燃的物质、遇水放出易燃气体的物质

本类危险品容易引起和促成火灾，具体又分成 3 类：

（1）易燃固体、自反应物质和固体退敏爆炸品。这类物质是指燃点低，对热、撞击、摩擦敏感，易被外部火源点燃，燃烧迅速，并可能散发出有毒烟雾或有毒气体的固体，但不包括已列入爆炸品的物品。如硝化棉、赤磷、硫黄等。

（2）易于自燃的物质。这类物质是指自燃点低、在空气中易发生氧化反应、放出热量而自行燃烧的物品。如黄磷、油布、活性炭等。

（3）遇水放出易燃气体的物质。这类物质是指遇水或受潮时，发生剧烈化学反应，放出大量的易燃气体和热量的物质，有的不需要明火即能燃烧或爆炸。如电石、金属钠等。

5. 氧化性物质和有机过氧化物

本类危险品具有强氧化性，易引起燃烧、爆炸，具体可分为 2 类：

（1）氧化性物质。这类物质是指处于高氧化态，具有强氧化性，易分解并放出氧和热量的物质，包括含有过氧基的无机物。这类危险品本身不一定可燃，但能导致可燃物的燃烧，与松软的粉末状可燃物能组成爆炸性混合物，对热、振动或摩擦较敏感。凡品名中有“高”“重”“过”字的，如高氯酸盐、重铬酸盐、过氧化钠等，都属于此类物质。

（2）有机过氧化物。这类物质是指分子组成中含有过氧基的有机物，其本身易燃、易爆、极易分解，对热、振动和摩擦极为敏感。如生活中的漂白剂、杀菌剂、清洗剂等。

6. 毒性物质和感染性物质

本类危险品进入机体后，累计达一定的量，能与体液和器官组织发生生物化学作用和生物物理学作用，扰乱和破坏机体的正常生理功能，引起某些器官和系统暂时性或持久性的病理状态，甚至危及生命。本类危险品具体可分为 2 类：

（1）毒性物质。如苯胺、氰化物、铊等。

（2）感染性物质。这类物质是指已知或一般有理由相信含有病原体的物质。病原体是指已知或有理由相信会使人或动物引起感染性疾病的微生物或微生物重组体，包括细菌、病毒、寄生生物、真菌等。如病毒蛋白、各种废弃的医学标本以及使用过的一次性医疗用品等。

7. 放射性物质

凡能自发不断地放射出穿透力很强、人们的感觉器官不能觉察到的射线物质，称为放射性物质，如铀矿石、含有放射性物质的仪器设备等。由于其固有的特殊危害性，交通运输部修订发布的《放射性物品道路运输管理规定》，对这类放射性物质的运输有了明确要求。

8. 腐蚀性物质

凡是能使人体、金属或其他物质发生腐蚀的物质，称为腐蚀性物质。本类危险品具有强烈的腐蚀性，对人体、设备、车辆的金属结构都有很大的腐蚀和破坏作用。部分腐蚀品还有强氧化性，与还原剂和有机物接触时会产生强烈的氧化还原反应，放出大量的热，容易引起燃烧，也具有遇水会放出大量的热，造成液体四处飞溅灼伤人体，以及对人体造成毒害等危险性。如硫酸、硝酸、烧碱等。

9. 杂项危险物质和物品

本类危险品主要是指危害环境的物质，如装在设备中的锂金属电池组、苯甲等。

案例分析

铁路公司在美运输危险品信息不公开 数百万民众被蒙在鼓里

海外网2023年2月27日电 近日，美国俄亥俄州列车脱轨致有毒气体扩散事件持续发酵。据英国《每日邮报》2月26日报道，美国联邦铁路管理局透露，各铁路公司在美国运输危险品的相关细节被视为“敏感信息”，不会对外公布，这导致数以百万的美国人对住所附近是否会有装载危险品列车经过一无所知。

美国联邦铁路管理局一位发言人表示，铁路公司将列车时间表和危险品装载细节视为“敏感信息”，不会对外公布。即使是地方政府和应急服务部门要求，铁路公司也只会披露危险货物的一般信息，而且仅仅是给出大致的预期年度数据，“这不是被广泛披露的事情，铁路公司不希望这些信息泄露出去”。

《每日邮报》表示，当地官员尚且只能得到少量的一般信息，而生活在铁轨附近的数百万普通美国民众则是被蒙在鼓里，他们无法确切地知道住所附近经过的列车上装载的是什么，也不知道是否可能会经历另一起“毒列车”事故。当被媒体问及普通人能否知道自家附近铁轨上运输的是什么时，美国联邦铁路管理局发言人的回答是“不能”。

2月3日，一列运载危险化学品的列车在美国俄亥俄州脱轨起火，多种有毒化学物质泄漏。越来越多的报告显示，当地不少居民感到眼睛有烧灼感，小镇上还有一股强烈的气味。福克斯新闻网2月26日发布的最新民调显示，大部分美国人不满意美政府对俄亥俄州“毒列车”脱轨事故的处理。

资料来源：外媒：铁路公司在美运输危险品信息不公开 数百万民众被蒙在鼓里．(2023-02-28)[2023-10-12]．中国经济网．

分析：

1. 危险货物的危害有哪些？

2. 我国发布的《危险化学品目录》中涉及近3 000个物品，那我们在实际工作中，如何在最短的时间内准确无误地辨别这些危险品呢？

(二) 危险品安全标志

危险品安全标志就是通过图案、文字说明、颜色等信息，鲜明、简洁地标识危险化学品的危险特征和类别，以便向作业人员传递安全信息的警示性资料，是由表示危险特性的图案、文字说明、底色和危险品类别组成的菱形或三角形标志。

危险品的主要特性有爆炸、易燃、毒害、感染、腐蚀等危害特性。当一种危险化学品具有一种以上的危险性时，应用主标志表示主要危险性类别（见表 5-4），并用副标志来表示其他重要的危险性类别。

表 5-4 常见的危险品标识

<table>
<tr><th colspan="2">主标志</th></tr>
<tr><td>
</td><td>
</td></tr>
<tr><td>爆炸品标志
底色：橙红色
图形：正在爆炸的炸弹（黑色）</td><td>易燃气体标志
底色：正红色
图形：火焰（黑色或白色）</td></tr>
<tr><td>
</td><td>
</td></tr>
<tr><td>不燃气体标志
底色：绿色
图形：气瓶（黑色或白色）</td><td>有毒气体标志
底色：白色
图形：骷髅头和交叉骨形（黑色）</td></tr>
</table>

易燃固体标志
底色：红白相间的垂直线
图形：火焰（黑色）

自燃物品标志
底色：上半部白色
图形：火焰（黑色或白色）

遇湿易燃物品标志
底色：蓝色，下半部红色
图形：火焰（黑色）

氧化剂标志
底色：柠檬黄色
图形：从圆圈中冒出的火焰

有毒品标志
底色：白色
图形：骷髅头和交叉骨形（黑色）

腐蚀品标志
底色：上半部白色，下半部黑色
图形：上半部两个试管中液体分别向金属板和手上滴落（黑色）

（三）常见危险货物的运输安全要求

1. 爆炸品的运输安全要求

（1）慎重选择运输工具。爆炸品货物运输对运输工具要求很高，公路运输时禁止使用以柴油或煤气做燃料的机动车、自卸车、三轮车、自行车以及畜力车。这些对安全运输爆炸品具有潜在危险性：柴油车容易飞出火星，煤气车容易失火，三轮车和自行车容易翻倒。

（2）装车前应排除异物，将货厢清扫干净，装载量不得超过额定负荷。押运人应认真监装、监卸，数量点收点交清楚，所装超出部分货物高度不得超过货厢栏板高度的1/3；封闭式车厢货物总高度不得超过1.5米；没有外包装的金属桶（一般装的是硝化棉或发射药）只能单层摆放，防止压力过大或撞击摩擦引起爆炸；雷管和炸药在任何情况下都不得同车装运，或者两车在同时、同一场所进行装卸。

（3）运输路线应事先报请当地公安部门批准。公路长途运输爆炸品时，必须按公安部门指定的路线行驶，不得擅自改变行驶路线，以利于加强运输安全管理，万一发生事故也可及时采取措施处置。押运人员必须熟悉所装货物的性质、作业注意事项等，无押运人员时禁止单独行驶。严禁捎带无关人员和危及安全的其他物资。

（4）驾驶员必须集中精力，严格遵守交通法令和操作规程。多辆车列队运输时，车与车之间至少保持50米以上的安全距离。行驶中要注意观察，保持行车平稳。一般情况下不得强行会车、超车，非特殊情况下不准紧急刹车。

（5）注意保密规定。运输及装卸工作人员不准向无关人员泄露有关弹药储运情况，必须严格遵守有关库、场的规章制度，听从现场指挥人员或随车押运人员的指导。

2. 压缩、液化、加压溶解气体货物运输的安全要求

（1）运输可燃、有毒气体时，车上必须备有相应的灭火和防毒器具。

（2）运输大型气瓶，为防止气瓶的惯性冲击车厢平台而造成事故，行车时应尽量避免紧急制动。运输一般气瓶转弯时，为防止急转弯或车速过快导致所装气瓶因离心力作用而被抛出车厢外，车辆应减速，尤其是市区短途运输没有两道防震橡皮圈的气瓶，更应注意转弯时的车速。

（3）夏季运输除另有限运规定外，车上还必须置有遮阳设施，防止曝晒。液化石油气槽车应有导静电拖地带。

3. 易燃液体货物运输的安全要求

（1）装运易燃液体的车辆，严禁搭乘无关人员，途中应经常检查车上货物的装载情况，如包装件是否渗漏、捆扎是否松动等。若发现异常，则应及时采取有效措施。

（2）装运易燃液体的罐（槽）车行驶时，导静电装置应接地良好，车上人员不准吸烟，车辆不得接近明火及高温场所。

（3）气温在30℃以上的高温季节，应根据当地公安消防部门的限运规定在指定时间内运输。若公安部门无具体品名限制，则一级易燃液体（即闪点低于23℃）应安排在

早、晚运输。如果必须运输，那么车上应采取有效的遮阳措施，封闭式车厢应保持通风良好。

（4）不溶于水的易燃液体货物原则上不能通过越江隧道，须按当地管理部门的规定进行运输。

4. 氧化剂和有机过氧化物货物运输的安全要求

（1）根据所装货物的特性和道路情况，严格控制车速，防止货物剧烈振动、摩擦。

（2）控温货物在运输途中应定时检查制冷设备的运转情况，发现故障应及时排除。

（3）中途停车时，应远离热源、火种场所，临时停靠或途中住宿过夜，车辆应有专人看管，并注意周围环境是否安全。

（4）重载时发生车辆故障维修，人不准离车，严格控制明火作业，注意周围环境是否安全，发现问题应及时采取措施。

5. 毒害品和感染性物品货物运输的安全要求

（1）严防货物丢失。如果毒害品落到没有毒品知识的群众或犯罪分子手里，就可能酿成重大事故。万一丢失却又无法找回，必须紧急向当地公安部门报案。

（2）要平稳驾车，勤加观望，定时停车检查包装件的捆扎情况，谨防捆扎松动、货物丢失。

（3）行车要避开高温、明火场所。

（4）防止袋装、箱装毒害品淋雨受潮。

（5）用过的苫布或被毒害品污染的工具及运输车辆，未清洗消毒前不能继续使用，特别是装运过毒害品的车辆，未清洗前严禁装运食品或活动物。

6. 腐蚀品货物运输的安全要求

（1）驾驶员要平稳驾驶车辆，在路面条件差、颠簸振动大而不能确保易碎品完好时，不得冒险让载有易碎容器包装的腐蚀品的车辆通过。

（2）每隔一定时间要停车检查车上货物情况，发现包装破漏时要及时处理或丢弃，防止漏出物损坏其他包装酿成重大事故。

二、大件货物运输组织

（一）大件货物的概念

大件货物是指货物外形尺寸和重量超过常规（指超长、超宽、超重、超高）车辆、船舶装载规定的大型货物。大件货物也称超限货物。

超限货物运输是指使用超重型汽车列车（车组）载运外形尺寸和重量超过常规车辆装载规定的大型物件的道路货物运输。

道路货物运输中的大件货物是指符合下列条件之一的货物：

（1）外形尺寸中长度在 14 米以上，或宽度在 35 米以上，或高度在 3 米以上的货物。

（2）重量在 20 吨以上的单体货物或不可解体的成组（捆）货物。

（二）大件货物的特点

一般来说，大件货物有如下特点：

（1）装载后车与货的总重量超过所经路线桥涵、地下通道的限载标准。

（2）货物宽度超过车辆界限。

（3）载货车辆最小转弯半径大于所经路线设计的弯道半径。

（4）装载总高度超过 5 米；通过电气化铁路平交道口时，装载总高度超过 4.2 米；通过无轨电车线路时，装载总高度超过 4 米；通过立交桥和人行过街天桥时，装载总高度超过桥下净空限制高度。

（三）大件货物的作业流程

1. 接单登记，实地勘察

业务员接单，进行业务登记备案；根据托运人提供的信息，业务员与技术人员实地勘察装卸、道路等作业现场，对作业场地的关键数据，尤其是桥梁承载的测量、涵洞隧道的可通行高度和宽度等必须有详细的数据记载。

2. 编制方案，货主审核

技术人员根据实地勘察情况编制实施方案；企业召集业务、安全等部门进行方案的可行性评审，并将完善后的实施方案提交货主单位审核。一个完整的大件运输方案还应当包括翔实的护送方案，如护送车辆配置、护送人员配备、护送路线情况说明、护送操作细则、异常情况处理等。

3. 核对资质，办理许可

核对承运货物是否在公司经营许可范围之内，并按规定向公路管理机构申请运输许可。

4. 签订合同，调度车辆

与货主签订运输合同；成立项目工作领导小组，明确职权；技术部门与作业人员进行实施方案的技术、安全交流；调度安排车辆设备、作业人员。

5. 过程控制，现场监督

配备专职安全质量员全程监督，严格执行企业运输安全管理制度和操作规范，严格执行大件货物装车、运输、卸车等工艺规定，并做好各环节作业详细记录。在大件货物的设备吊装和运输过程中，要安排经验丰富的专业人员担任专职安全质量员，处理各种应急情况，监控车辆运行过程中的设备状态等。

6. 验收交单，签注回单

运输作业结束后，与货主共同检查货物的外观及运输作业性能检测参数，确认无误后，请货主签注运输回单，办理交接手续。

三、鲜活易腐货物运输组织

(一) 鲜活易腐货物的概念

鲜活易腐货物也称冷藏货物，是指在运输过程中，需要使用专门的运输工具，或者采用特殊措施保持一定温度、湿度，以防止死亡和腐烂变质的货物。道路运输的冷藏货物主要有：鲜鱼虾、鲜肉、瓜果、蔬菜、牲畜、观赏野生动物、花木秧苗、冷冻食品、药品、蜂蜜、冰鲜活植物等。

鲜活易腐货物运输

具体分类如下：

1. 易腐货物和活动物

冷藏货物按照自然属性分为易腐货物和活动物两大类：

(1) 易腐货物包括肉、鱼、蛋、奶、鲜水果、鲜蔬菜、鲜活植物等。

(2) 活动物包括禽、畜、兽、蜜蜂、活鱼，以及鱼苗等。

2. 冷冻货和低温货

冷藏货物按照冷藏运输时的温度需求分为冰冻货和低温货两大类：

(1) 冰冻货是指在冻结状态下进行运输的货物，运输温度的范围一般为－200℃～－10℃。

(2) 低温货是指货物在还未冻结或货物表面有一层薄薄的冻结层的状态下进行运输的货物，一般允许的温度范围为－16℃～1℃。

3. 冷藏货物的温度要求

货物要求低温运输的目的主要是维持货物的呼吸，以保持货物的鲜度。

冷藏货物在运输过程中为了防止货物变质需要保持一定的温度。该温度一般称作运输温度。温度的高低应根据具体的货种而定，即使是同一货物，由于运输时间、冻结状态和货物成熟度不同，对运输温度的要求也不一样。一些具有代表性的冷冻货和低温货的运输温度见表 5-5 和表 5-6。

表 5-5 冷冻货的运输温度 单位：℃

货名	运输温度	货名	运输温度
鱼	－17.8～－15.0	虾	－17.8～－15.0
肉	－15.0～－13.3	黄油	－12.2～－11.1
蛋	－15.0～－13.3	浓缩果汁	－20.0

表 5-6 低温货的运输温度 单位：℃

货名	运输温度	货名	运输温度
肉	－5～－1	葡萄	6.0～8.0

续前表

货名	运输温度	货名	运输温度
腊肠	−5～−1	菠萝	11.0 以内
黄油	−0.6～0.6	橙子	2.0～10.0
带壳鸡蛋	−1.7～15.0	柚子	8.0～15.0
苹果	−1.1～16.0	红葱	−1.0～15.0
白兰瓜	1.1～2.2	土豆	3.3～15.0
梨	0.0～5.0		

（二）鲜活易腐货物的运输环节

1. 托运受理环节

受理鲜活易腐货物托运时，货运员首先要对鲜活易腐货物的质量、包装和热状态进行检查。核查托运人是否提供了最长运输期限、途中运输管理事宜的说明书，要特别注意鲜活易腐货物的运到期限和容许运送期限。如果是畜禽产品和鲜活植物，应检查托运人是否提供了有关部门签发的动植物检疫证明和准运手续。对于易腐需冷藏保温的货物，要与托运人核实货物的冷藏温度和在一定时间的保持温度资料。

根据货物质量、包装、温度等方面的检查结果填写“冷藏车作业单”，每车填写一份，与货物运单一起随车至到达站保存备查，作为分析处理货运事故的依据。

2. 货物装车环节

在装运鲜活易腐货物时，应根据货物的种类、数量、热状态、外界温度和运送距离选择适宜的车辆。装车前，必须认真检查车辆及设备的完好状态，并将车辆预冷到货物所要求的运输温度。装车时应根据不同货物的特点，确定科学的装载方法。

水果、蔬菜等需要通风散热的货物，必须在货件之间保留一定的空隙，使空气能在货件间充分流动。车厢底板最好有底格，装货时应使货件与车壁留有适当空隙，确保由车壁和底板传入车内的热量可以由空气吸收而不致直接影响货物。

冷冻货物为使货物本身积蓄的冷量不散失，应紧密堆码，不留空隙。对本身不发热的某些冷冻货物，如冷冻鱼虾，虽可以采用紧密堆码法，但应防止过分紧压，以免损伤物体，影响质量。

对于活动物，如牛、马需要用绳索拴牢在高栏板内，禽、兽及其他小动物需要用集装笼或专用工具固定在车厢内，保持平稳、妥当。

3. 途中运行环节

鲜活易腐货物具有易腐败变质的特点，在运输过程中，应定时检查货物的质量、包装和温度情况，确保包装合乎要求，温度符合规定。同时，要协调好仓储、配载、运送各环节，实行快速作业，尽量压缩货物在途时间，以保障货运质量。对于运输途中需要饲养和照料的动、植物，必须要求托运人派人押运。

4. 到达卸车环节

鲜活易腐货物到达卸车时，货运员应把货物的状态和温度情况、卸车时间等记入“冷藏车作业单”，存站备查。遇有腐坏变质情况，货运员应会同收货人检查确认腐损程度，并编制货运事故记录，作为调查事故判定责任的依据。

（三）主要鲜活易腐商品的运输注意事项

1. 冻结商品的运输

冻结商品主要是指冷冻水饺、冷冻包子、冻肉、冻家禽，调运目的主要是在到达地短期供给消费者。因为冻结商品在转运中多次发生忽高忽低的温度浮动，所以不再适宜长期保存。下面以冻肉为例，说明托运注意事项。

冻肉是指经过天然冷冻或人工冷冻后，肌肉深处的温度为－8℃以下的肉。冻肉托运温度要求在－10℃以下，出库温度应该更低，以备装车过程中肉温回升。机械保温车运输应保持在－12℃～－9℃。

托运前要进行质量鉴定，质量优良的冻肉，应肉体坚硬、色泽鲜艳，微击时能发出清脆的声响；割开部分呈玫瑰色，用手指与较高温物体接触时，由玫瑰色转为艳红色；油脂部分呈白色。冻肉如有发软、霉斑、气味杂腥等现象，则不符合质量标准。

2. 水果、蔬菜的运输

温度是影响果蔬类食品呼吸作用的最主要因素。低温贮存可以降低果蔬的呼吸强度，减少果蔬的呼吸消耗，还能抑制病原菌的生长，减缓水分的蒸发。因此，应尽可能维持适宜的低温来运输、贮存果蔬。

环境湿度对呼吸作用也有很大的影响。新鲜果蔬中含有大量水分，如果运输、贮存环境的湿度过低，果蔬会蒸发失水较多，会加强呼吸强度；但若环境湿度过高，果蔬的腐败率会升高。因此，在运输和贮存中选择合适的湿度对保存果蔬至关重要。

果蔬的有氧呼吸作用需要吸收氧气并放出二氧化碳。在一定程度上降低氧气、增加二氧化碳的浓度会抑制果蔬的有氧呼吸，从而延缓果蔬的后熟与衰老过程。

不同水果的包装应符合水果各自的特点，如葡萄、枇杷、荔枝等娇嫩水果，容器不宜过大，内部必须平整光滑，并加入适当的填充材料，避免擦伤或压坏。为了便于水果发散呼吸作用产生的热量及二氧化碳等气体，包装均须留有缝隙。水果的堆码，视季节不同，应适当地在货件之间留有通风道，以利于空气循环。

对于番茄等怕压的蔬菜，应用板条箱、柳条筐、竹筐等包装，每件重量最好不超过20千克。在包装内安放柳条筐，以使内部通风。菠菜、芹菜、青蒜等蔬菜，为使其迅速降温，可在包装内分2～3层夹入碎冰。

3. 冷藏药品运输的注意事项

承运冷藏药品时，应制定冷藏药品运输方案，主要内容包括提货通知、运输线路、联系人、异常处理等。冷藏药品的发货、装载区应根据药品说明书上规定的贮存温度要求，设置在符合温度条件的区域或在阴凉处，不允许设置在阳光直射、热源设备附近，或者其他可能会提升周围环境温度的区域。

运输人员出车前应对冷藏车及冷藏车的制冷设备、温度记录显示仪进行检查，要确保所有的设施设备正常并符合温度要求。冷藏车应配置至少 4 个温度记录设备，分别置于 2 个药品高温点和 2 个药品低温点；如果药品是放入冷藏箱内运输，则每种规格的冷藏箱中应放置 1 个温度记录设备随货发运，在冷藏箱上应注明贮存条件、启运时间、保温时限、特殊注意事项或运输警告。

冷藏药品的运输全过程都应进行温度监控，可采用温度记录仪、温度电子标签、温湿度监控仪等温度记录设备和温度检测材料。冷藏药品运输途中不得开启冷藏箱，确保在规定的温度范围内进行冷链运输及配送。在运输过程中，要及时查看温度。

记录显示仪如出现温度异常情况，应及时报告并处置。

另外，还要注意，冷藏药品运输的相关作业人员应经过相关的质量管理部门和物流管理部门的培训，熟悉冷链基础知识，熟悉所经营冷藏药品的温、湿度敏感性特点等冷链管理内容。

四、贵重货物运输组织

（一）贵重货物的概念

贵重货物是指单件货物价格比较昂贵的货物，在运输过程中需要特别保护和进行保价的物品。

（二）贵重货物的种类

（1）黄金（包括提炼或未提炼过的金锭）、混合金、金币以及各种形状的黄金制品，如金粒、片、粉、绵、线、条、管、环和黄金铸造物；白金（即铂）类稀有贵重金属（钯、铱、铑、钌、锇）和各种形状的铂合金制品，如铂粒、绵、棒、锭、片、条、网、管、带等。但上述金属以及合金的放射性同位素不属于贵重货物。

（2）合法的银行钞票、有价证券、股票、旅行支票。

（3）钻石（包括工业钻石）、红宝石、蓝宝石、绿宝石、蛋白石、珍珠（包括养殖珍珠），以及镶有上述钻石、宝石、珍珠等的饰物。

（4）金、银、铂制作的饰物和表。

（5）金、铂制品（不包括镀金、镀铂制品）。

（三） 运输贵重货物应注意的问题

1. 受理

托运贵重货物，托运人按货物实际价值，自行选择保险或保价的一种，在运单上准确填写投保货物的声明价格。贵重货物包装必须完好、牢固，一张运单托运的货物，凡不具备同品名、同规格、同包装的，应提交物品的清单。对国家或地方政府规定禁运、限运以及需办理准运证明的，托运人应随同运单提交有关部门的文件或证明，方能受理。为确保贵重货物运输安全，托运人应对物品属性以及运输、装卸、保管注意事项和运抵时间期限等提出特别要求，以利于承运人重视。整批量大的贵重货物，原则上受理后实行整车运送，安排适宜货物载运的、性能良好的货车或专用车直达运输；小批量、零星、贵重货物，以及瓶装零担运输的贵重货物应在运单上盖有“贵重货物”戳记，以便承运前、到达后的车站稳妥装卸和保管。

2. 装载

必须做到轻拿轻放，标志朝外，箭头向上；货物间积载稳妥，不留空隙，质量分布均衡；严禁超高、超载，油布捆扎牢固，谨防湿损。

3. 运送

在运输过程中要做到全程监控，尽可能实行快运，超长运距应配备双班驾驶人，日夜兼程。

任务四

集装箱运输管理

一、集装箱运输的发展历程

（一） 集装箱运输的定义

集装箱运输（Container Freight Transport），是指以集装箱这种大型容器为载体，将货物集合组装成集装单元，以便在现代流通领域内运用大型装卸机械和大型载运车辆进行装卸、搬运作业和完成运输任务，从而更好地实现货物“门到门”运输的一种新型、高效率和高效益的运输方式。

（二） 集装箱运输的特点

（1）提高装卸效率，减轻劳动强度，减少货物运输费用；

（2）减少货损货差，提高货物运输的安全与质量；

（3）缩短货物的在途时间，加快车船的周转；

（4）节省货物运输的包装，简化理货手续；

（5）减少运营费用，降低运输成本；

（6）推动包装的标准化，有利于组织多种运输方式的多式联运发展。

二、集装箱货物种类

（一） 按用途分类

（1）干货集装箱（Dry Cargo Container）。这种集装箱也称杂货集装箱，是一种通用集装箱，用以装载除液体货物、需要调节温度货物及特种货物以外的一般件杂货。这种集装箱使用范围极广，常用的有 20 英尺和 40 英尺两种，其结构常为封闭式，一般在一端或侧面设有箱门。

（2）开顶集装箱（Open Top Container）。这种集装箱也称敞顶集装箱，是一种没有刚性箱顶的集装箱，但有可折式顶梁支撑的帆布、塑料布或涂塑布制成的顶篷，其他构件与干货集装箱类似。这种集装箱适于装载较高的大型货物和需吊装的重货。

（3）台架式集装箱（Platform Based Container）。这种集装箱没有箱顶板和侧壁板，也没有门，甚至连端壁也没有，只有厚度比一般干货集装箱厚许多的箱底板和连接在箱底板上的骨架。这种集装箱可以从前后、左右及上方进行装卸作业，适合装载长大件和重货件，如重型机械、木材等。

（4）平台式集装箱（Platform Container）。这种集装箱是在台架式集装箱上再简化，只保留底板的一种特殊结构集装箱，主要用于装卸长、重大件货物，如钢材、整件设备等。平台的长度与宽度与国际标准集装箱的箱底尺寸相同，可使用与其他集装箱相同的紧固件和起吊装置。这种集装箱的采用打破了过去一直认为集装箱必须具有一定容积的概念。

（5）通风集装箱（Ventilated Container）。这种集装箱一般在侧壁或端壁上设有通风孔，适于装载不需要冷冻而需要通风、防止潮湿的货物，如水果、蔬菜等。如果将通风孔关闭，则这种集装箱可作为干货集装箱使用。

（6）冷藏集装箱（Reefer Container）。这种集装箱是专门为运输要求保持一定温度的冷冻货物或低温货物而设计的集装箱，适用于装载肉类、水果等货物。冷藏集装箱造价较高，营运费用也较高，使用中应注意冷冻装置的技术状态及箱内货物所需的温度。

（7）动物集装箱（Animal Container or Pen Container or Live Stock Container）。这种集装箱是一种专供装运牲畜的集装箱。为实现良好的通风，箱壁用金属网制造，以求有良好的通风。侧壁下方设有清扫口和排水口，并配有上下移动的拉门，以方便清扫垃圾，并设有饲养装置。

（二）按使用材料分类

现代的大型集装箱大都不是用一种材料制成的，而是用钢（包括不锈钢）、木材（包括胶合板）、铝合金和玻璃钢这四种基本材料中的两种以上组合而成的。箱体的主要部件（指侧壁、端壁、箱底和箱顶等）采用什么材料，就称其是什么材料制成的集装箱，分为以下几种：

（1）钢质集装箱；

（2）铝质集装箱；

（3）玻璃钢集装箱；

（4）其他材料制成的集装箱。

（三）按尺寸分类

集装箱按尺寸规格可分为 40 英尺集装箱、30 英尺集装箱、20 英尺集装箱等。

三、集装箱运输方式

集装箱运输可分为公路集装箱运输、海上集装箱运输、铁路集装箱运输和航空集装箱运输。

（一）公路集装箱运输

集装箱运输对公路的要求如下：车道最小宽度 3m，路面最小宽度 30m，路面最大坡度10%，停车视线最短距离25m，最低通行高度4m。

公路集装箱运输在多式联运中的业务范围主要包括进口货运业务和出口集装箱业务。

（二）海上集装箱运输

海上集装箱运输一般为班轮运输，集装箱航线一般为班轮航线。集装箱班轮运输是集装箱船按照预先公布的船期表，在固定的航线上以规定的挂靠中途港的顺序，往返航行于航线各港间的一种营运组织方式。其特点是对一定的集装箱船舶来讲，开航日期固定、开航时刻固定、挂靠港口固定、运价相对固定。

（三）铁路集装箱运输

1. 集装箱种类

一般来说，铁路集装箱运输按照吨位进行办理：

（1）小吨位集装箱。这是指容积为1～3m^3、最大容许重量小于2.5t的集装箱。

（2）中吨位集装箱。这是指容积为3～15m^3、最大容许重量为2.5～5t的集装箱。

（3）大吨位集装箱。这是指符合ISO系列标准的6.1m（20英尺）、9.1m（30英尺）、12.2m（40英尺）的国际标准集装箱。

大吨位集装箱可办理大吨位集装箱货物和大吨位空集装箱的运送，中、小吨位集装箱可办理零担或整车货物的运送。

2. 运输要求

集装箱由发送方的集装箱办理站承运，到站和换装站必须符合《国际铁路货物联运协定》附件《集装箱运送规则》的有关规定；集装箱的装运要按发送方的国家规章办理，必须是符合办理要求的集装箱才能办理。

铁路集装箱不得装运能损坏和污染集装箱、用箱后不能进行清洗和消毒的货物，以及能引起污染的有臭味的食品和物品。发货人必须对每一重集装箱和每一大吨位集装箱填写运单。

发货人应确认集装箱是否适于装运该种货物，若将货物装入不良的集装箱或不适合运送该种货物的集装箱，铁路对由此发生的货物灭失、损毁或质量的降低不负任何责任。

在换装运送中不能将中吨位集装箱与其他零担货物同车运送。

大吨位集装箱应使用敞车、专用平车等装运。装载两个箱子时，箱门应相对且间距不得超过200mm。

除装运家庭用品的集装箱可由发站在发货人在场的情况下施封外，重集装箱应由发货人施封后才能承运，大吨位集装箱的箱门也应该完好并施封。

收货人返还属于铁路的集装箱时必须清洁，并经过消毒处理；不属于铁路的集装箱，货物交付收货人后，可以返还该集装箱或继续使用。

（四）航空集装箱运输

国际航空运输协会将航空运输的集装箱称为“成组器”，分为航空用成组器和非航空用成组器两种。航空用成组器是指装载在飞机内与固定装置直接接触，不用辅助器就能固定的装置，从结构上又可分为部件组合式和完全整体结构式两种。非航空用成组器是指未满足上述航空用成组器条件的成组器，这种成组器可用叉式装卸车进行装卸。它是按照航空用成组器或飞机货舱的形状来实现标准化的，而且必须根据国际航空运输协会规定的标准规格制造。

四、集装箱货物运输作业流程

集装箱货物运输作业流程基本概括为集装箱货物的集中、集装箱货物的运输、集装箱的交接。

（一）集装箱货物的集中

集装箱货物的集疏运送过程是由货主独立组织的小批量货物运输变成了通过集散点集中后由一个运输企业统一组织的大批量运输。这种大批量货物由于可以采用大型运输方式（运量大、成本低）组织运输，因此可以取得规模效益，主要可以采取以下几种方式：

（1）各支线港分别集中货物后，通过支线以较大批量运往枢纽港堆场；

（2）枢纽港附近的货主分别直接用汽车将集装箱运往枢纽港堆场；

（3）一些大型铁路办理站集中多个托运人的小批量货物，通过定期与不定期直达专列运往枢纽港；

（4）在由内陆通往枢纽港的铁路线上有若干个集装箱办理站，可使用一般快运列车或普通货运列车采用沿线逐站集中的方式运往枢纽港堆场。

（二）集装箱货物的运输

集装箱货源从运输组织上分为整箱货和拼箱货两类。

1. 整箱货

整箱货（Full Container Load，FCL）是指货主托运的批量较大，足以由发货人负责装箱、计数、积载并加铅封的货运。承运人对整箱货是以箱为交接单位，只要集装箱外表与收箱时相似和铅封完好，承运人就完成了承运任务。

2. 拼箱货

拼箱货（Less than Container Load，LCL）是指装不满一整箱的小票货物，通常是由承运人分别揽货并在集装箱货运站或内陆站集中，然后将两票或两票以上的货物混装在一个集装箱内，并在目的地的集装箱货运站或内陆站拆箱，分别交货。对于这种货物，承运人要负责装箱与拆箱作业，装拆箱费用仍向货主收取，承运人对拼箱货的责任基本上与传统的杂件货运输相同。

一个完整的集装箱运输流程是在收（发）货人所在地或货运站装箱或拼箱后，从始发地运往集散地，由集散地将集装箱经集疏运系统运往枢纽港，经过干线运输到目的枢纽港后，再运往另一集散地，从集散地将集装箱（货物）运至收货人。

（三） 集装箱的交接

集装箱货物的运输方式与交接地点往往由于货主的要求而多样化，因此相应地产生了多种集装箱货物交接方式。集装箱货物的交接方式见表 5－7。

表 5－7 集装箱货物的交接方式

交接方式	起运地负责人	到达地负责人	货源状态	交货货物状态	发货人数	收货人数
Door-Door	承运人	承运人	FCL	FCL	1人	1人
Door-CY	承运人	收货人	FCL	FCL	1人	1人
Door-CFS	承运人	收货人	FCL	LCL	1人	多人
CY-Door	发货人	承运人	FCL	FCL	1人	1人
CY-CY	发货人	收货人	FCL	FCL	1人	1人
CY-CFS	发货人	收货人	FCL	LCL	1人	多人
CFS-Door	发货人	承运人	LCL	FCL	多人	1人
CFS-CY	发货人	收货人	LCL	FCL	多人	1人
CFS-CFS	发货人	收货人	LCL	LCL	多人	多人

任务五
国际联合运输管理

一、国际多式联运概述

国际多式联运（International Multimodal Transport，IMT）是指按照多式联运合同，以至少两种不同的运输方式，由多式联运经营人负责将货物从一国境内接管货物的地点运至另一国境内指定交付货物地点的运输方式。它是一种以实现货物整体运输的最优化效益为目标的组织形式，通常以集装箱为运输单元，将不同的运输方式有机地结合在一起，构成连续的、综合性的一体化货物运输。

国际多式联运是一种比区段运输高级的运输组织形式。20 世纪 60 年代末美国首先试办多式联运业务，受到货主的欢迎。随后，国际多式联运在北美、欧洲和亚洲开始采用。20 世纪 80 年代，国际多式联运已逐步在发展中国家实行。目前，国际多式联运已成为一种新型的重要的国际集装箱运输方式，受到国际航运界的普遍重视。1980 年 5 月，在日内瓦召开的联合国国际多式联运公约会议上通过了《联合国国际货物多式联运公约》。该公约对国际多式联运的发展产生了积极的影响。

案例分析

“义乌-宁波舟山港”海铁联运重箱发运量已超 2021 年总量

2022 年 11 月 30 日 10 时许，满载 100 标箱出口货物的 81942 次海铁联运班列从义乌铁路西站鸣笛启程，驶往宁波舟山港。至此，“义乌-宁波舟山港”海铁联运班列 2022 年已累计发运重箱 759 列，达 6.8 万标准箱，同比增长超 15%，货值 100 多亿元，提前一个月超过 2021 年重箱发运总量。

2022 年以来，宁波舟山港和铁路、海关等海铁联运团队充分发挥全天候、方便快捷、安全高效、绿色低碳和宁波舟山港大港口、铁路大联动义乌商贸大市场强强联合等优势，积极采取“公转铁”等应对措施，紧扣“增”字做文章，打好海铁增量团体攻坚战，科学制定海铁联运货源结构指标，加大与货运物流的协调服务力度，加强货源组织，简化进场、加封、查验等作业流程，增加重箱落箱时间段，提高重箱发运时效，有效释放车队短驳运力，降低客户的运输成本，赢得了客户的广泛好评。2022 年 3 月，浙江义乌国际公铁联运有限公司成立，有效整合了义乌西站（如图 5－7 所示）海铁资源，

图 5-7 义乌西站

助力海铁操作保障水平有效提升，进一步优化了作业流程。

下一步，宁波舟山港和铁路等海铁联运团队将继续整合优势资源，织密多式联运服务网络，不断提升海铁联运服务质量，为义乌当地及周边地区外贸企业提供更便捷、高效、优质的物流服务，推进“义甬舟”海铁联运开放大通道建设，为服务“一带一路”倡议和促进全球产业链、供应链的稳定做出新贡献。

分析：

1. 案例中的多式联运主要是哪些运输方式的结合？

2. 宁波舟山港和铁路等海铁联运的结合给浙江及周边地区带来了哪些经济效益？国际多式联运的优势体现在哪里？

二、国际多式联运的优越性

（一）责任统一，手续简便

在国际多式联运方式下，无论货物运输距离有多远，由几种运输方式共同完成，且不论运输途中货物经过多少次转换，所有一切运输事项均由多式联运经营人负责办理。而托运人只需办理一次托运，订立一份运输合同，支付一次费用，缴纳一次保险，从而省去托运人办理托运手续的许多不便。同时，由于多式联运采用一份货运单证，统一计费，因此也可简化制单和结算手续，节省人力和物力。此外，一旦运输过程中发生货损货差，由多式联运经营人对全程运输负责，从而也可简化理赔手续，减少理赔费用。

（二）减少中间环节，缩短货运时间，降低货损货差事故，提高货运质量

在国际多式联运方式下，各个运输环节和各种运输工具之间配合密切，衔接紧凑，货物所到之处中转迅速及时，大大减少了货物的在途停留时间，从而从根本上保证了货物安全、迅速、准确、及时地运抵目的地，因而也相应地降低了货物的库存量和库存成本。同时，国际多式联运通过集装箱为运输单元进行直达运输，尽管货运途中需经多次转换，但由于使用专业机械装卸，且不涉及箱内货物，因此货损货差事故大为减少，从而在很大程度上提高了货物的运输质量。

（三）降低运输成本，节省各种支出

由于多式联运可实现门到门运输，因此对货主来说，在货物交由第一承运人以后即可取得货运单证，并据以结汇，从而提前了结汇时间。这不仅有利于加速货物占用资金的周转，而且可以减少利息的支出。此外，由于货物是在集装箱内进行运输的，因此，从某种意义上来看，可相应地节省货物包装、理货和保险等费用的支出。

（四）提高运输管理水平，实现运输合理化

在开展多式联运以前，各种方式的运输经营人都是自成体系、各自为政，只能经营自己运输工具能够涉及的运输业务，因而其经营业务的范围和货运量受到很大限制。一旦发展成为多式联运经营人或作为多式联运的参与者，其经营的业务范围可大大扩展，各种运输方式的优势可得到充分发挥，其他与运输有关的行业及机构如仓储、代理、保险等都可通过参加多式联运扩大业务。

（五）其他作用

发展国际多式联运有利于加强政府部门对整个货物运输链的监督与管理，保证本国在整个货物运输过程中获得较大的运费收入分配比例；有利于引进先进的运输技术，减少外汇支出；有利于改善本国基础设施的利用状况。

三、国际多式联运的组织和运营

（一）多式联运经营人

《联合国国际货物多式联运公约》和《贸发会议/国际商会多式联运单证规则》采用“Multimodal Transport Operator”（MTO）作为多式联运经营人的名称。《联合国国际货物多式联运公约》规定，多式联运经营人“是指其本人或通过其代表订立多式联运合同的任何人，他是事主，而不是发货人的代表人或代表或参加多式联运的承运人的代表人或代表，并且负有履行合同的责任”。我国《海商法》规定：“前款所称多式联运经营

人，是指本人或者委托他人以本人名义与托运人订立多式联运合同的人。”

可见，我国《海商法》对多式联运经营人所下的定义与上述公约和规则基本一致。通常根据多式联运经营人是否参加海上运输，多式联运经营人可分为：

（1）以船舶运输经营为主的多式联运经营人，或称有船多式联运经营人。他们通常承担海运区段的运输，而通过与有关承运人订立分合同来安排公路、铁路、航空等其他方式的货物运输。

（2）无船多式联运经营人。无船多式联运经营人可以是除海上承运人以外的运输经营人，也可以是没有任何运输工具的货运代理人、报关经纪人或装卸公司。

无论是有船多式联运经营人还是无船多式联运经营人，其法律地位并无差异。

（3）区段承运人。我国《海商法》和《合同法》没有对区段承运人作明确定义，从它们的有关规定来看，区段承运人是指与多式联运经营人签订合同，履行多式联运某一区段运输的人，他与托运人并无直接的合同关系，他参与多式联运合同的履行。

（4）履行辅助人。多式联运规则和公约均提及代理人、受雇人、经营人和为履行多式运输合同而提供服务的任何其他人都属于履行辅助人。履行辅助人具体指下列辅助多式联运经营人履行多式运输的人：多式联运经营人的受雇人、代理人和独立的订约人（包括区段承运人、港站经营人、货运代理人等）。

（二）多式联运运输组织方法

货物多式联运的全过程就其工作性质的不同，可划分为实际运输过程和全程运输组织业务过程两部分。

1. 实际运输过程

实际运输过程是由参加多式联运的各种运输方式的实际承运人完成的，其运输组织工作属于各方式运输企业内部的技术、业务组织。

2. 全程运输组织业务过程

全程运输组织业务过程是由多式联运全程运输的组织者——多式联运经营人完成的，主要包括全程运输所涉及的所有商务性事务和衔接服务性工作的组织实施。其运输组织方式有多种，基本上分为协作式多式联运和衔接式多式联运两大类。

（1）协作式多式联运的运输组织方法。

协作式多式联运的组织者是在各级政府主管部门协调下，由参加多式联运的各种方式运输企业和中转港站共同组成的联运办公室。协作式多式联运运输过程如图 5－8 所示。

在这种机制下需要使用多式联运形式，运输整批货物的发货人根据运输货物的实际需要，向联运办公室提出托运申请，并按月申报整批货物要车、要船计划。联运办公室根据多式联运线路及各运输企业的实际情况制订该托运货物的运输计划，并将该计划批复给托运人及转发给各运输企业和中转港站。发货人根据计划安排向多式联运第一程的运输企业提出托运申请并填写联运货物托运委托书，第一程运输企业接受货物后经双方签字，联运合同即告成立。第一程运输企业组织并完成自己承担区段的货物运输至与后

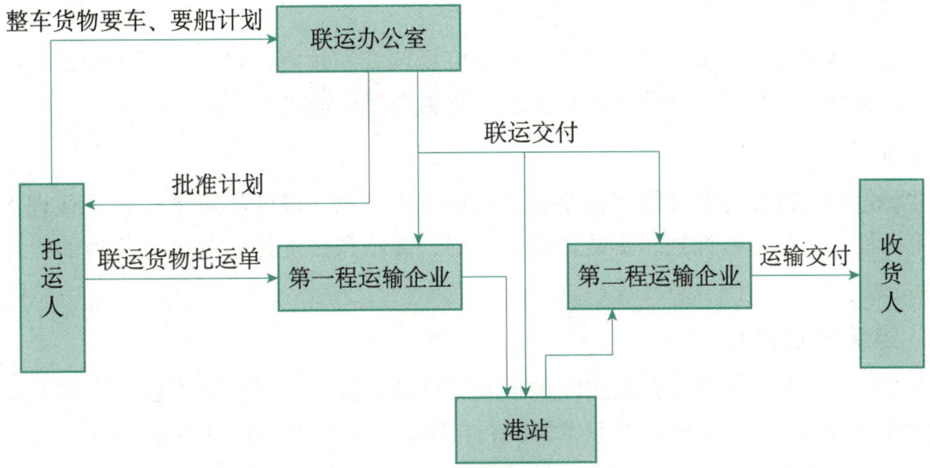

图 5-8　协作式多式联运运输过程示意图

一区段衔接地，直接将货物交给中转港站，换装后由后一程运输企业继续运输，直到最终目的地由最后一程运输企业向收货人直接交付。在前、后程运输企业之间和港站运输交接货物时，需填写货物运输交接单和中转交接单。联运办公室或第一程企业负责按全程费率向托运人收取运费，然后按各企业之间商定的比例向各运输企业及港站分配。

(2) 衔接式多式联运的运输组织方法。

衔接式多式联运的全程运输组织业务是由多式联运经营人完成的，这种联运组织下的货物运输过程可用图 5-9 来表示。

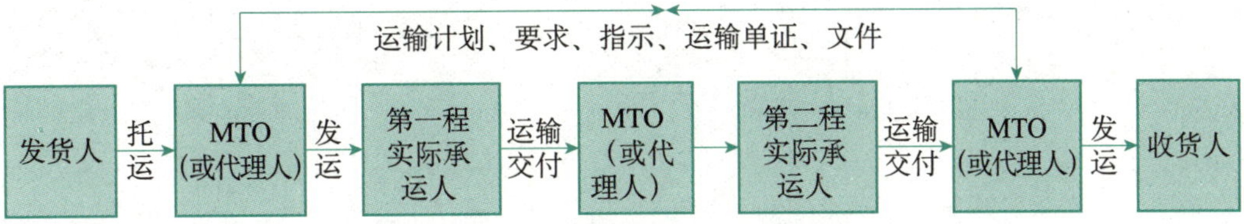

图 5-9　衔接式多式联运运输过程示意图

在与发货人订立运输合同后，多式联运经营人根据双方协议费率收取全程运费和各类服务费、保险费等费用。多式联运经营人在与各区段实际承运人订立各分运合同时，需向各实际承运人支付运费及其他必要费用；在各衔接地点，委托代理人完成衔接服务时，也需向代理人支付委托代理费用。

在这种多式联运组织体制下，承担各区段运输的运输企业的业务与传统分段运输形式完全相同，这与协作式体制下还要承担运输衔接工作是有很大区别的。这种联运组织体制在有些运输中运用得也越来越多。随着我国经济体制的改革，这种组织体制将成为国内多式联运的主要组织方式。

(三) 多式联运的运输组织业务

多式联运的运输组织业务主要包括：

1. 货源组织

主要包括：搜集和掌握货源信息，加强市场调查和预测，建立与货主联系机制，组织货物按期发运、组织货物均衡发运和组织货物合理运输。

2. 制订运输计划

主要包括：选择各票货物运输路线、运输方式、各区段的实际承运人及代理人，确定运输批量，编制订舱计划、集装箱调运计划、装箱和接货计划及各批货物的运输日程计划等。

3. 组织各项计划的实施

主要包括：与各区段选择的实际承运人签订分运合同，将计划下达给有关人员或机构，监督其按计划开展工作，及时了解执行情况，并组织有关信息传递工作。

4. 计划执行情况监督及计划的调整

主要包括：根据计划及执行反馈信息检查并督促各区段、各转接点的工作，如出现问题则对计划进行必要调整，并把有关信息及时传达给有关人员与机构，以便执行新的指令。

5. 组织货物交付、事故处理及集装箱回运工作

主要包括：货物到达目的地后要进行货物的交付工作，途中如遇到突发事件要及时处理；掏空集装箱后要进行集装箱的回运工作，以免运力的浪费。

项目小结

本项目介绍了整车货物运输的相关业务及流程，阐述了公路整车与公路零担货物的运输组织，还介绍了特种货物包括危险货物、大件货物、鲜活易腐货物的运输组织。

随着电子商务的快速发展，零担货物运输正呈现日益繁荣的景象，普通零担货物运输作为货物运输的重要形式之一，越发显现出它的重要性。

在国际物流中，多式联运常被用作主要运输方式，也是交通运输向专业化发展的重要标志。多式联运是一种以实现货物整体运输的最优化效益为目标的联运组织形式。它通常是以集装箱为运输单元，通过一次托运、一次计费、一份单证、一次保险，由各运输区段的承运人共同完成货物的全程运输，即将货物的全程运输作为一个完整的单一运输过程来安排。因此，国际多式联运从根本上改变了过去传统的运输方式，拥有许多优势。

职业能力训练

思考与练习题

一、单项选择题

1. 按规定向车站缴纳运杂费，并领取相应货票的时间是（　　）。

A. 发货人办理货物托运时　　B. 发货人收取货物时

C. 发货途中　　D. 没有时间限制

2. 承运的时间是（　　）。

A. 始发站在填写货物托运单和发票时

B. 收货人签收货物之时

C. 货物运输出现异常之时

D. 始发站在货物托运单和货票上加盖承运日期之时

3. 对大多数易腐食品来说，冷却的温度范围为（　　）。

A. −8℃～0℃　　B. 0℃～4℃　　C. −18℃～−8℃　　D. 4℃～8℃

4. 下列选项中的商品可以配装在一辆车上的是（　　）。

A. 肥皂、洗衣粉、茶叶　　B. 肥皂、洗衣粉、布鞋

C. 肥皂、洗衣粉、洗洁精　　D. 肥皂、洗衣粉、袜子、裤子

5. 国际贸易中最主要的运输方式是（　　）。

A. 国际铁路运输　　B. 海上运输

C. 国际航空运输　　D. 国际多式联运

6. （　　）是国际多式联运的主要组织形式，也是亚洲和欧洲多式联运的主要组织形式之一。

A. 陆空联运　　B. 海空联运　　C. 陆桥运输　　D. 海陆联运

7. 签发多式联运提单的承运人的责任是（　　）。

A. 只对第一程运输负责　　B. 必须对全程运输负责

C. 对运输不负责　　D. 只对最后一程运输负责

8. 集装箱中的标准箱指的是（　　）。

A. 40 英尺集装箱　　B. 30 英尺集装箱

C. 10 英尺集装箱　　D. 20 英尺集装箱

9. 生丝绸缎、丝织品、照相机等属于（　　）货物。

A. 细货　　B. 高价货　　C. 粗货　　D. 普通货

10. 下列不属于装车作业流程的是（　　）。

A. 备货　　B. 交代装车任务

C. 监装　　D. 开票收费

11. 下列不属于危险货物的要素的是（　　）。

A. 物理、化学性质不稳定　　B. 潜在危害性大

C. 防护措施特殊　　D. 运送时间紧迫

12. 在运输鲜活易腐货物时，下列操作错误的是（　　）。

A. 应根据货物的种类、运输距离、运送地方和运送季节确定相应的运输服务方法

B. 怕压的货物必须在车内加隔板，分层装载

C. 为保持冷冻货物的冷藏温度，所有货物都要紧密码放

D. 应充分发挥公路运输快速、直达的特点，协调好仓储、配载、运送各环节，及时送达

13. 下列属于爆炸品运输安全要求的是（　　）。

A. 严禁搭乘无关人员　　B. 慎重选择运输工具

C. 严防货物丢失　　D. 行车要避开高温

14. 大陆桥运输是指（　　）。

A. 海陆海联运　　B. 陆海陆运输

C. 海空海联运　　D. 陆空海联运

15. 在道路货物运输中，客户向道路运输部门提出运送货物的要求叫（　　）。

A. 受理　　B. 承运　　C. 揽货　　D. 托运

二、多项选择题

1. 运费由（　　）构成。

A. 计费重量　　B. 计费里程　　C. 货物类别　　D. 运价

2. 整车运输的四个部分是（　　）。

A. 运输准备过程　　B. 基本运输过程

C. 辅助运输过程　　D. 运输服务过程

3. 运输生产过程的组织原则是（　　）。

A. 连续性　　B. 一致性　　C. 协调性　　D. 均衡性

4. 按状态可将易腐货物分为（　　）。

A. 冻结货物　　B. 低温货物

C. 未冷却货物　　D. 冷却货物

5. 国际多式联运的经营管理和建设主要包括（　　）。

A. 拥有网络化的集装箱货运站　　B. 拥有国内外的联运网点

C. 实行单一的多式联运费率　　D. 实行多种多式联运费率

6. 以下联运方式中，属于国际多式联运的是（　　）。

A. 海陆联运　　B. 海空联运　　C. 陆空联运　　D. 陆陆联运

7. 道路零担运输业务的开办条件是（　　）。

A. 建立零担货物仓库　　B. 开办零担货运站

C. 开辟班车和建立零担货运网络　　D. 零担货车搭配

E. 组织零担货物联运

8. 危险货物运输的业务流程包括（　　）。

A. 受理托运　　B. 货物装卸

C. 运送　　D. 交接保管

E. 制定运输方案

9. 下列不属于公路运输的鲜活易腐货物的是（　　）。

A. 蔬菜　　B. 钢铁

C. 花木秧苗　　D. 木材

E. 蜂蜜

10. 集装箱多式联运的组织形式有（　　）。

A. 海陆联运　　B. 陆桥运输

C. 一贯制运输　　D. 海空联运

三、判断题

1. 建立零担货物仓库是开办零担货运的首要条件。（　　）

2. 固定式零担车是指车辆运行采取定线路、定班期、定车辆、定时间的一种零担车，也叫“固定运输”，通常又称为汽车零担货运班车（简称零担班车）。（　　）

3. 国际多式联运在全程运输中要使用两种或两种以上运输方式，一般有一程为海运。（　　）

4. 虽然多式联运采取全程负责的方式，但是需要办理多次托运手续。（　　）

5. 运输距离越远，采用海空联运的优越性就越大。（　　）

6. 多式联运适用于水路、公路、铁路和航空等运输方式，因为在国际贸易中 85%左右的货物是通过海运来完成的，所以该种运输方式在国际多式联运中占主导地位。（　　）

7. 整车货物的办理不足车辆标记载重量时按车辆标记载重量核收运费。（　　）

8. 运输指示标志可以贴在货物的任何部位。（　　）

9. 冻结货物是指冷藏食品时，将食品内所含水大部分冻结成冰，其温度范围为−8℃～0℃的货物。（　　）

10. 被装卸物料的纯度不影响装卸的效率。（　　）

综合实训项目

1. 多式联运一般是指由两种及以上的交通工具相互衔接、转运来共同完成货物运输的运输过程。我国与国际上通行的标准有所不同，我国对于多式联运的定义中明确规定多式联运所包含的运输方式中必须涵盖海上运输方式，可以是沿海运输，也可以是国际海上运输。随着我国经济的不断发展，单一的运输方式很难再满足企业庞大的物流需求。再加之我国现阶段物流成本居高不下，多式联运作为一种能够提高效率同时降低成本的运输方式越来越受到追捧，发展多式联运成为共识。

试分析：为什么我国要发展多式联运？发展多式联运给地方经济的助力有哪些方面？

2. 随着人们生活水平的提升，在浙江义乌冬天可以品尝到杧果的味道，在兰州可以吃到新鲜的大闸蟹，这都是冷链物流的高速发展给人民的生活品质带来的提升。选择一家冷链物流公司进行实地调研，了解冷链物流企业组织框架、主要岗位的工作职责，公司的冷库面积、布局和主要功能区，公司冷链物流的常用冷藏设备和主要功能，公司冷链物流的运作流程，分析公司的冷链物流存在的主要问题并提出对策建议。

模块三
运输信息系统管理

项目六
智能运输技术

【学习目标】

※ 知识目标

1. 掌握智能运输系统的概念、组成
2. 熟悉智能运输信息系统涉及的相关技术
3. 熟悉智能运输系统的应用情况

※ 能力目标

1. 能够分析智能运输系统子系统的功能
2. 能够认识运输信息系统对企业的重要性
3. 能够诠释智能运输系统在现代物流中的具体应用

※ 素养目标

1. 了解智能运输，增强国际视野，加强职业认同感
2. 学习智能运输系统，展示中国智慧和力量，提升职业自豪感
3. 了解信息化处理，培养学生一丝不苟、精益求精、专注工作的工匠精神

【引例】

2021 年 ITS 世界大会：智慧物流迎来爆发

智能交通世界大会（ITS World Congress）是世界上规模最大、范围最广、影响力最强的智能交通行业综合性国际会议，自 1994 起，每年分别在欧洲、美洲和亚太地区轮流举办。2021 年 10 月 11 日，2021 智能交通世界大会在德国汉堡开幕，为期 5 天。本次大会吸引了来自世界各地超过 1 万名参观者、400 家参展商（包括 50 多家初创企业）。为此，汉堡在当地 170 多个 ITS 项目中遴选了 42 个对汉堡 ITS 战略起着决定性作用的主要项目，在大会期间进行展示和现场体验。

本次智能交通世界大会的主题为自动驾驶和车联网、出行即服务（MaaS）、数字港口和物流方案、智能基础设施、来自新技术的新服务、可持续城市交通。

主题一：自动驾驶和车联网

自动化和协同性的讨论在本次大会上占据最大的篇幅，项目用例更多，且更强调实际的落地部署和服务应用。L3－4 的自动驾驶解决方案受到了更多关注，L1－2 的应用也得到了充分的展示。人们更加关注自动化应用背后的安全保障、风险评估、网络安全、行人安全等问题。

1. 自动救护车概念车

大众商用车展示了基于其 ID. Buzz 型号研发的自动救护车概念车（如图 6－1 所示）。该车采用了 L5 级自动驾驶系统，设计了面向病人的专业的医疗设备，能够提供最大化的救治空间：纯平的地板、躺卧式的担架、正常乘坐的包裹座椅以及其他救治设备，可以根据实际场景和病人情况的不同，实现不同的救护模式。

图 6－1　大众研发的自动救护车

协作式智能交通系统（C-ITS）近两年迎来了发展的热潮，本次大会的讨论涉及其与日常业务的整合、行业相关人员的利益、实际部署中的经验教训以及对未来智能交通系统的影响。目前汉堡正在从C-ITS大规模试点转向广泛使用，数字孪生和连接云端的基础设施被广泛认为是其重要组成部分，因此交通部门和运营商如何在安全保障中做到更高效率地运输是迫在眉睫的。

2. C-ITS合作协议

会上，荷兰智能移动专家Monotch和比利时Be-Mobile企业签署了一项合作协议，旨在实现和扩大荷兰、法国和欧洲其他地区的C-ITS服务规模，双方强调了全面运作C-ITS生态系统的重要性，如改善交通流量和道路安全、优先考虑道路使用者和减少排放。

埃里克·桑普森（Eric Sampson）教授认为高度自动化的公共交通目前发展相对滞后，自动化巴士的成功试点大多集中在有专用基础设施的试点路段。政府部门和运输公司似乎不愿意采纳这些应用并提供定期服务。显然，阻碍自动驾驶汽车商用化的不仅仅是技术。

3. 自动驾驶电动小巴HEAT

大会期间，汉堡为与会人员提供了由IAV GmbH公司开发的自动驾驶电动小巴HEAT，目前该巴士已经正式在汉堡市中心运行，参会人员可以通过搭乘HEAT到达大会其中几个展厅。HEAT共设计有三个座位和四个站立位置，车辆对周围环境的直接感知基于雷达和激光雷达传感器系统，并辅以摄像头。此外，车辆使用汉堡市提供的当前路线的高清地图，精确到厘米级，小巴士能够以时速25千米的速度行驶、自动左转、绕过障碍物。

主题二：出行即服务（MaaS）

自2014年以来，MaaS一直是ITS世界大会上的热门话题，埃里克·桑普森教授总结了本次大会关于MaaS主题的盛况。ITS协会、各国参展代表、参展商对此展开了激烈讨论，议题包括MaaS对出行的影响、该模式的公平和包容性、标准化制定、商业模式以及对环境的影响。

主题三：数字港口和物流方案

这通常是往年大会上较小的议题，然而随着新冠疫情席卷全球，这个话题成为本次大会的焦点。对于日常供给的防疫物资、疫苗供应抑或是食品货物供给，货运和物流通过自动驾驶、无人机等技术实现低风险、高效率的运输。为此，世界大会举行了有史以来第一个相关论坛，讨论该行业如何稳步实现数字化。

1. 自动驾驶卡车

曼恩与德国汉堡港口与物流股份公司（HHLA）在大会上公布了"Hamburg Truck Pilot"自动驾驶卡车测试项目的最新成果（如图6－2所示）。该公司项目经理表示："原型车的成功运行表明自动驾驶技术能够顺利完成传感器技术、环境监测和自动化系统的交互，满足实际运输情况中的高精度要求，可以与手动控制的卡车完成一样的使命。"

2. 运输机器人劳拉

由汉堡技术大学技术物流研究所开发的运输机器人劳拉作为本次世界大会42个展

图 6-2 自动驾驶卡车

示内容之一进行展示。该研究项目是汉堡市 ITS（智能交通系统）战略的一部分，在德国劳恩堡（市）测试自动穿梭机中的人员和货物运输。该项目中，据说自动驾驶客车和自动驾驶公交车的结合是领先世界的。运输机器人劳拉的机身上安装了大量传感器来感知周围环境，其顶部安装了一台与高精度地图相连的激光扫描仪，以及用于近距离识别障碍或停放汽车的 3D 立体摄像头。劳拉穿梭车扩大了送货机器人的应用范围，并减少了疫情期间的交通量，能够更好地完成“最后一千米”运输交付。

3. 货运无人机“Volodrone”

无人机先驱 Volocopter 公司首次在公共场合飞行了一架专门开发的货运无人机“Volodrone”。据 Volocopter 公司称，在商业运营中，重型无人机最多可以运输 200 千克的货物，飞行距离可达 40 千米。这架专为运输欧洲托盘而设计的飞机将在未来自主运行，即实现超视距飞行（BVLOS）。

4. 无人机综合应用

Medifly 公司项目展示了无人机运输急需的医疗用品（药物、实验室或组织样本）的能力，该项目旨在在确保患者得到及时的护理的同时缓解道路交通。UDVeo（城市无人机交通组织）展示了其正在建设的一个官方授权的控制中心，以实现安全高效的无人机交通。

总而言之，智慧物流系统仍然是一个整体脆弱的系统，从原产地装载到船舶、船舶管理、港口内部管理、交付车队管理、“最后一千米”等之间的衔接并不良好。会议一致认为，增加各环节服务商的协作性并加速开放平台的开发将继续成为接下来的工作重点。

主题四：智能基础设施

这是一个相对较新的概念，反映了所有ITS技术的重大进步。人们对人工智能、机器学习、新型传感器和算法产生了很大的兴趣，车联网和智能网联应用不仅可以连接公路车辆，还可以连接水上交通、铁路、无人机系统。会上，弱势道路使用者也是一个备受关注的话题，尤其是C-ITS应用对行人和骑自行车者的影响。

1. 汉堡无线创新能力中心

德国联邦政府宣布以2 500万欧元支持建立汉堡无线创新能力中心。HAWICC将成为德国联邦交通和数字基础设施部规划的“德国未来移动中心”的三个全国性地点之一，并为无线领域的基础研究和技术突破做出重大贡献。HAWICC将在硬件和软件开发领域进行研究，开发新的服务和商业模式，处理数据安全和网络安全问题。该项目对其他合作伙伴的参与是开放的。

2. 汉堡自行车计数网络

汉堡自行车计数网络作为42个主要项目之一展出，是ITS战略在“数据和信息”领域的项目之一。该项目由德国联邦交通和数字基础设施部资助69万余欧元，目前在市区部署了55台热成像仪。项目一方面收集数据，旨在作为扩大自行车运动和有效划分交通区域的基础，另一方面，公开数据给出行软件，提供给骑自行车的人，从而提高自行车出行的吸引力。

总体而言，不同国家在使用智能基础设施方面处于不同阶段。一些国家正在谨慎地试用对他们有益的用例。部分先进的国家已经通过试验，并正在进行广泛的实际部署，以改善用户交互体验。

主题五：来自新技术的新服务

这是本届大会最小的主题，反映了使用新技术改进现有服务和应用程序，而不是创建新服务是当前趋势。本次大会强调需要将创新行为和社会影响联系起来，并探索如何将未来的移动需求融入城镇和城市规划中。一些初创公司提出了交通诱导分流的新方法，如实时信息传播、动态建模以及鼓励司机使用他们可能不会考虑的道路或时间段出行的激励措施。动态激励措施是一种新兴思想，但大家一致认为挑战在于，这样一个系统如何说服司机他们改变出行时间或路线是值得的。

芯片开发商NXP Semicon Ductors Germany已与经营方合作，进一步开发和优化用于电动滑板车的技术（V2X），如图6-3所示。该项目允许电动滑板车与汉堡市自动驾驶测试轨道的交通信号灯进行通信，并指出电动滑板车潜在的碰撞。在即将发生碰撞的情况下，滑板车会通过车把上的红色闪烁灯显示警告。通过与TAVF测试赛道的信号系统通信，滑板车可以显示红色和绿色阶段的剩余时间作为倒计时。

主题六：可持续城市交通

埃里克·桑普森教授报道了大会关于“智慧城市”解决方案的讨论，遗憾的是真正的智慧城市愿景尚未实现。智慧城市的建设不仅仅在于制定以数据为依据的决策，以推

图 6-3 电动滑板车的技术（V2X）

动可衡量的结果，使用“大数据中心”显示问题区域的位置，以帮助确定解决方案，而且是城市规划者和决策者需要做更多的工作来了解“实地”发生的事情。参会人员普遍认为一个理想的智能城市会依赖多模式解决方案。例如，大多数运营商都专注于管理汽车、交通和拥堵，而不太强调交通模式的转变。

资料来源：2021 年 ITS 世界大会：自动驾驶热度不减，智慧物流迎来爆发.（2021-11-22）[2023-10-12]. 百家号网.

案例思考：

1. 2021 年的 ITS 世界大会涉及哪些方面的发展规划？
2. 关于智慧物流，我们生活中哪些方面可以得到改善？
3. ITS 在我们生活中的应用范围是什么？它具有什么作用？

任务一
智能运输系统

一、智能运输系统概述

智能运输系统（Intelligent Transportation System，ITS）是将先进的信息技术、数据通信传输技术、电子控制技术及计算机处理技术等综合运用于整个运输管理体系而建立起的一种在大范围内全方位发挥作用的，实时、准确、高效的综合运输管理系统。它将道路管理者、用户、交通工具和设施以及环境等有机地结合在系统中，实现各种运输方式的现代化，提高了交通运输网络这个大系统的运行效率。ITS 的主要支持技术包括传感器、位置测量、判断处理技术、数字化和数据库、车辆控制、计算机、通信网络及移动通信等。

随着城市化的进展和汽车的普及，交通问题日益严重，道路车辆拥挤，交通事故频发，交通环境不断恶化。交通问题不仅在发展中国家，即使在发达国家也是令人困扰的严重问题。解决交通问题的直接办法是提高路网的通行能力，限制交通流量。这些方法短期可以奏效，但不能从根本上解决问题。ITS 把汽车、驾车的人以及所使用的道路设备这三方面有机地综合成一个人机系统，有效利用各种交通设备及与此相关的信息，使路网上的交通流处于平衡的运输状态，使交通的安全性、畅通性得到很大的提高，能源消耗与环境污染得到有效的降低与改善。

二、智能运输系统的组成

ITS 涵盖的内容十分广泛，从技术领域、工作特点和应用场合等方面，可把从事 ITS 产业的众多部门大致概括为以下四大类：

（一）车辆控制和车载单元

这主要包括：自动高速公路系统、不停车收费系统、智能运行控制系统、视觉增强系统、汽车电子系统、车道跟踪/变更/交汇系统、自动制动系统、精确停车系统、车牌自动识别系统、电子黄页和其他非地图数据库。

（二）远程信息处理

这主要包括：导航数据库、车载硬件系统和元件、实时交通/气象信息服务、紧急辅助通信和服务、GPS和元件、事故检测系统、互联网接入、碰撞警告系统。

（三）车队信息系统和导航

这主要包括：车队跟踪软件和服务、车队管理和燃油系统、运动称重设备和系统、贵重器材运输车辆跟踪系统、计算机辅助调度系统、航位推算装置、其他有关硬/软件。

（四）ITS工程和服务

这主要包括：系统工程设计、ITS系统集成、运输市场分析、系统计划/测试/评估、外场测试、培训/技术支持、运行/维护、培训/鉴定、交通环境模拟等。

三、智能运输信息系统涉及的相关技术

（一）网络技术

物流在途运输管理信息系统需要大量应用网络技术，尤其是无线网络技术。在物流信息系统的运行方面，通过网络，客户端可以通过Web服务器实现具体的查询等功能，进而达到能够及时、准确地了解物流运输状态的目的。

（二）条形码技术

条形码（Bar Code，简称条码）技术是在计算机应用中产生并发展起来的，广泛应用于商业、邮政、图书管理、仓储、工业生产过程控制、交通等领域的一种自动识别技术，具有输入速度快、准确度高、成本低、可靠性强等优点，在当今的自动识别技术中占有重要的地位。物流行业利用条形码技术可对物品进行识别和描述，从而解决了数据录入和数据采集的瓶颈问题，为供应链管理提供了有力支持。国际上公认的用于物流领域的条码标准主要有3种，即通用商品条码、储运单元条码和贸易单元条码，基本上可以满足物流领域中消费单元、储运单元和贸易单元的应用要求。

（三）电子数据交换技术

电子数据交换（Electronic Data Interchange，EDI）技术具有快速、准确、安全的特点，因此自其发展以来，就在运输行业得到了大量的应用。在物流在途运输管理信息系统中，系统各模块之间既有联系又在功能上相互独立，各功能模块之间的相互联系主要是通过标准化的数据接口利用EDI技术来进行的。

（四）无线射频技术

无线射频（Radio Frequency Identification，RFID）技术是20世纪90年代兴起的一种非接触式的自动识别技术。射频卡具有非接触、阅读速度快、无磨损、不受环境影响、寿命长、便于使用的特点和具有防冲突功能。无线射频技术能同时处理多张卡片。

（五）地理信息系统技术

通过地理信息系统（Geographic Information System，GIS）技术实现对多种交通信息分析和处理技术进行集成，能够提供有效的数字化平台为运输管理服务。例如，运输企业通过应用 GIS 运行路径选择可以优化公司的物流运输路线；专用的 GIS 软件中往往还提供地图的统计分析功能，有利于实现对客货流量变化情况的分析，从而辅助物流运输管理系统进行行车计划的制订。

（六）全球定位系统技术

全球定位系统（Global Positioning System，GPS）技术可以应用于物流运输领域的以下方面：

第一，可用于对运输工具、货物的跟踪。应用 GPS 技术，可以通过地面计算机终端实时显示出运输工具的实际位置，其位置的精度可以达到以米计量，能够随时掌握运输工具与货物的运输动态，使整个物流运输过程都处于有效监控与快速运转的状态中。

第二，路线规划和导航——分为自动和手动。自动路线规划由驾驶员确定起点和终点，计算机软件根据要求自动设计最佳路线，包括最快路线、最简单的路线、通过高速公路路段次数最少的路线等。手动路线规划是指驾驶员根据自己的目的地设计起点、终点，建立自己的路线库。路线规划完成后，系统可以在电子地图上设计路线，显示车辆的运行路径和方向。

第三，指挥调度、信息查询功能。指挥中心可以监控区域内车辆的运行状况，合理调度被测车辆。指挥中心还可以随时与跟踪目标通话，实施远程管理。根据需要在电子地图上查询，指挥中心可以使用监控台查询区域内任何目标的位置，车辆信息以数字形式显示在控制中心的电子地图上。

第四，紧急救援功能。通过 GPS 定位和监控管理系统对遇到危险或事故的配送车辆提供紧急援助。监控台的电子地图可以显示帮助信息和报警目标，并通过语音规划最佳援助计划。

第五，辅助决策支持功能。通过 GPS 进行全局或局部物流优化、各级客户地理分析、运输能力模型分析、交通物流资源优化、配送中心能力分析、配送网络方案分析、联运优化方案分析、代理网点设置优化、物流仿真模型分析、仓储能力分析、仓库选址模型分析、中转仓库方案优化等。

（七）物联网技术

物联网（Internet of Things，IoT）指的是将无处不在的末端设备（Devices）和设施（Facilities），包括具备“内在智能”的传感器、移动终端、工业系统、数控系统、家庭智能设施、视频监控系统等，和“外在使能”（Enabled）的设备和设施，如贴上 RFID 的各种资产（Assets）、携带无线终端的个人与车辆等“智能化物件或动物”或

“智能尘埃”（Mote），通过各种无线和/或有线的长距离或短距离通信网络实现互联互通（M2M）、应用大集成（Grand Integration）以及基于云计算的 SaaS 营运等模式，在内网（Intranet）、专网（Extranet）和/或互联网（Internet）环境下，采用适当的信息安全保障机制，提供安全可控甚至个性化的实时在线监测、定位追溯、报警联动、调度指挥、预案管理、远程控制、安全防范、远程维保、在线升级、统计报表、决策支持、领导桌面（集中展示的 Cockpit Dashboard）等管理和服务功能，实现对“万物”的“高效、节能、安全、环保”的“管、控、营”一体化。

（八）云计算

云计算（Cloud Computing）是网络计算、分布式计算、并行计算、效用计算、网络存储、虚拟化、负载均衡等传统计算机技术和网络技术发展融合的产物。它旨在通过网络把多个成本相对较低的计算实体整合成一个具有强大计算能力的完美系统，并借助 SaaS、PaaS、MSP 等先进的商业模式把这一强大的计算能力分布到终端用户手中。云计算的一个核心理念就是通过不断提高“云”的处理能力，进而减少用户端的处理负担，最终使用户终端简化成一个单纯的输入输出设备，并能按需享受“云”的强大计算处理能力。

四、智能运输系统的子系统

（一）先进的交通管理系统

先进的交通管理系统（Advanced Traffic Management System，ATMS）即交通控制指挥中心由一系列监视公路状况、支持交通管理与出行建议的系统组成。该系统包括城市道路信号实时控制、公路交通控制、交通事故自动处理、交通疏导等公路交通管理的各种功能，以及用来研究和评价交通控制系统运行功能与效果的三维交通模拟系统。交通管理系统能实时、准确、全面地掌握公路网的交通运行情况，进行及时调度与事故处理。

关键技术主要有：感应技术、模式识别技术、视频图像处理技术和射频识别技术。

（二）先进的交通信息系统

先进的交通信息系统（Advanced Traffic Information System，ATIS）的核心是信息中心，该中心为出行者提供了强大的信息支持。该系统通过对现有道路设施的有效管理，提高了道路的通行能力，实现了道路交通的安全与高效。例如，为出行者提供所需的有关公交路线图及发车时刻表、某一时刻某一路段的车速状况、道路施工情况、绕行路线和气候条件等实时信息；提供与目的地相关的信息，如沿途加油站、汽车修理厂、餐馆、医院等设施的地理位置分布、地址、电话、营业时间等；提供沿途交通及道路状况信息，如道路线形、路宽、交叉口、坡度、交通堵塞情况等信息；提供最佳行驶路线及实时导航信息等。

（三）先进的车辆控制系统

先进的车辆控制系统（Advanced Vehicle Control System，AVCS）是指建立在完善的信息网络基础之上的，对车辆进行监管及控制的电子系统。AVCS 可以提高道路的容量和安全性，使汽车靠电子装置实现智能化，以其自身的智能和 ATMS 的智能相结合，在道路上安全、高效地行驶，而不发生碰撞等交通事故。

未来的技术很可能包括能自动调节车速的自适系统。车辆之间的实际距离以及这些车辆的相对速度可能通过从一辆车向下一辆车传送信号来调节。

（四）先进的公共运输系统

先进的公共运输系统（Advanced Public Transportation System，APTS）作为智能运输系统的子系统，负责保证对各种可选交通方式有足够的考虑。该系统采用先进的公共汽车、车辆 GPS 和先进的电子技术等来达到不需要新建另外的公路却运送更多的出行者的目的。该系统利用计算机技术对公交车辆及公交设施的技术状况和服务水平进行实时分析，实现公交系统计划、运营和管理功能的自动化，为出行者提供实时的换乘信息。它具备完备的安全监测、预警和防范设施。

（五）商用车辆运营系统

商用车辆包括货运汽车、公交汽车、出租车和紧急车辆。商用车辆运营（Commercial Vehicle Operation，CVO）系统可为商用车辆运营者提供电子通关；对高速行驶中的车辆、货物状态和司机的安全情况进行监测，在危险时预警，并在必要时进行自动控制；当运送危险品的车辆发生事故时，能立刻确定事故的严重程度、事故地点、危险品种类，并推荐最佳应急方案；还可以帮助司机确定车辆位置，避开交通堵塞路段，提高运输效率。

（六）电子收费系统

电子收费（Electronic Toll Collection，ETC）系统在 ITS 中具有特殊的地位，特别是在高速公路及桥梁（包括贯穿城市的大型桥梁）收费系统中。常规的人工收费加计算机管理模式使停车收费时间较长，账目管理有漏洞，所以对全自动、不停车的收费系统需求自然就提到了议事日程上。建立这样的系统能大大提高车辆通行能力。高速公路的交通堵塞有 35%发生在收费处，采用 ETC 将大大提高公路的营运效率，节约乘客的时间。

案例分析

智能系统“高速路”跑出发展“加速度”

煤流运输作为煤矿生产和运营管理的核心环节，直接关系到矿井的生产效率和经济效益，是煤矿生产的“大动脉”。近年来，榆北涌鑫矿业公司安山煤矿依托科技创新，利用智能装备、先进技术，不断提高煤矿主煤流运输系统的智能化水平，努力打造“安全、高效、少人”的煤流运输系统。

一、智能调控实现煤流平衡

皮带跑偏、低速运转、杂物磨损等是安山煤矿煤流运输面临的现实难题，借助智能化建设解决煤流运输系统难题，是该矿寻求的“一方良策”。据了解，安山煤矿智能煤流运输系统搭载主运输智能调速系统，具备煤流量监测、顺煤流启动和自动变频调速功能，能够根据煤流量大小自动控制带速，从而达到皮带“多煤快跑、少煤慢跑”的运行状态，实现煤流平衡、安全环保、节能降耗的目标。同时，各皮带均采用变频驱动，能实现单设备的自动控制和集中远程控制。目前，各条带式输送机均已安装集中控制器，各类保护齐全，转载点配备摄像仪可实时监测各卸载点煤量及设备运行情况。智能煤流运输系统的成功应用使单班岗位值守人数从10人减少至5人，真正达到了主运输系统安全可靠、减人增效的目的。

2021年3月，安山煤矿自主研发完成主运输系统的通信改造，利用手机App对煤流运输系统进行远程操控、监控及设备参数修改、故障查询、简单故障处理，减轻检修人员的劳动强度，提高检修、故障处理效率，让煤流运输系统管控成为“掌中之物”。

二、智能感知实现煤流安全

此前，煤流运输受制于安山煤矿传统原煤输送过程中点多、线长、面广的作业环境，以及由此造成的内部系统繁多、协调性差、传感器数据量大等问题，形成煤矿智能化建设的“木桶短板”。

“皮带上出现大块煤、大矸石和异物往往都是靠岗位工肉眼观察，再进行停机清理，严重影响了生产效率以及人员与设备安全。”该矿机运队生产班班长宋永华说。

针对这一生产难题，安山煤矿依托科技创新，借鉴智能化建设经验，对主煤流运输系统进行可靠性分析及智能化设计，引进视频AI识别与电子预警系统，由通用数字摄像仪、AI智能摄像仪、控制主机、智能分析装置、远程控制设备等组成一个智能化、多功能、全天候的动态视频智能识别系统，对皮带机运输物料进行扫描，分析视频信息，对大块煤、水煤、锚杆等杂物进行辨识，联动控制皮带开停，提高安全保障。该系统可识别皮带上的大块煤、水煤并进行报警，必要时可自动紧急停车，实现对生产关联机电设备的自动保护停机、智能调速控制等，以实现安全、节能的目标。

三、智能监测实现安全作业

“主运输系统有了‘智慧眼’，能够智能识别、科学分析皮带运输过程中转载点大块煤、水煤、锚杆等杂物，以及皮带跑偏、人员违章等异常行为，及时报警并联动控制，大大降低了工作强度和难度，只需要坐在电脑前点点鼠标，就可以解决井下问题。”

主煤流运输系统的智能化，能让皮带驱动部分、机头、变电所、水泵房等指定区域更有“安全感”，通过在划定的危险区域安装高清摄像仪，抓拍及录像违规进入人员，形成报警记录，并提供联动控制信号，有危险发生时产生报警，必要时闭锁相关设备，建成安全生产监控体系，实现关键部位全方位视频监控功能，满足多维感知、智能分析、协同控制、智能预警等需求，达到减人增效、降低能耗的目的，实现安全与效率的“双赢”。

讨论：

1. 智能系统给煤炭运输解决了哪些难题？
2. 智能煤流运输系统在哪些运输环节得到了改善？

任务二 智能运输系统应用

一、智能运输系统的功能

智能运输系统是在交通基础设施的基础上，应用先进的技术与算法，将运输的各个组成部分联系、整合、协同运作，从而实现安全、高效、环保的运输目标。智能运输系统的建设对于提升现代物流行业的综合服务水平、降低物流成本、优化产业结构意义重大。

智能运输不是一个单纯的技术概念，而是一种全新的思维模式与理念。智能运输系统与传统的交通运输相比，最大的优势就是管理理念的转变，智能运输系统把传统的管理者转变为道路的使用者，用最先进的技术手段为大众提供及时、有效的信息，给大众的出行提供了方便，从而减少了道路堵塞和事故的发生，达到智能运输系统的实施目的。此外，智能运输系统把道路管理者、用户、道路交通情况、交通形式等结合在一起，集中系统化地进行管理，提高智能运输系统的运行效率。

（一）智能运输系统概述

智能运输系统的研发初衷是缓解交通压力、提高运输效率。随着先进的信息、传感、控制等技术的融入与应用，智能运输系统的功能模块越发完善，服务质量逐步提升，能够给予出行者、车辆司机实时的路线引导，对客货运车辆进行监督管理，对路面交通情况进行实时反馈，高效地将道路、车辆、管理人结合在一起，实现对运输系统的集成化、综合化管理，提高运输系统的运行质量和效率。

1. 调度指挥功能

智能运输系统最初被应用在铁路运输体系之中，主要根据制定的列车时刻表、实际运行路线进行铁路车辆的指挥和调度，保证铁路的畅通运行，保证列车的正点到达，保证旅客出行安全和顺利。在公路运输调度指挥中，智能运输系统通常承担起对车队的指挥责任，根据货物运输量、运输目的地、路途的远近来调配合适的车队组成，提高单车、单向运输的利润，实现公路运输的最高性价比。智能运输系统的使用有效地提高了物流企业的运营效率和运营利润。

2. 货物管理功能

对运输中的货物进行跟踪与管理，有助于确保货物安全、提升周转效率、降低延误率，进而提高运输的综合服务水平。智能运输系统会为系统内的车辆统一安装管理系统，借助卫星定位技术、传感技术、计算机技术、信息技术等跨学科技术实现对货运车辆的统一管理，降低车辆失联、货物丢失等问题出现的可能性，提高货运运输质量和效率。货物的跟踪与管理有助于减少货物丢失、车辆失联、运输效率低等问题。

3. 客运组织功能

在客运运输系统的发展与使用中，利用智能化系统技术对客运的售票、检票、预发票、统计计算、旅客信息服务等相关工作进行优化，满足不同旅客的需求，还对客运服务的相关工作人员的工作内容进行完善，从根源上为客运的相关工作人员减轻了工作量，提升了工作效率，同时，也为旅客解决了在特殊节日“购票难”的问题。信息系统的使用有助于提升运输资源的使用效率，在“高速化”和“重载化”的基础上提高运输周转量。

（二）智能运输系统在现代物流中的具体应用

智能物流信息技术
（条码技术＋RFID 技术）

1. 收集、处理运输车辆信息

运输车辆是现代物流和智能运输系统中十分重要的组成部分，直接关系到物品能否安全、准时送达运输目的地，能否有效控制运输环节的成本，能否提高运输环节的经济效益。智能运输系统中，运输车辆都会被安装微型计算机、传感设备、信息发送和接收设备，用于收集、存储、发送、接收车辆产生的信息数据，便于物流控制中心对运输车辆进行远程管理。运输车辆信息中不仅包含车辆本身的信息，如车辆的车牌号、司机信息等，还包含车辆所运输货物的订单信息，如货物订单信息、运输目的地等，使运输车辆在运输过程中也能够将货物派送信息按时、准确地传递给物流控制中心，提高货物运输的质量和效率，避免出现货物丢失、车辆被盗失联等延误派送的现象。

2. 定位管理运输车辆的运输信息

现代物流的高速周转使得运输车辆大部分时间都在运输派送的道路上，不断往来运输原材料、半成品、成品。为了使在运输途中的车辆便于管理，智能运输系统中应用全球定位系统对车辆的位置信息、速度变化、移动方向等信息进行收集和统一管理。GPS 的应用有助于物流企业根据车辆位置、移动方向、速度变化配合实地情况、目的地仓储信息进行调度指挥，使运输车辆从最合适的路线抵达目的地，将货物运送至存储空间充足、距离最优的仓储地点，提高车辆的运输质量和效率，减少消耗在运输途中的时间，提高仓储空间利用率，降低物流企业的运行成本，提高利润空间。搭载了 GPS 后，运输车辆的安全系数也能够得到有效提升，对于被盗丢失车辆的追回有很大帮助，有效地降低了物流企业资产产生不必要损失的概率。

3. 对车辆运行状态进行监督和控制

智能运输系统对运输车辆的管理还体现在对车辆运行状态的监管方面。传统物流企业运行过程中，总是希望运输车辆装载最大量的货物，往来一次赚取最大的利润，但最大限重甚至超重状态的运行会严重磨损运输车辆的零部件，损伤车辆的承重性能，影响车辆行驶的安全性，加大车辆在高速公路上的行驶危险系数和车辆出现故障的可能性。智能运输系统将运输车辆的运行状态进行收集和整理，辅助物流企业管理人员了解车辆的承重性能、安全性能，帮助物流企业对车辆进行最优状态的装载，在保证安全的前提下适当增加物流运输的效益。智能运输系统的使用帮助现代物流企业有效控制运输过程中的成本消耗，减少对车辆过度磨损的情况，从而减少车辆出现故障的概率，从某种程度上来说，这就是在增加物流企业的经济效益。

4. 智能运输系统与快递分拣系统的结合

分拣系统是现代物流体系中十分重要的一部分，主要是将要发往全国各地的快递根据省市地区进行分拣，或者将运输车辆送来的快递根据具体的市区、区县进行分拣，便于下一级别的配送。传统物流工作中，分拣都是由工人进行人工操作，通过扫描快递单号、辨别收件人地址等方式来进行划分，这样的操作方式错误率高、效率低。智能运输系统中的扫描技术和传感技术能够支持分拣设备的自动化操作，将根据单号扫描出的收件地址信息进行分类处理，归属于同一区域的货物被分到一起，进入下一层级的运输环节。阿里巴巴集团研制出的自动分拣系统可以被视作缩小版本的智能运输系统，分拣小车沿着轨道将快递分送至对应城市收集区域的过程就是现代物流智能运输、配送的过程。

5. 智能运输为物流系统的维护勘测提供数据

运输系统中各个组成部分的定期维护勘测是必不可少的工作内容。传统的检测方式可能存在过于陈旧的问题，勘测的实际效果可能存在偏差。维护工作不及时、成本高也是常见的问题。智能运输系统的数据采集功能为整个系统的维护勘测提供了重要数据支撑与决策依据，利用现代化的信息技术把线路维护与勘测工作进行智能化融合，以 GPS 为技术中心进行拓展，创新出更多的高科技技术对运输工作进行优化与完善，促进线路维护与勘测工作的高效实施。

二、智能运输系统的发展

智能运输系统是现代物流发展中必不可少的一部分，为现代物流的发展提供了强有力的支撑。随着智能运输系统的进一步发展，我国现代物流的信息化、智能化程度也会更进一步提高。现代物流正在朝着全新的方向发展，未来必将形成一个更加现代化的社会服务体系，承担起更重的公共服务责任，进一步改变人们的生活，而这些与智能运输系统的发展和应用脱不开关系。

（一）运输、配送无人化

目前，我国的智能运输系统还有很大的发展空间，智能化程度还不够成熟，至少在运输车辆的行驶过程中，还需要依靠人为操作，无人驾驶尚未能得到有效应用和推广。随着智能运输系统的进一步发展，无人驾驶运输车辆、配送机器人、无人机都能够逐步代替运输工人、快递员，降低人工操作带来的失误率，提高运输配送的质量和效率，降低物流企业运行过程中的人工成本，给供货方、物流企业、收货方三方带来更大的利益空间。目前，阿里巴巴公司正在研发无人机、配送机器人用于快递配送，快递到达指定地点后客户可以直接用刷脸、验证码等方式提取货物，邮寄快递也可以直接网络下单，无人机、配送机器人上门取货，直接完成取件、包装、支付等一系列操作，提高货物运输配送的效率。无人驾驶运输车辆的研发和应用难度较配送机器人和无人机更大，因为无人驾驶运输车辆所需要的覆盖面积更广，就目前来看覆盖长度横跨数个省市是必然趋势，这样的情况不仅对运输车辆、智能运输系统提出了要求，还对我国的公路智能化程度提出了要求，高速公路、国道、省道能否提供相应的技术支持，能否满足无人驾驶运输车辆对路况的识别、感应需求十分重要。

（二）智能运输系统与无人化仓储库配合

目前，我国的无人仓库领域发展比较迅速，成熟度较高，其中自动化立体仓库的发展水平最高。现代物流的发展不能只发展某一个环节，还需要重视各个环节之间的衔接与配合，首先就是智能运输系统与无人化仓储库的配合。目前，智能运输系统中为运输车辆规划送抵仓库的最优路线的功能应用较多，但实际上，在智能运输系统中，无人仓库能够承载的空余量和对空余空间形状的反映并不完善，经常发生运输车辆抵达但无人仓库无法顺利容纳车上全部货物的现象，仍然需要人工进行调整和调度。这种现象与无人仓库信息更新速度反应较慢有关，也与智能运输系统中对运输货物的信息更新不及时有关，需要物联网技术逐步发展才能够逐渐解决运输系统与无人仓库之间的衔接问题。

案例分析

我国智能运输系统标准的研究与制定

智能运输系统经过近 30 年的发展，逐步从技术研究开发走向应用。标准化作为推动技术向产业转化的主要手段之一，日益受到世界各国的重视。智能运输系统标准的应用效果，是衡量产业发展程度的重要手段。无论在国际，还是在国内，智能运输系统标准制定过程中的竞争日益白热化。

大部分传统交通运输标准是对现有应用技术的总结与提炼。而智能运输系统既有传统交通运输的特点，又带有明显的信息技术的特征。智能运输系统发展时间不长，很多技术没有经过实践的验证，因此，在制定标准时，仔细分析研究相应的技术路线及其在我国的适应性是非常重要的。

在制定标准之前，相关部门对不同领域的技术路线进行了近 30 项专项研究，主要包括：我国 ITS 标准化发展规划、我国采用国际通行标准及国外 ITS 标准的对策、电子收费、道路交通控制、公交管理、城市交通共用信息平台、交通运输业 GPS 和 GIS 技术应用、道路的综合管理与设施信息化、道路运输安全新技术、交通拥挤程度指标、交通信息服务发布、物流公共信息服务技术等。

专项研究详细分析了分领域的技术发展趋势，以及不同类型技术在我国的实用性等，为标准的制定打下了坚实的基础。在智能运输系统标准体系的指导下，经过十余年的努力，有关智能运输系统的国家及行业标准已经发布了 70 项，具体涉及的内容包括：

（1）数据字典及数据登记管理要求；

（2）地理信息编码及数据质量要求；

（3）数据安全服务及数字证书；

（4）用于电子收费的交通专用短程通信；

（5）电子收费设备及数据交换；

（6）车载导航通信、交通信息服务数据分类编码、数据存储与交换、通过无线蜂窝网和电台发布的交通信息服务；

（7）道路交通状况、路面损坏情况检测、图像管理系统平台互联、道路交通管理数据字典、交通信号控制机与上位机的数据通信协议；

（8）公共交通调度通信协议和设备要求、快速公交（Bus Rapid Transit，BRT）设备要求、客运综合枢纽智能化、公共停车场；

（9）物流电子单证，水路、道路运输基础数据元；

（10）汽车倒车、换道、前撞、车道偏离报警，车辆自适应巡航控制技术要求及检测方法。

所发布的标准中 97%为国家标准，100%为推荐性标准，其中 30 余项标准的主要内容被交通运输部纳入部颁技术法规，成为事实上的强制性标准。

资料来源：杨琪．智能运输系统标准化状况及发展趋势综述．交通标准化，2011（24）．

分析：

1. 为什么要制定智能运输系统标准？

2. 物流标准化助力绿色物流发展，物流标准化给现代物流行业的发展带来了哪些益处？

项目小结

本项目主要介绍了智能运输系统的组成、智能运输信息系统涉及的相关技术、智能运输系统的应用与发展。

随着社会经济的不断发展和交通运输量的持续增长，利用智能运输系统来提高道路的利用率、道路交通的安全程度、道路使用的舒适性和运输车辆的利用率，已成为未来交通运输的发展方向。面对激烈的市场竞争，物流企业引进智能运输系统进行现代化系统管理是大势所趋。

职业能力训练

思考与练习题

一、单项选择题

1. 智能运输系统的英文缩写为（　　）。

A. GPS　　B. GIS　　C. ITS　　D. ETC

2. 下列关于智能运输系统说法错误的是（　　）。

A. 智能运输系统的核心技术是GPS技术

B. 智能运输系统强调的是运输设备的系统性、信息交流的交互性以及服务的广泛性

C. 智能运输系统容易提高运输成本，增加环境污染

D. 智能运输系统是实时、准确、高效的人—车—路三位一体的综合运输和管理系统

3. 下列不属于智能运输系统在现代物流中的具体应用的是（　　）。

A. 定位管理运输车辆的运输信息

B. 对车辆运行状态进行监督和控制

C. 智能运输为物流系统的维护勘测提供数据

D. 仓库的智能拣选

4. 下列关于智能运输体系的发展的表述，不正确的是（　　）。

A. 运输车辆直接关系到物品能否安全、准时地送达目的地，能否有效地控制运输环节的成本，能否提高运输环节的经济效益

B. 智能运输系统将运输车辆的运行状态进行收集和整理，辅助物流企业管理人员了解车辆的承重性能、安全性能

C. 智能运输系统中的扫描技术和传感技术能够支持分拣设备的自动化操作，将根据单号扫描出的收件地址信息进行分类处理，归属于同一区域的货物被分到一起，进入下一层级的运输环节

D. 智能运输系统前期投入较大，耗费成本较高，大多数物流企业不必要投入智能运输系统

5. 下列不属于智能运输信息系统相关技术的是（　　）。

A. 多功能立体仓库　　B. EDI技术

C. RFID技术　　D. 云计算

二、多项选择题

1. ITS产业包括（　　）。

A. 车辆控制和车载单元　　B. 远程信息处理

C. 车队信息系统和导航　　D. ITS 工程和服务

2. 智能运输信息系统涉及的相关技术有（　　）。

A. 条形码技术　　B. EDI 技术

C. RFID 技术　　D. 物联网技术

E. 云计算

综合实训项目

易流云——软硬一体物流透明 SaaS 协同平台，是物流领域经过 10 年物流管理的沉淀而创新的崭新的产品服务形态。易流云通过软硬一体化的管理方式，连接物流全要素，协同业务上下游的管理，透明管车和管货，对物流运输的全程进行把控，达到物流订单全程透明管理。该服务立足物流透明 3.0 理论，完成对物流场景中人、车、货、仓、厢的透明管控，运用互联网前沿技术为物流企业打造软硬一体物流透明 SaaS 协同平台（如图 6－4 所示）。

易流云的五大特色是：基础透明管理、智能配载与调度、运输安全与协同、时效预测与管控、结算成本分析。

“物流透明 1.0”侧重于人、车、货、仓等物流要素的时空、状态等物理信息的透明；“物流透明 2.0”侧重于物流单据流转、流程节点、业务网络节点等业务逻辑信息的透明，尤其是业务运营信息的透明；而“物流透明 3.0”侧重于供应链和需求链组织过程的信息透明，以及基于供应链和需求链的产业信息透明。

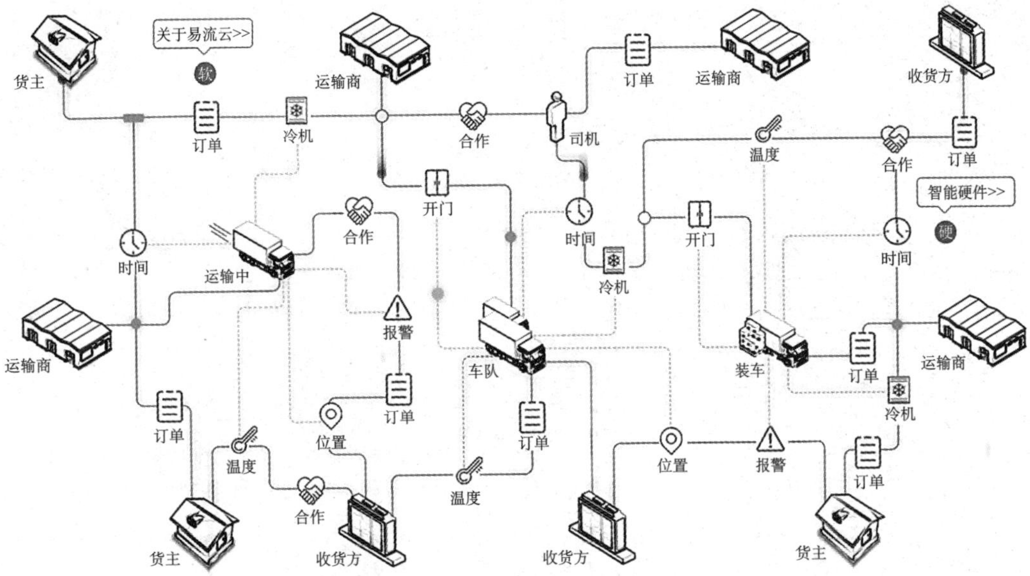

图 6－4　易流云智慧物流理念

根据所在城市物流企业应用软件易流云的情况，给出发展建议。

项目七
物流空间信息技术

【学习目标】

※ 知识目标

1. 了解物联网、3S技术的定义和发展历程
2. 熟悉物联网的功能、层次、特点和关键技术
3. 掌握物联网在物流运输中的应用状况
4. 掌握GIS、GPS在物流领域的应用状况

※ 能力目标

1. 能够正确分析物联网、3S技术的实际应用情况
2. 学会使用GIS与GPS软件
3. 能够认识到RS、GIS、GPS在物流中的重要功能

※ 素养目标

1. 学习不同的物流空间信息技术，培养分析问题、解决问题的能力
2. 了解各物流空间信息技术的应用，培养良好的沟通能力和团队合作能力

【引例】

数字孪生智慧物流——Web GIS 地图应用

随着数字经济时代的来临，新一轮全球化进程速度加快，在大数据、人工智能、物联网等高新技术深度融合下，加快物流智能化发展，引领物流行业进入全新时代。从物流运输到货物分拣再到站点配送，图扑软件（Hightopo）数据可视化技术涵盖物流业务全部链条，满足物流行业各环节的可视化需求。

运用 HT for Web GIS 产品，将图扑的可视化功能和 GIS 相结合，让用户可以对已有的地理信息数据进行展示和查询，以丰富的可视化形式将地理信息系统（Geographic Information System，GIS）数据进行展示和叠加，实现站点分布、物流线路轨迹、区域信息查看等。这些可有效提升物流运输效率，降低物流管理成本，优化物流各个环节，促进智慧物流行业的建设和发展。

智慧物流可视化大屏结合 GIS 地图展现出物流所在区域的相关内容，围绕全球范围内各区域的交通运输、类型指标、集装箱仓库调配等多方面上千万条数据指标展开宏观的监控分析。

图扑软件 HT 是基于 HTML5 的 2D、3D 图形渲染引擎，有着丰富的展示形式和效果，利用这些丰富的 2D、3D 组态将离散、单调的数据进行图形化和可视化，实现数据的动态加载效果，将数据图表展开对比，以此揭示数据之间的复杂关系，可在看板内对场景进行缩放、平移、旋转。

通过使用丰富的图形组件，图扑软件 HT 将物流产业管线数据以热力图、三维柱状图、点状图等多种动态图方式进行完整、鲜活的呈现。

1. 全球物流布局态势——热力图

根据获取到的各地站点投放密集度及设施分布情况，选择以可视化热力图的形式进行位置数据呈现。热力图颜色的由深到浅反映出分散的稀疏程度，辅助用户一目了然地掌控全球物流的布局态势。

2. 业务数据——三维柱状图

系统支持依据企业业务数据的实时动态变化进行三维柱状图形式的实时涨跌呈现，全面、直观地展现出位置空间的分布情况以及需求数据的实时变化。三维柱状图意在利用不同高度、不同面积、不同位置、不同颜色，将业务数值信息进行简洁、有效的比较，为用户提供优异的决策依据。

3. 物流产业位置信息——点状图

基于物流产业已有大量的站点、设施、仓库等各项指标对应的地理位置信息，结合 HT for Web GIS 产品，以地图为背景，单个地理坐标显示为定点，体现地图上千万条数据点的标注，用点的大小、颜色深浅等元素显示密集度和分布情况，让数据浅显易懂且一目了然，让使用者做到心中有数。

4. 区域物流展示

图扑软件 HT 可提供分析各区域物流的点、线、面等基本图形间的关系，查询区间内配送站点的路况、某区域同周边的地理分布情况、仓储中心周围几公里囊括的全部站点情况等。

5. **航线/货轮流量分析展示**

(1) 航线物流监控。

基于航空货运产业链，航空物流运输管理系统可对航线分布、起始城市、机型及空管信息进行实时更新监控，依照各航班的不同运力，进行货物吞吐量等数据的统计分析。支持基于时间、空间、数据多类型事件设置阈值触发规则，对于紧急事件的发生，进行预警告警和快速定位可视化，及时输出应急预案，提高应对突发事件的能力水平。全方位支撑航空物流运输的日常监测和高效协调管理。

(2) 货轮船舶监测。

可接入货轮物流船舶监测信息——智慧航运模块，不仅支持多层次智能信息跟踪（货物检测是否合格、车辆监测是否合格、司机监测是否合格、船舶名称型号等），还支持根据数据科学判断船舶的健康状况，通过添加船舶 3D 线框模型设计辅以动画 360°旋转展示，直观查看设施设备的整体结构布局和运行状态，选用轻量化的 3D 可视化场景提醒用户进行及时的应急防控。

(3) 货轮航线查看。

可运用图扑软件 HT 引擎强大的渲染功能，以实时动画形式真实还原船舶停靠各港口的行驶路线，且提供实时信息交互功能与历史信息回溯对比，用户仅需点击【航线查看】，即可追踪船舶动态信息。以“任务推进”形式实现智慧港口的“扁平化管理”，促进信息共享，强化货运航线管理水平。

为保证海上货物的合理运输，系统根据货物的特点、流向以及运输条件，可为用户规划出少里程、少运力、低费用、短时间的运输途径。

(4) 智慧仓储可视化管理。

结合仓储系统应用物联网、视频监控联网技术、输送和分拣技术、灵活的叉车服务模式、智能穿梭车和货架系统、嵌入智能控制与通信模块的物流机器人技术、RFID 托盘等信息管理技术，对仓库内货物储量信息进行可视化监控呈现，协助仓库空间科学调配管理和快速查找，确保企业及时、准确地掌握库存数据，全方位地把控仓储库存的运作状态，提高仓库管理的效率。

对于物流运输管理而言，构建关键性指标看板尤为重要，针对海陆空三种运输的路径、时效、数量指标进行综合分析，运用图扑软件 HT 可视化图表和动画效果将整合好的数据进行呈现。精简的数据可为用户节省高达 95% 的搜索时间，加速用户对交通资源的充分调配，实现“一张图”式精准指挥。智慧仓储可视化管理图如图 7-1 所示。

图扑软件支持随时随地通过电脑、平板、智能手机打开浏览器访问管理界面，利用多种控制设备对显示内容予以集中远程管控，真正实现数据共享。

实现精准决策，结合真实环境中采集到的装载量、客户分布、配送订单、送货线路交通状况等变化因素，对公司的运输线路进行优化处理，实现以费用最小或路径最短等目标为出发点的运输路径规划，可对海量数据进行有效筛选，浓缩出精简数据，辅助用

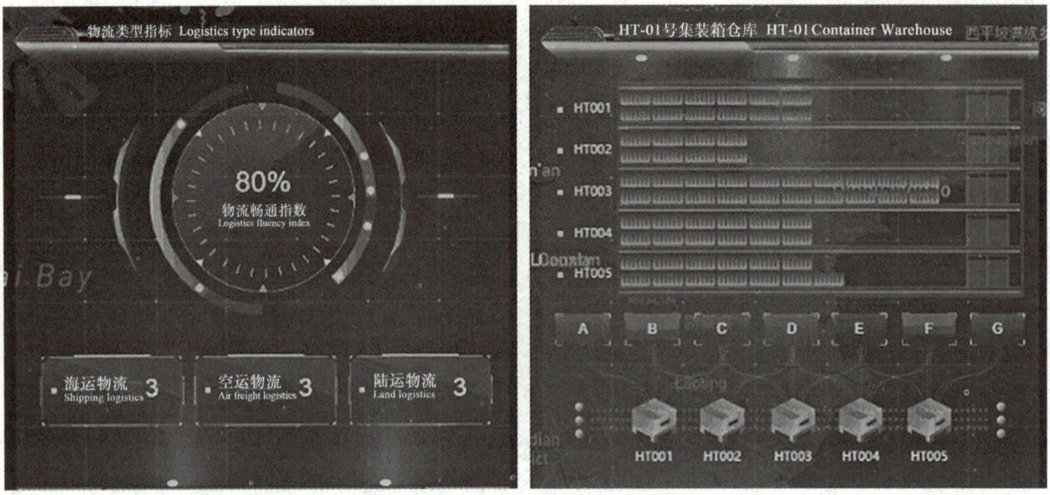

图 7-1　智慧仓储可视化管理图

户直观分析决策。

该软件具有及时响应、降本增效、透明化管理的优势：

(1) 及时响应。对车辆行驶进行实时偏移路线预警、紧急情况报警、求助信息发送等安全管理，保障驾驶员、车辆、货物的安全。做到快速、准确地传递监控到的异常情况，及时通知相应部门根据系统提供的解决预案进行有序处理。

(2) 降本增效。GIS 智慧物流能掌控运行车辆的地理位置信息，及时对配送中客户产生的配送需求予以满足，从而优化运输路线，减少运送时间，降低物流成本，全面提升物流服务的水平。

(3) 透明化管理。监控中心可借助 HT GIS，根据车辆信息、位置、道路交通状况向车辆发出实时调度指令，用系统的观念运作企业业务，达到充分调度货物及车辆的目的，降低空载率，使运输全程变得透明化，对全链条订单进行保姆式追踪和整合，让物流运输更加集约、高效。

HT for Web GIS 产品意在解决用户 GIS 类项目的实现，减少用户对 GIS 的学习和投入成本。结合 HT 强大的可视化引擎技术，实现不同的地图瓦片数据、倾斜摄影实景、三维精细化人工建模模型、POI 等数据的叠加展示。颠覆传统的 GIS 系统的开发，让开发变得更加便捷，数据更加直观，展现更加多样化。

依托图扑软件 HT GIS，可以根据经纬度绘制点、线、面元素信息，将可视化与地理信息有力结合。以此搭建的智慧物流平台，目的以实现物流业务的可视、可感、可知为基本准则，实施监管信息预处理、运行状态可视化、应急决策支撑，彻底摆脱物流业务逻辑的复杂性，消除数据孤岛现象，致力于让物流行业持续向着智能化、数字化、绿色化的方向发展。

图扑软件数据可视化运用自主研发的二维和三维可视化引擎、GIS 以及视频融合等技术，与制造业、风电能源、城市园区等各行各业强强联手，再搭配倾斜摄影、GIS 空间信息数据、智能物联网 IoT 数据以及大数据系统平台等的数据信息，结合轻量化建模方案实现手机端都可随时随地查看 3D 可视化效果，实现资源数据共享，加速智能化产业的发展与升级，重塑行业形态，创造更大的商业价值。

案例思考：

1. 这里运用了哪些物流信息技术？
2. HT for Web GIS 相较于 GPS，在物流领域可以更多地解决哪些问题？
3. HT for Web GIS 相较于 GPS 的优势在哪里？

任务一
物联网系统及其应用

一、物联网的定义

物联网是新一代信息技术的重要组成部分，也是“信息化”时代的重要发展阶段。物联网这个概念，是美国于1999年提出来的。“物联网”概念是在“互联网”概念的基础上，将其用户端延伸和扩展到任何物品与物品之间，进行信息交换和通信的一种网络概念。其定义是：通过射频识别（RFID）、红外感应器、全球定位系统、激光扫描器等信息传感设备，按约定的协议，把任何物品与互联网相连接，进行信息交换和通信，以实现智能化识别、定位、跟踪、监控和管理的一种网络概念。

二、物联网的层次

综合国内外各权威物联网专家的分析，可将物联网系统划分为四个层次：感知层、网络层、平台层和应用层。

（一）感知层

感知层由各种传感器以及传感网关构成，主要包括二氧化碳浓度传感器、温度传感器、湿度传感器、二维码标签、RFID标签和读写器、摄像头、GPS等感知终端。感知层的作用相当于人的眼、耳、鼻、喉和皮肤等神经末梢，其主要功能是识别物体，采集信息。

（二）网络层

网络层由各种私有网络、互联网、有线和无线通信网、网络管理系统和云计算平台等组成，相当于人的神经中枢和大脑，负责传递和处理感知层获取的信息。网络层涉及各种通信网络，和互联网相互融合，通过网络的可靠传递实现物体信息的共享。

（三）平台层

平台层是运行于基础设施层之上的一个以软件为核心，为应用服务提供开发、运行和管控环境即中间件功能的层次。基础设施层所要解决的是IT资源的虚拟化和自动化管理问题，而平台层需要解决的是如何基于基础设施层的资源管理能力提供一个高可用的、可伸缩的且易于管理的云中间件平台。

(四) 应用层

应用层是物联网和用户（包括人、组织和其他系统）的接口，它与行业需求结合，实现物联网的智能应用。应用层以实现人与人、物与物、物与人的全面感知、互联互通和信息智能利用为特征，以物联网、云计算、3D 等新一代信息技术为基础，涉及智能电网、智能交通、智慧物流、智慧医疗、智慧工业、智慧农业等诸多领域。

三、物联网的关键技术

(一) 传感器技术

传感器是指能感知预定的被测指标并将感知到的信息转换成可用信号的器件或装置。它通常由敏感元件或转换元件组成。传感器的种类很多，可以按照用途、材料、输出信号类型、制造工艺等方式进行分类。

物联网中的传感器节点由数据采集装置、数据处理装置、数据传输装置和电源构成。节点具有感知能力、计算能力和通信能力，也就是在传统传感器的基础上，增加了协同、计算、通信功能，构成了传感器节点。

(二) 智能技术

智能技术是能够代替人的脑力劳动的一种技术，即由计算机代替人的重复性的脑力劳动，也称为人工智能。人工智能是一门极富挑战性的科学，从事这项工作的人必须懂得计算机、心理学和哲学知识。人工智能是内容十分广泛的科学，涉及不同领域，见表 7 - 1。

表 7 - 1 不同应用领域的物联网智能技术

应用领域	具体的智能技术
生产物流技术	ERP 技术、自动控制技术、专家系统技术
大范围社会物流技术	数据挖掘技术、智能调度技术、优化运筹调度技术
以仓储为核心的智能技术	自动控制技术、智能机器人技术、智能信息管理系统技术、移动计算技术、数据挖掘技术
物流方面的智能技术	智能计算技术、云计算技术、数据挖掘技术、专家系统技术等智能技术

四、物联网在物流运输中的应用

(一) 智能交通

智能交通（ITS）是未来交通系统的发展方向，它是将先进的信息技术、数据通信传输技术、电子传感技术、控制技术及计算机技术等有效地集成运用于整个地面交通管理系统而建立的一种在大范围内全方位发挥作用、实时、准确、高效的综合交通运输管理系统。智能交通可以有效地利用现有交通设施，减少交通负荷和环境污染，保证交通安全，提高运输效率，因而日益受到各国的重视。

（二）智能物流

利用智能物流可以打造集信息展现、电子商务、物流配载、仓储管理、金融质押、园区安保、海关保税等功能为一体的物流园区综合信息服务平台。物流园区综合信息服务平台以功能集成、效能综合为主要开发理念，以电子商务、网上交易为主要交易形式，可以为园区客户及管理人员提供一站式综合信息服务。

任务二
遥感技术及其应用

一、RS 技术的基本工作原理

RS（Remote Sensing，RS）技术即遥感技术，是在不接触的情况下，对目标或自然现象远距离感知的一种探测技术。遥感技术是指从高空或外层空间接收来自地球表层各类地物的电磁波信息，并通过对这些信息进行扫描、摄影、传输和处理，从而对地表各类地物和现象进行远距离探测和识别的现代综合技术。

利用高分辨率遥感影像图作为电子地图和城市道路矢量图，现实性强，成图周期短，成本相对较低。RS 技术在 3S 技术（即 RS 技术、GIS 技术、GPS 技术）中主要作为 GIS 数据库的数据源，GIS 利用遥感影像获取地面高程并更新 GIS 中的高程数据。例如，在车辆导航与监控系统中，RS 技术以数字图像的方式提供城市范围内道路与相关因子动态变化的信息，它可以在 GIS 中作为电子地图使用，也可以利用遥感影像及时更新道路数据库。

二、3S 技术的综合应用

智能运输离不开物流空间信息技术。它是遥感、地理信息系统、全球定位系统与通信技术、网络技术的综合集成，是将空间对地观测信息的获取、处理、分析、应用结为一体的信息技术体系。

由于物流各环节十分复杂，从原材料采购到产品销售之间的时空矛盾日益明显，而且运输在整个物流体系中占比 50%～80%，因此，信息技术特别是空间信息技术的利用在运输中显得特别重要。RS 技术在物流空间信息中的运用，往往和 GIS、GPS 相结合。

（一）GIS 技术

GIS（Geographic Information System）是集计算机科学、地理学、测绘遥感学、环境科学、城市科学、空间科学和管理科学为一体的，提供规划、管理、决策和研究所需信息的空间信息系统。它是由计算机硬件、软件、数据和用户几大要素组成的问答系统，在 3S 技术中具有采集、存储、管理、分析和描述整个或部分地球上与空间和地理分布有关的数据的重要作用。

从其内容上看，GIS 技术可分为三大类：（1）专题信息系统，用于森林动态监测、水资源管理、矿产资源管理、农作物估产等专业领域；（2）区域信息系统，主要用于区域综合研究和全面的信息服务；（3）地理信息系统工具，是用于图形、图像数字化、存储、查询检索的一组软件包。

GIS 技术是融计算机与数据库于一体的，存储和处理空间信息的高新技术。它具有很强的空间分析功能。

（二）GPS 技术

GPS（Global Positioning System）于 1994 年 7 月全面建成，是具有在海、陆、空进行全方位实时三维导航与定位能力的新一代卫星导航与定位系统。GPS 以全天候、高精度、自动化、高效益等显著特点，成功地应用于大地测量、工程测量、航空摄影测量、运载工具导航和管制、地壳运动监测、工程变形监测、资源勘察、地球动力学等多种学科，是智能运输系统的核心技术。

（三）3S 技术的运用实例

3S 是 RS、GIS 和 GPS 的统称。在 3S 技术中，RS 用于实时或准时提供目标及其环境语义或非语义信息，发现地球表面的名种变化，及时对 GIS 的空间数据进行更新；GIS 则是对各种来源的时空数据进行综合处理、动态存储、集成管理、分析加工，并为智能化数据采集提供知识的一种技术；GPS 主要用于实时、快速地提供目标、各类传感器和运载平台的空间位置。

3S 技术各有侧重，相互补充，其综合应用具有非常重要的作用。例如，车辆导航与监控系统是一项融 RS、GIS、GPS 技术与通信技术为一体的复杂技术系统。它通过对车辆等（移动目标）的导航、动态跟踪、监控、检查与服务，来完成对车辆的综合管理与控制。GPS 提供了车辆当前所处的精确位置等信息，位置信息可以在 GIS 的支持下，在显示器上以“点”状符号表现出来，直观地向司机指示当前车辆在道路上的位置，同时该车的位置信息可以通过无线集群通信网接入控制中心局域网，车辆导航与监控系统服务器接收各个移动车辆的位置信息，并分发给与其相连的各个操作台。管理操作台与监控操作台上安装有 GIS，它可以把 GPS 的位置信息在电子地图中表现出来，还可以实现各种车辆信息的管理、显示和分析，为管理人员和司机提供辅助决策。遇到突发事件时，GPS 还可以快速地在地图上准确标示出各个移动车辆的当前位置，为施救队伍快速反应、紧急管理、组织车辆救援提供帮助。

三、3S 技术在物流中的应用

智能物流信息技术（定位系统+地理信息系统）

现代物流的发展必须解决错综复杂的物流网络规划和管理调度、物流配送管理等与空间位置有关的问题。在物流网络中，网点的布局和线路的规划是非常重要的。因此，利用 GIS 为物流网络分析提供专门的分析是非常必要的。完整的 GIS 物流分析软件集成了车辆路线模型、最短路径模型、网络物流模型、分配集合模型和设施定位模型等，可以很好地解决物流网络分析的问题。利用车辆路线模型和最短路径模型，可以确定使用多少辆车及每辆车的路线，从而降低物流作业成本，保证服务质量；利用网络物流模型，可以解决物流网点布局问题，从而实现有效分配货物；利用分配集合模型，可以较准确地确定服务范围和销售市场范围；利用设施定位模型，可以确定一个或多个设施的位置，还可以进行选址、道路选线等适宜性分析及对城市交通发生量、出行分布和最优交通量进行预测和分配。

利用 3S 技术强大的地理数据功能来完善物流网络分析技术，可以在电脑屏幕上直观地显示网点的分布、网点周围的企事业单位和居民结构等数据，以及配送中心的覆盖范围、覆盖的街道和单位名称等。另外，借助 GIS 强大的空间分析能力进行分析，如增加、删除某一网点会影响到哪些居民、企事业单位，需要增设的网点应选在哪一位置等，可以更加方便、快捷。

货物的运输过程中，做到实时监控非常重要。当货物发出后，其有关信息将发送至运输监控系统，利用 3S 系统的空间分析与数据分析功能，可以优化运输路线，及时调度运输车辆，较好地解决运输车辆空车率过高的问题及劳动力、设备、任务等分布不均的问题。

任务三

地理信息系统及其应用

GIS（地理信息系统）是空间信息存储、检索、分析、处理、显示和利用的计算机综合应用技术系统，是在信息时代中计算机技术发展的产物。它建立在地理空间数据库基础上，集遥感应用、数据统计分析、地学专家分析和计算机制图为一体，具有采集、管理、分析和输出地理空间信息的能力。GIS 已成为政府部门进行科学管理和快速决策的不可或缺的工具。

一、GIS 的发展历程

地理信息系统在技术发展导引和应用驱动两大动力因素作用下，得到了快速发展。这主要归因于三点：一是计算机技术的发展；二是空间技术（特别是遥感技术）的发展，驱使着 GIS 的发展；三是空间数据处理、管理和综合空间决策分析应用牵引着 GIS 向前发展。GIS 至今大约经历了五个发展阶段。

（一）20 世纪五六十年代为 GIS 的开拓期，注重于空间数据的地学处理

20 世纪 60 年代末，加拿大建立了世界上第一个 GIS，即加拿大 GIS（CGIS），用于自然资源的管理和规划。尽管当时的计算机水平不高，但 GIS 的辅助制图能力较强，可以实现专题地图的叠加、面积量算、自然资源的管理和规划等，并能实现空间数据与属性数据的连接和存储。这个时期的 GIS 发展动力来自多个方面，如学术探讨、新技术应用、大量空间数据处理的生产需求等。这个时期，专家兴趣以及政府需求的推动起着积极的引导作用，多数工作仅限于政府和大学范畴，国际交往甚少。

（二）20 世纪 70 年代为 GIS 的巩固发展时期，注重空间地理信息的管理

GIS 的真正发展也在这个时期，主要归结于以下几个方面的原因。一是资源开发、利用和环境保护问题为政府首要解决的难题，而这些都需要一种能有效地分析、处理空间信息的技术、方法和系统。二是随着计算机技术的发展，数据处理速度加快，内存容量增大，超小型、多用户的系统出现，尤其是计算机硬件价格下降，使得政府部门、学校以及研究机构、私营公司也能够配置计算机系统；在软件方面，第一套利用关系数据库管理系统的软件包问世，新型的 GIS 软件不断出现。三是专业人才不断增加，许多大学开始提供 GIS 培训，一些商业性的咨询服务公司开始从事 GIS 工作。其发展的总体特点是：技术发展没有新的突破，系统应用与技术开发多限于某几个机构，专家影响减

弱，政府影响增强。

(三) 20 世纪 80 年代为 GIS 大发展时期，注重于空间决策支持分析

GIS 的应用领域迅速扩大，从资源管理、环境规划到应急反应，从商业区域划分到政治选举分区等，涉及许多学科和领域，如古人类学、景观生态规划、森林管理、土木工程及计算机科学等。许多国家制定了本国的 GIS＋发展规划，启动了若干大型科研项目，建立了一些政府性、学术性机构等，如中国的资源与环境信息系统国家重点实验室、测绘遥感信息工程国家重点实验室，美国的国家地理信息分析中心（NCGIA），英国的地理信息协会等。同时，商业性的咨询公司、软件制造商大量涌现，提供系列专业化服务。GIS 基础软件和应用软件的发展，使得它的应用从解决基础设施的管理规划（如道路、输电线等）转向更复杂的区域开发，如土地利用、城市规划等。与遥感技术结合，GIS 开始用于解决全球性问题，如全球沙漠化问题、全球可居住区域的评价、厄尔尼诺现象、核扩散及全球气候与环境的变化监测等。

(四) 20 世纪 90 年代为 GIS 的用户时代

一方面，GIS 已成为许多机构必备的工作系统，一些部门一定程度上受到 GIS 的影响，改变了现行的运行方式、机构设置和工作计划；另一方面，社会对 GIS 的认识普遍提高，需求大幅增加，从而导致 GIS 应用的扩大和深化。随着计算机网络技术的发展，特别是互联网技术的发展，更大范围内共享地理信息成为可能和必然趋势。提供此项功能的网络 GIS 产品也大量涌现，如 AutoDesk 公司的 MapGuide、ESRI 公司的 ArcIMS、Intergraph 公司的 GeoMedia WebMap 等。随着建设“信息高速公路”“国家空间数据基础设施”“数字地球”计划的提出，GIS 技术作为一种全球、国家、地区和局部区域信息化、数字化的核心空间信息技术之一，其发展和利用已被许多国家列入国民经济发展规划。

(五) 21 世纪初期为 GIS 的空间信息网格 (Spatial Information Grid, SIG) 和云计算 (Cloud Computing) 时代

随着 GIS 技术更加广泛和深入的应用，网络环境下的地理空间信息分布式存取、共享与交换、互操作、系统集成等成为新的发展亮点。空间信息网格是一种汇集和共享地理分布海量空间信息资源，对其进行一体化组织与处理，从而具有按需服务能力的空间信息基础设施。云计算是网格的延伸。在技术上，SIG 和云计算是一个分布的网络化环境，连接空间数据资源、计算资源、存储资源、处理工具和软件以及用户，能够协同组合各种空间信息资源，完成空间信息的应用与服务。在这个环境中，用户可以提出多种数据和处理的请求，系统能够联合地理分布数据、计算、网络和处理软件等各种资源，协同完成多个用户的请求。应用系统的业务需求不断变化，系统运行管理策略不断变化，使用模式不断变化，IT 产品技术不断升级，因此需要 SIG 具有适应动态变化的能力。SIG 和云计算是 GIS 发展的最新阶段，研究刚刚起步，还有许多技术问题需要解决。

二、GIS 系统的主要功能

(一) GIS 的类型

GIS 按内容、功能和作用可分为三类：工具型 GIS、应用型 GIS 和实用型 GIS。

1. 工具型 GIS

工具型 GIS（GIS-Tools），或称面向管理的地理信息系统，这类系统一般没有具体的应用目标，基本上是一种为特定区域或专业提供服务的实用 GIS。它具有 GIS 的基本功能，是可供其他系统调用或用户进行二次开发的操作平台。

2. 应用型 GIS

应用型 GIS 是根据用户需求和应用目的而设计的一种解决一类或多类实际应用问题的 GIS，除了具有 GIS 的基本功能，还具有解决地理空间实体及空间信息的分布规律、分布特性及相互依赖关系的应用模型和方法，是面向具体的应用领域的，如城市交通地理信息系统。

3. 实用型 GIS

实用型 GIS，或称面向项目的信息系统（Project-Oriented Information System），是一类有具体应用目标、为特定区域或专业（题）的管理决策服务的 GIS，如图 7－2 所示。

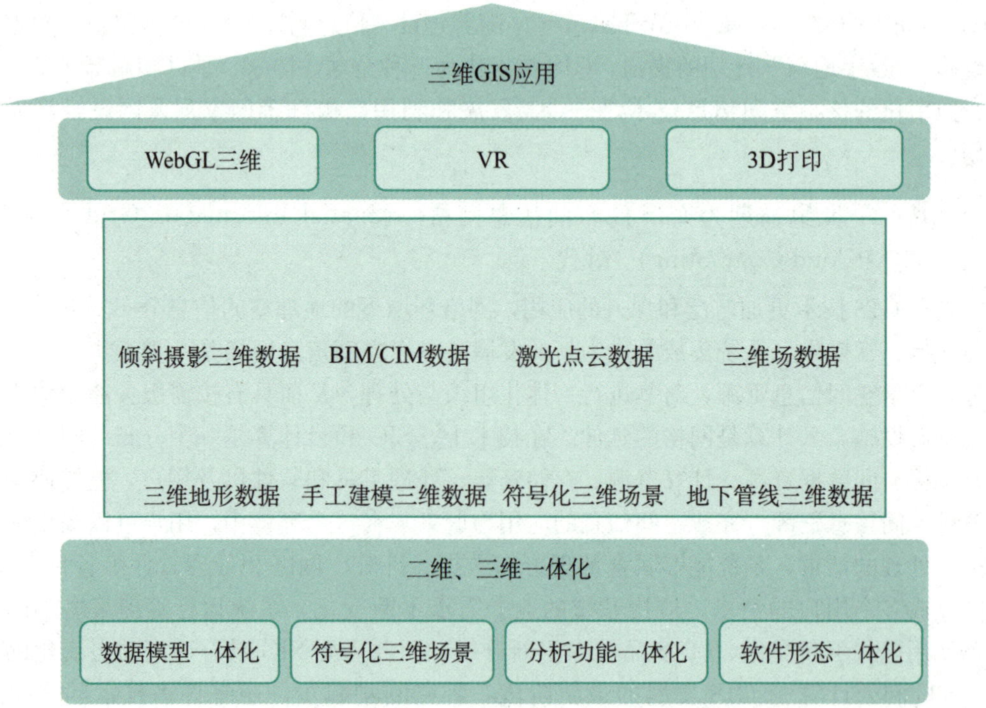

图 7－2 三维 GIS 应用图

(二) GIS的组成

完整的GIS主要由4个部分组成，即计算机硬件系统、计算机软件系统、地理数据和系统设计操作人员。

1. 计算机硬件系统

硬件是指操作GIS所需的一切计算机资源。目前的GIS软件可以在很多类型的硬件上运行，从中央计算机服务器到个人计算机、从单机到网络环境都可以。一个典型的GIS硬件系统除计算机外，还包括扫描仪、绘图仪、摄影设备、移动硬盘等外部设备。

2. 计算机软件系统

这是指GIS运行所需的各种程序，主要包括计算机系统软件和地理信息系统软件两部分。地理信息系统软件提供存储、分析和显示地理信息的功能和工具。主要软件包括：输入和处理地理信息的工具，数据库管理系统工具，支持地理查询、分析和可视化显示的工具，图形用户界面（GUI）。

3. 地理数据

GIS应用系统必须建立在准确、合理的地理数据基础上。地理数据表现了空间实体的位置、大小、形状、方向及拓扑关系。不同用途的GIS，其地理数据的种类、精度都是不同的，但基本上都包括3种互相联系的数据类型。

（1）某个已知坐标系中的位置。某个已知坐标系中的位置即几何坐标，它主要标识空间实体在某个已知坐标系（如大地坐标系、直角坐标系、极坐标系、自定义坐标系）中的空间位置，它可以是经纬度坐标、平面直角坐标、极坐标，也可以是矩阵的行、列数等。

（2）实体间的空间相关性。实体间的空间相关性即拓扑关系，它主要表示点、线、面实体之间的空间联系，如网络节点与网络线之间的枢纽关系、边界线与面实体之间的构成关系、面实体与内部点之间的包含关系等。拓扑关系对于地理数据的编码、录入、格式转换、存储管理、查询检索和模型分析都有重要意义，是GIS的特色之一。

（3）与空间位置无关的属性。与空间位置无关的属性即常说的非空间属性或简称属性（Attribute），是与空间实体相联系的地理变量或地理意义。属性分为定性和定量两种，前者包括名称、类型、特性等，后者包括数量和等级。定性的属性有岩石类型、土壤种类、土地利用类型、行政区划等，定量的属性有面积、长度、土地等级、人口数量、降雨量、河流长度、水土流失量等。属性一般是抽象的概念，可以通过分类、命名、量算、统计得到。任何空间实体至少有一个属性，而GIS的分析、检索和表示主要是通过属性的操作运算实现的，因此属性的分类系统、量算指标对GIS的功能有较大的影响。

GIS特殊的数据模型决定了其特殊的空间数据结构和数据编码，也决定了GIS具有特殊的空间数据管理方法和系统空间数据分析功能，使其成为地理学研究和资源管理的重要工具。

4. 系统设计操作人员

GIS不同于一幅地图，它是一个动态的地理模型，从设计、建立、运行到维护都离不开操作人员的维护、管理。它还需要系统管理操作人员进行系统组织、管理、维护、扩充完善和数据更新及应用分析程序开发，并灵活采用空间分析模型提取多种信息，为研究和决策服务。

（三）GIS的基本功能

一般来说，GIS系统应具备5项基本功能，即数据采集与输入、数据编辑、数据有效存储与管理、空间查询与分析、可视化表达与输出。

1. 数据采集与输入

数据采集与输入是建立空间数据库必需的过程。数据采集与输入功能是指将地图数据、物化遥测数据、统计数据和文字报告等输入、转换成计算机可处理的数字形式的各种功能。

用于地理信息系统空间数据采集的主要技术有两类，即使用数字化仪的手扶跟踪数字化技术和使用扫描仪的扫描技术。

2. 数据编辑

数据编辑主要包括属性编辑和图形编辑。属性编辑与数据库管理结合在一起完成，图形编辑主要包括拓扑关系建立、图形修改、图幅拼接、投影变换、误差校正等功能。

3. 数据有效存储与管理

数据有效存储与管理是GIS应用成功的关键，它主要提供空间与非空间数据的存储、查询检索、修改和更新的能力。数据的存储，是把这些数据以某种形式记录在计算机的内部或外部存储器上。目前，广泛使用的GIS软件大多采用空间分区、专题分层的数据存储方法，用GIS管理空间数据，用关系数据库管理属性数据。

4. 空间查询与分析

空间分析是GIS的核心，是GIS最重要的和最有魅力的功能，也是GIS有别于其他信息系统的本质特征。它具体包括两方面工作：一是对输入的数据通过空间查询、叠置分析、缓冲区分析、网络分析、地形分析等进行质量检查与纠正；二是对输入的图形数据进行处理，使其满足地理信息系统的各种应用要求。

5. 可视化表达与输出

中间处理过程和最终结果的可视化表达与输出是GIS的重要功能之一。GIS的输出通常以人机交互的方式来选择显示的对象与形式，对于图形数据，根据要素的信息密集程度，可选择放大或缩小显示。GIS不仅可以输出全要素地图，还可以根据用户需要，分层输出名种专题图、统计图、图表及数据等。

三、GIS 系统在物流中的应用

（一）GIS 在仓库规划中的应用

GIS 本身是把计算机技术、地理信息和数据库技术紧密结合起来的新型技术，其特征非常适合仓库建设规划，从而使仓库建设规划走向规范化和科学化，使仓库建设的经费得到最合理的运用。仓库 GIS 作为仓库管理信息系统（MIS）中的一个子系统，它用地理坐标、图标的方式更直观地反映仓库的基本情况，如仓库建筑情况、仓库附近公路和铁路情况、仓库物资储备情况等，它是仓库 MIS 的一个重要分支和补充。

（二）GIS 在铁路运输中的应用

铁路运输 GIS 便于销售、市场、服务和管理人员查看客运站、货运站、货运代办点、客运代办点之间的相对地理位置，以及运输专用线和铁路干线之间的相对地理位置，并用不同颜色和填充模式来区分各种表达信息，使用户看到销售区域、影响范围、最大客户、主要竞争对象、人口状况及分布、工农业统计值等，由此可看出增加运输收入的潜在地区，从而扩大延伸服务。通过这种可视化方式，运输经营单位能够更好地制定市场营销和服务策略，有效地分配市场资源。

（三）GIS 在物流配送中的应用

物流配送活动实现了物体在空间上的移动，是时间和空间的集合。物流配送的信息管理中有 80%的商业数据都涉及地理因素。用户利用 GIS 强大的地理数据功能，完善物流分析技术，处理相关空间问题的分析、检索、处理和决策等内容，实现在 GIS 的图形环境中对物流配送的可视化管理，取得“一目了然”的效果。将 GIS 引入物流配送系统中，有助于形成物流配送优化方案，完善配送线路规划，提高决策的可靠性，获得高效的车辆路径优化方案，进而降低企业配送成本，提高企业经济效益。

（四）GIS 在物流运输管理中的应用

客户经常会因突发性的变故而在车队出发后要求改变原定计划，有时公司在集中回程期间临时得到了新的货源信息，有时几个不同的物流项目要交叉调车。在上述情况下，监控中心借助于 GIS 就可以根据车辆信息、位置、道路交通状况向车辆发出实时调度指令，用系统的观念运作企业业务，达到充分调度货物及车辆的目的，降低空载率，提高车辆运作效率。

目前主流的 GIS 应用开发平台大多集成了路径分析模块，运输企业可以根据送货车辆的装载量、客户分布、配送订单、送货线路交通状况等因素设定计算条件，利用该模块的功能，结合真实环境中所采集到的空间数据，分析客、货流量的变化情况，对公司的运输线路进行优化处理，可以便利地实现以费用最小或路径最短等目标为出发点的运输路径规划。

案例分析

圆通与百度地图联手成立“物流地图联合实验室”

2019 中国国际服务贸易交易会签约现场，圆通速递牵头承建的物流信息互通共享技术及应用国家工程实验室（简称物流国家工程实验室）与合作伙伴百度地图共建物流地图联合实验室。

物流地图联合实验室将重点研究地图在物流业的创新应用，推进物流业标准制定，共建物流数据生态。据介绍，合作双方将结合自身优势，合力开发一款适应于物流业的“可定制”的特色应用地图。这款“物流地图”能够通过地图标注物流仓、网点等地址，指导规划更优、更快捷的物流线路，全面提升物流信息管理能力。

物流国家工程实验室主任、圆通速递副总裁相峰表示：“物流地图联合实验室旨在通过 GIS 地理信息系统、物流信息技术等核心科技，充分利用百度地图定位、搜索、导航、路线规划等七大基础能力，以及国内最大的 LBS（基于位置的服务）开发者生态和庞大用户群体，构筑现代化的物流信息管理系统，全面攻克物流配送区位信息难以实时掌握、供应链各阶段任务过于分散等行业痛点。”

物流地图联合实验室的成立，标志着地图相关技术与物流信息技术走向高度融合与规模化应用。“物流地图”的创新研发，是集合了 GIS 地理信息系统、互联网技术、移动通信技术在物流领域的一次重要创新和尝试，将为提升物流快递业的运行效率、提高服务水平提供全新的技术支持。

此外，物流国家工程实验室与上海富捷信息技术有限公司签约，双方将共建物流金融科技联合实验室，围绕物流企业提供互联网金融基础设施及整体解决方案，提供物流创新金融产品与服务。

讨论：

1. 圆通为什么要引进 GIS?
2. 物流地图联合实验室是如何提升圆通的服务水平的?

任务四

全球定位系统及其应用

GPS是美国20世纪70年代初军方开发使用，具有全球性、全能性（陆地、海洋、航空与航天）、全天候优势的导航、定位、定时、测速系统。GPS已经广泛应用于大地测量、工程测量、航空摄影测量、运载工具导航和管制、地壳运动检测、工程变形检测、资源勘察、地球动力学等工程及学科，是智能运输系统的核心技术。

一、GPS的基本工作原理

（一）GPS的基本原理

卫星不间断地发送自身的星历参数和时间信息，用户接收到这些信息后，经过计算求出接收机的三维位置、三维方向以及运动速度和时间信息。具体是，由于卫星的位置精确可知，在GPS观测中，我们可得到卫星到接收机的距离，利用三维坐标中的距离公式，通过3颗卫星就可以组成3个方程式，解出观测点的位置（X，Y，Z）。考虑到卫星的时钟与接收机时钟之间的误差，实际上有4个未知数，X、Y、Z和钟差，因而需要引入第4颗卫星，形成4个方程式进行求解，从而得到观测点的经纬度和高程。所以3颗有效卫星可以2D定位，4颗有效卫星才能3D定位，测出高程。

（二）GPS的基本构成

1. 空间部分

GPS的空间部分是由24颗GPS卫星共同组成的，这些GPS卫星共同组成了GPS卫星星座，其中21颗为可用于导航的卫星，3颗为活动的备用卫星。这24颗卫星均匀分布在6个轨道平面上绕地球运行，各轨道平面相对于赤道平面的倾角为55°，提供全球全天候、每秒一次、持续不断的定位信号。卫星系统能够保证在地球的任一地点向使用者提供4颗以上可视卫星，并能保持具有良好定位解算精度的几何图形。

2. 地面监控系统

地面监控系统包括5个监控站、3个数据注入站和1个主控站。

主控站位于美国科罗拉多州的法尔孔空军基地，主要是根据GPS的观测数据计算出卫星的轨道和卫星钟差改正值等，并将这些数据通过注入站注入卫星中。同时，它还对卫星进行控制，向卫星发布指令，当工作卫星出现故障时，调度备用卫星，替代失效的工作卫星。

3. 用户部分

GPS的用户部分由GPS接收机、GPS数据处理软件及相应的用户设备（如计算机气象仪器）等组成，但其中心设备是GPS接收机。它的作用是接收GPS卫星所发出的信号，利用这些信号进行导航定位等工作。

（三）北斗卫星导航系统

北斗卫星导航系统的建成对我国及周边地区有重要的应用意义。之前，我国及周边地区使用的卫星导航系统基本上是美国的GPS，现发展阶段我国已自主建设、独立运行了北斗卫星导航系统。首先，有了独立自主的星地一体化系统以后，我国可以进一步开发卫星导航应用领域，并且把星地之间的一体化工作做好，而GPS系统在很多方面对我们并不开放，所以无法介入其星地一体化设计。其次，北斗卫星导航系统正式运行和提供服务以后，我国及周边地区的用户可以接收到除了GPS和GLONASS信号之外的新的卫星导航信号，从而多了一种选择，多了一种可获取的资源，这对于提高服务精度是有好处的。

二、GPS在运输中的应用

在物流运输和配送环节，车辆定位是不可或缺的，主要体现在汽车导航和交通管理、车辆定位和跟踪、出行线路规划和导航、信息查询与紧急援救、行车安全管理和交通事故分析。

（一）汽车导航和交通管理

三维导航是GPS的首要功能，飞机、轮船、地面车辆及步行者都可以利用GPS导航器进行导航。汽车导航系统是在GPS基础上发展起来的一门新型技术，它由GPS导航、自律航法式GPS导航系统、微处理机、车速传感器、陀螺仪传感器、CD-ROM驱动器、LCD显示器组成。此外，GPS与电子地图、无线电通信网络、计算机车辆管理信息系统相结合，可以实现车辆跟踪和交通管理等许多功能。

（二）车辆定位和跟踪

为了有效提高定位精度和定位连续性，国际上广泛采用集成的差分GPS（DGPS）定位和惯性导航（Inertial Navigation System，INS）定位方法。另外，一旦车辆发出遇劫、被盗等警情时，控制中心也可将车辆位置信息及警情信息通过广域网发送到110指挥中心，由公安部门出警。

（三）出行线路规划和导航

提供出行线路规划是汽车导航系统的一项重要辅助功能，包括自动线路规划和人工线路设计。自动线路规划是由驾驶者确定起点和目的地，由计算机软件按要求自动设计最佳行驶路线，包括最快的路线、最简单的路线、通过高速公路路段次数最少的路线等。人工线路设计是由驾驶者根据自己的目的地设计起点、终点和途经点等，自动建立线路库。线路规划完毕后，显示器能够在电子地图上显示设计线路，并同时显示汽车运行路径和运行方法。

（四）信息查询与紧急援救

GPS 可以为用户提供主要物标（如旅游景点、宾馆、医院等）的数据库，用户能够在电子地图上看见其位置。同时，监测中心可以利用监测控制台对区域内任意目标车辆的所在位置进行查询，目标车辆的信息也可以以数字形式在监测中心的电子地图上显示出来。

通过 GPS 定位和监控管理系统可以对遇有险情或发生事故的车辆进行紧急援助。监测中心的电子地图上可以显示求助信息和报警目标，规划最优援助方案，并以报警声光提醒值班人员进行应急处理。

（五）行车安全管理和交通事故分析

通过对 GPS 位置信息的分析，能对道路上一些不安全的行为进行记录，以便事后及时处理与纠正，如超速行驶、在单行线上逆行、不按规定拐弯、不按交通限制行驶等情况。

运用系统中保存的 GPS 信息，可将发生的交通事故重现出来，管理人员可根据当时车辆的行驶路线、方向、速度等得出事故发生的原因，加快事故的确认和处理，使受阻的路段尽快恢复通行，提高道路通行能力。

案例分析

北斗民用示范引领货运和物流产业创新

在田间耕作的无人农机、远洋捕捞的渔船、手机里的导航软件……在越来越多的导航定位场景中，藏着一颗同样的中国芯——“北斗”。中国卫星导航定位协会公布的数据显示，截至 2020 年年底，国产北斗兼容型芯片及模块销量已超过 1.5 亿片，季度出货量突破 1 000 万片，具有北斗定位功能的终端产品社会总保有量超过 10 亿台，北斗系统产业链国内产值达到 4 033 亿元。

自北斗卫星导航系统开始民用示范以来，北斗系统已经从服务我国国家安全的基础设施，飞入寻常百姓家，走向了千行百业，在全球 120 多个国家和地区得到应用，走出了一条“后发先至”的中国产业化之路。

民用示范，是我国推动北斗系统成功产业化的“关键一招”。由于 90%的卫星导航民用用户集中在交通运输系统，因此率先在营运车辆数量超千万的道路运输行业推广应用，有利于北斗系统迅速实现规模效益，对北斗卫星导航系统产业化和可持续发展意义重大。

截至2022年年底，全国货运平台已经累计提供驾驶风险提醒服务超过85亿次，对超速的纠正率达到97%，对疲劳驾驶的纠正率达到57%。公安部的数据显示，从2012年到2019年，重大交通事故下降了92%，重载货车万车事故数下降了36%，万车死亡人数下降了40%。以北斗为“芯”的货运平台，积极促进了我国道路安全的持续改善。

另外，在政策支持下，全国货运平台的发展过程也对北斗的产业化以及系统的兼容性、稳定性起到了积极的作用。通过在货运行业的大规模应用，北斗芯片价格最低降到了个位数，极大地降低了北斗系统在各行各业的应用门槛。

随着北斗技术的持续创新，北斗行业应用也在不断拓展。截至2022年年底，全国已有800多万辆道路营运车辆、4万辆邮政和快递车辆、36个中心城市8万辆公交车、3 200座内河导航设施、2 900座海上导航设施使用北斗系统。全国4万余艘渔船安装北斗系统，累计救助渔民上万人；借助北斗系统，突发重大灾情上报时间缩短至1小时内，应急救援响应效率提升2倍；基于北斗系统的物流数字化体系，助力我国货车空驶率下降5%左右，节省年均上千亿元的燃油损耗，减少1 000多万吨碳排放；基于北斗系统的高精度服务已用于精细农业、危房监测、无人驾驶等领域。

2020年7月31日，北斗三号全球卫星导航系统正式开通，标志着中国北斗成功实现了“三步走”战略。随着北斗三号的成功组网，精准时空服务正逐渐取代位置服务，成为产业发展的核心方向。未来，北斗PNT（定位、导航、授时）技术将更广泛地应用于移动网、互联网、物联网、车联网，产业生态体系极大拓展。在民用示范工程推动下，北斗产业也将向更加泛在、更加融合、更加智能、更加安全的中国新时空服务体系大步迈进。

分析：

1. 不管是GPS还是北斗，定位系统给物流企业带来了哪些帮助？
2. 如果你是开发者，除了上述的介绍外还希望定位系统具备哪些功能？

项目小结

本项目主要介绍了物联网系统及其应用、遥感技术及其应用、地理信息系统及其应用和全球定位系统及其应用。

GIS 是空间信息存储、检索、分析、处理、显示和利用的计算机综合应用技术系统，建立在地理空间数据库基础上，集遥感应用、数据统计分析、地理学专家分析和计算机制图为一体，用途十分广泛。

GPS 系统由以下几部分构成：空间部分、地面监控系统、用户部分。目前 GPS 技术广泛应用于导航、定位、营运车辆管理、移动通信等多个领域。

职业能力训练

思考与练习题

一、单项选择题

1. 物联网是新一代信息技术的重要组成部分，也是信息化时代的重要发展阶段，其英文名称是（　　）(IoT)，即物联网是物物相连的互联网。

A. Things to Internet　　B. Internet of Things

C. Things of Internet　　D. Internet to Things

2. 物联网系统划分为四个层次：感知层、（　　）、平台层、应用层。

A. 管理层　　B. 智能层　　C. 网络层　　D. 智慧层

3. 用于采集、存储、管理、处理、检索、分析和表达地理空间数据的计算机系统，是分析和处理海量地理数据的通用技术，这项技术是（　　）。

A. 智能运输系统　　B. 地理信息系统

C. 全球定位系统　　D. 移动定位技术

4. 下列关于全球定位系统的说法，正确的是（　　）。

A. 其英文缩写为 GIS

B. 受空间卫星影响，定位精度不高

C. 核心技术是 ITS

D. 可以确定物体的经纬度、高度、速度、时间等信息

5. 下列不属于 GIS 在物流中的应用的是（　　）。

A. GIS 在仓库规划中的应用　　B. GIS 在铁路运输中的应用

C. GIS 在物流配送中的应用　　D. GIS 在地震灾害中的应用

二、多项选择题

1. 物联网是通过（　　）激光扫描器等信息传感设备，按约定的协议，把任何物品与互联网相连接，进行信息交换和通信，以实现智能化识别、定位、跟踪、监控和管理的一种网络。

A. 射频识别　　B. 红外感应器

C. 全球定位系统　　D. 互联网

2. 物联网的典型应用有（　　）。

A. 智能交通　　B. 智能家居　　C. 智能电网　　D. 智能物流

3. 智慧物流体系可以分为（　　）三个层次。

A. 企业智慧物流　　B. 城市智慧物流

C. 国家智慧物流　　D. 行业智慧物流

4. 与经典测量方法相比，GPS 的特点有（　　）。

A. 定位精度高　　B. 经济效益显著

C. 可适用不同的环境　　D. 自动化程度高

E. 可全天候观测

5. 下列属于 GIS 基本功能的是（　　）。

A. 数据采集与输入、数据编辑　　B. 数据有效存储与管理

C. 空间查询与分析　　D. 可视化表达与输出

三、判断题

1. 1996 年，比尔·盖茨在《未来之路》一书中提及物联网概念。（　　）

2. 信息网络是智慧物流系统的基础。（　　）

3. 不管是 ITS、GPS 技术还是 GIS 技术，都无法减轻交通运输中的环保问题。（　　）

4. GPS 地面监控系统包括 1 个主控站、3 个数据注入站和 5 个监控站，共 9 个站组成。（　　）

5. 智慧物流体系可以分为企业智慧物流、行业智慧物流、国家智慧物流三个层次。（　　）

综合实训项目

1. 请调研 3～5 家企业运输信息系统在信息安全方面采取了哪些手段和措施，有什么异同点，并写出调查报告。

2. 调查所在城市物流企业应用 GPS 技术的情况并给出发展建议。

参考文献

[1] 蒂莫西·泰勒．斯坦福极简经济学 [M]．林隆全，译．长沙：湖南人民出版社，2015.

[2] 马特·里德利．理性乐观派：一部人类经济进步史 [M]．闾佳，译．北京：机械工业出版社，2015.

[3] 克里斯蒂安·沃尔玛尔．DK 铁路史：火车、工程师与工业文明的故事 [M]．陈帅，译．北京：中信出版社，2021.

[4] 仪玉莉．运输管理 [M]．3 版．北京：高等教育出版社，2018.

[5] 王东辉，王健．即时物流的时空效应、配送作业与线上线下融合 [J]．商业经济研究，2021 (2).

[6] 王之泰．"第三个利润源"及其对我国经济发展的意义 [J]．中国经贸导刊，2001 (6).

[7] 马琳．通过现代运输管理实现企业第三利润源泉 [J]．北京市财贸管理干部学院学报，2003 (3).

[8] 董彦龙．浅谈运输与物流活动其它环节的关系 [J]．甘肃农业，2006 (6).

[9] 彭慕兰，史蒂文·托皮克．贸易打造的世界：1400 年至今的社会、文化与世界经济 [M]．黄中宪，吴莉苇，译．上海：上海人民出版社，2018.

[10] 徐飞．世界交通运输的发展趋势与挑战 [J]．人民论坛·学术前沿，2020 (7).

[11] 王国华．对绿色运输现状的分析与思考 [J]．交通与运输，2008 (2).

[12] 马姗姗．推进绿色运输发展 [J]．中国物流与采购，2017 (17).

[13] 姚丽娜，朱小琨，白国仲．绿色运输发展战略探析 [J]．商场现代化，2008 (4).

[14] 梁金萍．运输管理 [M]．2 版．北京：机械工业出版社，2015.

[15] 虞晓露．丝绸之路下中欧海外仓建设面临的瓶颈及建议 [J]．对外经贸实务，2020 (12).

[16] 陈建华，杜丽茶，简学军．运输管理实务——项目教程 [M]．北京：电子工业出版社，2014.

[17] 吕亚君．公路运输管理实务（微课版）[M]．北京：人民邮电出版社，2018.

[18] 杨琪．智能运输系统标准化状况及发展趋势综述 [J]．交通标准化，2011 (24).

[19] 虞晓露．浙江商业新模式下的地区物流标准化效应 [J]．太原城市职业技术学院学报，2021 (1).

[20] 王爽，余涵．智能运输系统的发展与应用 [J]．交通世界，2019 (21).

[21] 朱春生，员兰．智能运输系统在现代物流中的应用 [J]．工程技术研究，2020 (9).